U0853562

新编21世纪思想政治教育专业系列教材
总主编　张耀灿

马克思主义基本原理概论

第三版

主编　张雷声

中国人民大学出版社
·北京·

新编21世纪思想政治教育专业系列教材

编写委员会

本书编写人员

主　　编　张雷声

参编人员（以姓氏笔画为序）

乔　翔　张晓华　郝潞霞　袁银传　董正平

韩建新

内容简介

本教材根据马克思主义基本原理整体性的思路、原则和方法构建体系，进行原理展开。具体表现为物质世界的发展、人的发展为马克思主义基本原理的核心层次，以此为基础，进入马克思主义基本原理第二层次即人类社会发展的分析。在前两个层次的基础上，本教材进一步分析了第三层次的内容，即马克思主义基本原理与不同社会形态的实际相结合而形成的一系列基本原理。本教材在修订再版过程中既贯彻了党的二十大以来重要文献的精神，融入了中国共产党关于马克思主义基本原理研究的最新成果，同时也吸收了理论界关于马克思主义基本原理研究的最新成果。

作者简介

张雷声　中国人民大学国家一级教授、博士生导师。中央马克思主义理论研究和建设工程首席专家、教育部社会科学委员会马克思主义理论学部委员、全国高校马克思主义理论学科研究会副会长。入选教育部“跨世纪优秀人才培养计划”、全国文化宣传系统“四个一批”人才、国家“万人计划”第一批哲学社会科学领军人才，享受国务院政府特殊津贴，获北京市爱国立功标兵、北京市教学名师等荣誉称号。主要研究马克思主义基本原理、马克思主义经济思想。著有《寻求独立、平等与发展：发展中国家社会经济发展理论研究》《资本主义的社会矛盾及其历史走向》《经济建设与全面小康》《马克思主义基本原理与当代中国》《马克思劳动价值论的历史与现实》《20世纪国外马克思主义经济思想史》《中国共产党经济思想史》等，发表论文300多篇。

总序

“新编21世纪思想政治教育专业系列教材”出版了，它是高等教育质量工程的产物。高等教育质量工程是新世纪高等教育发展的生命工程。我国要在新时代建设学习型社会，跻身创新型国家行列，在实现全面小康的基础上，进而基本实现社会主义现代化，并朝着中华民族伟大复兴的目标迈进，作为基础和支撑、作为培育各领域专门人才的摇篮的高等教育便一定要注重质量。高等教育注重质量，就要坚持以本科为本，如果没有本科教育的质量保障，便不可能为社会主义现代化事业提供合格的人才，也不可能为研究生教育提供优质的生源。目前，全国高校设思想政治教育本科专业的有200多所，由于该专业的重要性及特殊性，又由于它是文科专业中招生人数最多的专业之一，注重和提高思想政治教育专业建设质量便有着特殊的意义。

本系列教材的组织编写和出版发行，其背景和意义是多方面的。除了是响应教育部提出和推动的高等教育质量工程的实际行动外，还应当从以下几个方面来认识：一是2005年底，国务院学位委员会、教育部发文增设了马克思主义理论一级学科，思想政治教育学科调整为它的一个二级学科，从此，思想政治教育学科定位更加明确、更加科学。在此背景下，如何更好地坚持以马克思主义为指导，特别是加强习近平新时代中国特色社会主义思想的指导，以伟大建党精神和社会主义核心价值观引领教材建设，进一步搞好思想政治教育学科建设？二是中等学校政治课改革力度加大，全国的初中“道德与法治”课、高中“思想政治”课均在实施新的课程标准，中等职业学校也在实施新的德育课教学大纲，而为中等学校政治课培养、培训师资的高校思想政治教育专业的教改（包括教材改革）却相对滞后。如何改变这一状况，开展新一轮的课程改革、教材改革，以便更好地为中等学校政治课提供理论支撑、人才支撑？三是本系列教材各位主编所在的高校专业点是国家重点马克思主义学院和一流学科或省（市）重点学科，基本上都有马克思主义理论一级学科博士点和博士后科研流动站。有的高校思想政治教育专业是教育部、财政部批准的特色专业建设点。这些博士点、重点马克思主义学院、一流学科以及特色专业，如何在学科专业建设上发挥带头、示范作用？教材建设无疑是重要方面，它是体现质量和特色的必要条件与基础。质量和特色就是生命。

本书在编写中，加强从整体上学习、研究、把握马克思主义理论的科学体系，并运用其研究成果来指导思想政治教育学科建设；坚持以人为本，以学生的成人成才发展为本，为中国特色社会主义事业培育高素质的思想政治教育专门人才服务；从抓好思想政治教育专业主干课程的教材建设做起，逐步拓展、深化，努力探索马克思主义理论体系、思想政治教育理论体系转化为课程体系、教材体系的规律；探索研究性学习的教材特点，关注思想政治教育实践的时代课题，吸取思想政治教育学科理论发展的新成果，在教材内容、编写体例、呈现方式上改革创新；打通思想政治教育专业师范性与非师范性的界限，增强教材的专业适应性。

为了体现上述指导思想，本系列教材纳入编写出版计划、分批逐步推出的有：从整体上学习、研究马克思主义的课程教材，思想政治教育学科课程教材，相关学科课程教材，以及培养应用能力的课程教材等。

本系列教材是在 2009 年起陆续出版的“21 世纪思想政治教育专业系列教材”的基础上，吸纳学科发展的最新成果，吸收更多具有长期教学经验、丰富研究成果的专家担纲，重新修订升级换版而成的新的系列教材。教材建设是一个与时俱进的长期的过程，相信“新编 21 世纪思想政治教育专业系列教材”的面世，一定能够为推进这一过程做出宝贵的贡献，为今后深化改革、发展完善思想政治教育专业教材体系积累经验。在本系列教材即将陆续推出、接受教学实践检验之时，写了上面一些话共勉之，是为序。

张耀灿

2021 年 12 月

目录

导 论

要点提示

● 马克思、恩格斯是马克思主义的创始人。马克思主义的创立是以批判地继承前人的一切优秀成果为基础的。

● 马克思主义是时代的产物，时代孕育了马克思主义。

● 马克思主义基本原理主要阐明的是自然、社会和思维认识各方面的客观规律，以及人类社会由低级向高级发展的客观规律。

● 整体性、时代性、科学性与意识形态性的统一是马克思主义基本原理的主要特征。

● 用科学的态度对待马克思主义基本原理是我们坚持和发展、学习和运用马克思主义基本原理的前提。

● 理论联系实际是中国共产党一贯倡导的马克思主义学风，是我们坚持和发展、学习和运用马克思主义基本原理的重要方法。

关键词

马克思　恩格斯　马克思主义　马克思主义基本原理　整体性　时代性　科学性　意识形态性

马克思主义是一门科学，是在思想理论领域和现实政治生活中，最具有真理性和最具有影响力的学说。作为人类思想史上的革命性的变革，马克思主义的产生在哲学、经济学和社会主义思想方面的贡献是无与伦比的。马克思主义给予人们理论思维的逻辑力量，给予人们观察和分析问题的方法，也为人们提供了认识和改造人类社会的世界观、方法论。马克思主义对人类的最大贡献，就在于它给了我们最宝贵的精神财富。

一、 什么是马克思主义基本原理

马克思主义是在广泛吸取和借鉴人类文明成果基础上创立起来的科学体系，它揭示了人类社会发展的一般规律。马克思主义是指引无产阶级争取自身解放并最终解放全人类的具有鲜明阶级性的理论，它公开申明自己是无产阶级的世界观和方法论，不带有任何的宗派性。马克思主义基本原理是马克思主义的基本观点，反映的是马克思主义的精神实质。

1. 马克思、恩格斯是马克思主义的创始人

马克思、恩格斯是马克思主义的创始人，没有马克思、恩格斯就没有以马克思的名字命名的马克思主义。19世纪40—60年代，马克思、恩格斯实现了人类思想史上的伟大革命，创立了马克思主义。

马克思（1818—1883）：马克思主义的创始人之一，无产阶级革命导师，国际共产主义运动的奠基者。马克思的一生是在科学的道路上不畏艰险勇攀高峰的一生，是为共产主义事业奋斗不息的一生。马克思的伟大功绩就在于，他发现了唯物史观和剩余价值学说，并实现了社会主义从空想到科学的发展，从而揭示了人类历史的发展规律，揭示了现代资本主义生产方式和它所产生的资产阶级社会的特殊的运动规律。

马克思、恩格斯并不是天生的马克思主义者。他们曾经信仰过在那个时代占统治地位的唯心主义，也接受过在那个时代风行的资产阶级民主主义思潮。但是，对剥削制度的憎恨和对劳动群众的深厚感情，以及投身无产阶级革命斗争的实践和艰苦卓绝的科学研究，使他们能够从唯心主义者转变为唯物主义者，从民主主义者转变为共产主义者，从而发现了人类历史的发展规律，发现了现代资本主义生产方式和资本主义社会的特殊的运动规律。正因为如此，“这两个伟大的发现——唯物主义历史观和通过剩余价值揭开资本主义生产的秘密，都应当归功于**马克思**。由于这两个发现，社会主义变成了科学”①。马克思、恩格斯创立了马克思主义这一极其彻底而严整的、作为指导世界各国工人运动的理论和纲领的学说。面对无产阶级受剥削、受压迫的处境，马克思、恩格斯不是用怜悯，不是用眼泪，不是用同情的抚慰，而是用科学的理论来揭示无产阶级的处境，指出无产阶级获得自身解放的途径。

恩格斯（1820—1895）：马克思主义的创始人之一，无产阶级革命导师，马克思的亲密合作者和朋友。他与马克思合作，写下了《神圣家族》《德意志意识形态》《共产党宣言》等光辉篇章。他的著作《反杜林论》被誉为“马克思主义的百科全书”，第一次系统地论证了马克思主义哲学、政治经济学和科学社会主义原理。马克思逝世后，恩格斯不仅肩负起指导国际共产主义运动的任务，而且还承担了整理和出版马克思文献遗稿的工作，于1885年和1894年先后整理出版了《资本论》第二卷和第三卷，为坚持和发展马克思主义做出了巨大贡献。

马克思主义的创立是以批判地继承前人的一切优秀成果为基础的，它“是人类在19世纪所创造的优秀成果——德国的哲学、英国的政治经济学和法国的社会主义的当然继承者”②。

德国古典哲学是指18世纪末到19世纪前半期由康德开始、在黑格尔那里达到顶峰、到费尔巴哈那里宣告终结的学说。马克思、恩格斯在创立马克思主义的过程中，吸收了

① 《马克思恩格斯选集》，3版，第3卷，797页，北京，人民出版社，2012。
② 《列宁选集》，3版修订版，第2卷，309～310页，北京，人民出版社，2012。

黑格尔辩证法中的一些合理因素，例如：关于运动、发展、变化的观念，关于对立统一、量变质变、否定之否定的观念，关于逻辑和历史统一的观念，关于历史发展的必然性的观念，等等。同时也批判了黑格尔辩证法中的唯心主义观点，即把绝对观念作为运动的主体，把运动和运动着的物质割裂开来。对于费尔巴哈的哲学观点，马克思、恩格斯高度评价了他对黑格尔唯心主义观点的批判，吸收了费尔巴哈关于人的客观实在性、人与自然统一的唯物主义观念，批判了他的形而上学唯物主义的直观性和历史唯心主义。马克思、恩格斯站在新的理论高度，把辩证法建立在了唯物主义基础上，创立了唯物史观。

英国古典政治经济学是指从 17 世纪后半期到 19 世纪初期从威廉·配第开始，经过亚当·斯密的发展，到李嘉图结束的学说。古典政治经济学家在经济学说史上第一次把经济理论的考察从流通领域转移到生产领域，阐明了经济现象的某些内在联系，从而使经济学建立在科学基础之上。古典政治经济学以科学的态度批判封建经济制度、揭示资本主义生产和分配规律，取得了有科学价值的成果，如在一定程度上研究了资本主义生产方式的内在联系和结构，揭示了资本主义生产、分配、交换和消费的内在矛盾和运行机制，构筑了包括一系列重要经济范畴、理论、规律在内的资本主义经济理论体系。马克思、恩格斯吸收了英国古典政治经济学的有价值的成果，创立了劳动价值论和剩余价值学说。

> 他的学说的产生正是哲学、政治经济学和社会主义极伟大的代表人物的学说的直接**继续**。
>
> （《列宁选集》，3 版修订版，第 2 卷，309 页）

空想社会主义是指从 16 世纪初到 19 世纪中期以圣西门、傅立叶、欧文为代表的关于改造人类社会的思想体系。它是现代无产阶级先驱者的独立运动的理论表现，是一种不现实的关于改造人类社会的思想体系。空想社会主义也称“乌托邦”社会主义。空想社会主义者在对资本主义的尖锐批判中，提出了许多有价值的见解，如批判了现存资本主义制度的罪恶，揭露了资本主义的内在矛盾，勾画了未来社会的美好蓝图等，但是，他们不能从世界历史发展的高度科学地阐明资本主义内在矛盾产生的历史必然性，无法理解资本主义社会向未来社会过渡的现实基础和实现这一社会变革的物质力量。马克思、恩格斯批判地继承和发展了空想社会主义理论，在唯物史观和剩余价值学说的基础上，创立了科学社会主义理论。

2. 马克思主义不等于马克思、恩格斯

马克思主义是时代的产物，时代孕育了马克思主义。第一，资本主义生产力与生产关系矛盾的激化为马克思主义的产生提供了现实的条件。19 世纪中期，英、法、德等国的产业革命使生产力以前所未有的速度和规模迅速发展起来。产业革命在迅猛发展的同时也加剧了资本主义生产方式中生产力和生产关系的矛盾，生产社会化和生产资料资本主义私人占有这一基本矛盾日益尖锐，一方面，机器大工业的发展使生产社会化的程度越来越高，另一方面，生产资料日益掌握在少数大资本家手中。资本主义基本矛盾的激化导致了经济危机的频频爆发。自 1825 年爆发了世界上第一次以生产相对过剩为特征的经济危机开始，大约每隔10年就会周期性地爆发一次经济危机。经济危机的周期性爆发表明，资本主义生产关系已经成为生产力发展的桎梏。

第二，资本主义社会中无产阶级反对资产阶级的斗争需要科学理论的指导。产业革命的发展引起了社会关系特别是阶级关系的变化，无产阶级与资产阶级的矛盾逐步发展为占据主导地位的社会矛盾。占据统治地位的资产阶级为了追求最大限度的利润，采取各种方式剥削和欺压无产阶级，无产阶级的反抗和斗争风起云涌。19世纪30—40年代，法国、英国、德国接连爆发了一系列工人运动，揭开了由无产阶级领导的社会革命的序幕。例如，1831年、1834年在法国里昂爆发了两次工人起义，1838年在英国爆发了持续十多年的声势浩大的、全国性的工人运动即宪章运动，1844年在德国爆发了西里西亚纺织工人起义。工人运动的爆发意味着无产阶级已经觉醒，标志着无产阶级已经作为独立的政治力量登上了历史舞台，并与资产阶级展开了反对资本主义剥削、反对私有制的斗争。随着工人运动的兴起，相继出现了一些工人组织。1834年，德国流亡者在巴黎成立了第一个秘密组织——“被压迫者同盟”。后来，该同盟发生分化。1836年创立了“正义者同盟”；1837年布朗基创建了“四季社”；1840年英国成立了近代第一个工人政党，即宪章派全国协会，也称宪章党。工人组织的出现，表明无产阶级反对资产阶级的斗争开始由以前的分散性转向有组织性，说明无产阶级在反对资产阶级的斗争中已经成为一种有组织的政治力量。因此，科学地总结无产阶级反对资产阶级斗争的实践经验，阐明无产阶级的地位和历史使命，揭示资本主义生产方式的本质及其运动规律，是时代提出的重要任务。马克思主义正是适应这一时代需要而产生的。

> 资产阶级在它的不到一百年的阶级统治中所创造的生产力，比过去一切世代创造的全部生产力还要多，还要大。自然力的征服，机器的采用，化学在工业和农业中的应用，轮船的行驶，铁路的通行，电报的使用，整个整个大陆的开垦，河川的通航，仿佛用法术从地下呼唤出来的大量人口——过去哪一个世纪料想到在社会劳动里蕴藏有这样的生产力呢？
>
> （《马克思恩格斯选集》，3版，第1卷，405页，北京，人民出版社，2012）

>>>

宪章运动是19世纪30—40年代英国发生的争取实现《人民宪章》的工人运动，是世界三大工人运动之一。《人民宪章》是1837年由伦敦工人协会向议会提出的一份请愿书，它提出年满21岁的男子都有普选权，选举投票应秘密进行，废除议会候选人的财产资格限制，议会每年举行一次改选，平均分配选区。宪章运动经历了三次高潮。第一次是在1839年，在《人民宪章》这份请愿书上签名的有125万人，主要目的是争取普选权。第二次是在1842年，在请愿书上签名的有300万人，再次要求把《人民宪章》确定为法律。第三次是在1848年，在请愿书上签名的有197万人，进一步提出劳动是一切财富的唯一来源，劳动者对于自己的劳动果实有优先权，人民是权力的唯一来源。列宁评价宪章运动是“世界上第一次广泛的、真正群众性的、政治性的无产阶级革命运动”。它标志着英国无产阶级作为一支独立的政治力量登上了历史舞台，揭开了同资产阶级争夺政治权力斗争的序幕。

第三，马克思主义的创立既适应时代发展的客观要求，也根植于社会经济实践之中。一切真正的科学体系都是具体时代的产物，而不是哪个天才头脑的主观臆造，马克思主义也正是如此。马克思、恩格斯从青年时代就积极投身于那个时代的社会实践。从 19 世纪 40 年代后半期马克思、恩格斯创建“共产主义者同盟”开始，直到 19 世纪 90 年代前半期恩格斯领导第二国际的革命活动，在这半个世纪的历程中，他们始终处在国际共产主义运动的前沿。正是这样的社会实践奠定了马克思、恩格斯创立马克思主义的基础，使马克思主义的创立根植于社会经济实践之中。在创立马克思主义的过程中，马克思、恩格斯关心工人运动，积极参加并领导无产阶级反对资产阶级的斗争，推进国际共产主义运动；马克思、恩格斯关注资本主义现实，考察并研究了资本主义发展的现状和大量反映资本主义发展的统计资料，关注资本主义发展的新动向和新问题。因此，马克思主义的创立是同马克思、恩格斯的革命实践以及对资本主义实践的考察、研究紧密联系的。

第四，马克思主义是发展的思想理论体系，它的内涵在实践中不断得到丰富和发展。任何一种思想理论体系都是在一定的历史条件下产生的，而任何一种在一定历史条件下产生的思想理论体系都有历史局限性。恩格斯认为，他和马克思根据当时的历史条件创立的马克思主义，其历史局限性就在于，他们只能在那个时代的条件下进行认识，这些条件达到什么程度，他们便认识到什么程度，将来条件发生变化以后，他们的理论还会为后人所纠正。因此，马克思主义必须结合具体情况、根据现存条件来阐明和发挥。各国的具体情况是不同的，各国实践的主题也是变化发展的。马克思主义的发展像一切科学一样，通常都会包含对前人理论的重要突破。马克思主义与具体实际的结合是一个生生不息的发展过程。可见，马克思主义不可能仅限于马克思、恩格斯的论述，还应包括后人运用他们的立场、观点、方法对时代发展变化、对新的实际进行总结所揭示的普遍真理。19 世纪末 20 世纪初，列宁根据世界历史条件的变化，将马克思主义与俄国的具体实际结合起来，创立了列宁主义。20 世纪上半期，以毛泽东同志为主要代表的中国共产党人在中国革命的过程中，将马克思主义与中国具体实际结合起来，创立了毛泽东思想。20 世纪 80 年代以来，以邓小平同志、江泽民同志、胡锦涛同志、习近平同志为主要代表的中国共产党人又把马克思主义与中国社会主义改革开放的具体实际结合起来，形成了中国特色社会主义理论体系、习近平新时代中国特色社会主义思想，开辟了中国特色社会主义道路。中国特色社会主义理论体系、习近平新时代中国特色社会主义思想坚持和发展了马克思列宁主义、毛泽东思想。在当代中国，坚持中国特色社会主义理论体系、习近平新时代中国特色社会主义思想，就是真正坚持马克思主义。

> 因为马克思首先是一个革命家。他毕生的真正使命，就是以这种或那种方式参加推翻资本主义社会及其所建立的国家设施的事业，参加现代无产阶级的解放事业，正是**他**第一次使现代无产阶级意识到自身的地位和需要，意识到自身解放的条件。
>
> （《马克思恩格斯选集》，3 版，第 3 卷，1003 页）

3. 马克思主义基本原理是马克思主义的基本观点

马克思主义基本原理是马克思主义的基本观点，反映的是马克思主义的精神实质。马克思主义基本原理主要阐明的是自然、社会和思维认识各方面的客观规律，以及人类社会由低级向高级发展的客观规律。

“马克思主义基本原理”着重讲授马克思主义的世界观和方法论，帮助学生从整体上把握马克思主义，正确认识人类社会发展的基本规律。

第一，马克思主义基本原理是马克思主义三个组成部分中“一以贯之”的综合性理论，是能够反映马克思主义精神实质的理论，是能够反映马克思主义整体性的理论。马克思主义基本原理是在马克思主义哲学、马克思主义政治经济学和科学社会主义三个部分原理的基础上形成的。列宁曾经说过：马克思学说之所以具有无限力量，就是因为它正确。“它完备而严密，它给人们提供了决不同任何迷信、任何反动势力、任何为资产阶级压迫所作的辩护相妥协的完整的世界观。”① 马克思的全部天才“正是在于他回答了人类先进思想已经提出的种种问题”。正因为如此，马克思主义基本原理是马克思主义哲学原理、马克思主义政治经济学原理、科学社会主义原理三个部分的相互联系着的理论对客观世界的发展、人的认识的发展、人自身的发展、人类社会发展的规律性研究。

马克思以自己的卓越才智创立了一种研究方法，这有幸使他在世界上名垂青史。我们求助于马克思，不是因为他毫无错误之处，而是因为我们无法回避他。每个想从事马克思所开创的研究的人都会发现，马克思永远在他的前面。

（海尔布隆纳：《马克思主义：支持与反对》，1页，北京，东方出版社，2014）

第二，马克思主义基本原理是能够反映无产阶级人民大众立场、理论联系实际原则的理论，是经过实践证明的、具有普遍意义的理论，“是对包含着一连串互相衔接的阶段的发展过程的阐明”②。马克思主义基本原理的产生实现了阶级性与科学性的高度统一，它站在无产阶级的立场上，从实际出发，科学地揭示了社会经济活动的本质和规律，揭示了人类社会发展的客观规律。这不仅符合无产阶级的阶级本性和根本利益，而且也是实现无产阶级的利益和历史使命的前提。与此同时，马克思主义基本原理的产生也贯彻了理论联系实际的原则，它是适应时代发展的要求而创立的，它也会随着时代的发展变化不断丰富和发展自身。马克思主义基本原理具有发展的规定性，这不仅包含着发展马克思主义基本原理的规定性，而且也包含着必须根据变化的历史环境和新的历史条件，对马克思主义基本原理加以发展的规定性。因此，马克思主义基本原理的根本立场和根本原则决定其是发展着的理论，而不是必须背得烂熟并机械地加以重复的教条。教条地对待马克思主义基本原理，把它当作现成的公式，当作标签贴在各种事物上，无疑是与马克思主义基本原理的科学精神和发展实质背道而驰的。马克

① 《列宁选集》，3版修订版，第2卷，309页。
② 《马克思恩格斯选集》，3版，第4卷，586页，北京，人民出版社，2012。

思主义基本原理是普遍真理，普遍真理作为经过实践证明是科学的并且具有普遍意义的理论，在其发展的每一阶段都要不断吸收同时代社会科学和自然科学发展中任何有价值的科学成果，它是从发展着的世界中不断丰富自身，并为人们认识世界、改造世界阐发出新的原理的科学理论。

第三，马克思主义基本原理是马克思主义文本研究与时代发展、新的实际的结合，是实践之树的奇葩，是进行实践探索的科学。研究反映马克思主义基本原理的文献资料和经典著作，是准确把握马克思主义基本原理科学内涵、体系和精神实质的重要前提。深入研究马克思主义经典著作中的基本观点，可以帮助人们深刻认识和更好地掌握哪些是必须长期坚持的马克思主义基本原理，破除对马克思主义基本原理的教条式理解，澄清附加在马克思主义名下的错误观点。但是，对马克思主义基本原理的研究，又不能仅限于文本，必须走向现实，把文本研究与时代变化、与新的实际结合起来。既要和社会经济发展实践结合起来，运用马克思主义立场、观点和方法来评析现实社会中存在的各种社会思潮，分析当今资本主义社会和社会主义社会存在的各种现实问题，提炼新的观点、做出新的理论概括，创新和发展马克思主义基本原理，也要和人们的思想实际结合起来，研究马克思主义基本原理教育的内容、方式方法及规律，探索在新的历史条件下进行马克思主义基本原理教育教学的模式，开创新的政治教育局面。只有这样，才能真正展现马克思主义基本原理的发展性、创造性，显示马克思主义强大的生命力。

> 国内理论界关于“什么是马克思主义基本原理”的不同观点有：第一，马克思主义基本原理是马克思主义的基本立场、基本观点、基本方法的总称。第二，马克思主义基本原理是马克思主义科学体系的基本理论、基本范畴，是马克思主义的整体理论表达，其基本原理体现在三个组成部分之中，研究的是马克思主义的总体性问题、根本性问题。第三，马克思主义基本原理是贯穿于马克思主义具体理论中的基本观点，是贯穿于马克思主义发展史并经实践检验证明正确的基本观点，是构成马克思主义理论体系框架的基本观点。第四，马克思主义基本原理是指三个组成部分之间一以贯之的理论和逻辑。

二、 马克思主义基本原理的主要特征

马克思主义是迄今为止世界上革命性、科学性最强的世界观、方法论和思想理论体系，是人们认识世界、改造世界和完善自身的思想武器，是适应实践发展要求并能指导社会实践不断前进的理论，这就决定了它必须与时俱进，不断创新，引领时代潮流。马克思主义基本原理是马克思主义科学理论体系赖以形成的基础和支柱。

1. 马克思主义基本原理的整体性

马克思主义是完整的思想理论体系。这种完整性首先体现在它有完整的世界观，即对整个物质世界，特别是对人类社会历史发展、对资本主义社会及其向社会主义社会转变，以及社会主义社会和共产主义社会发展的普遍规律做了高度的理论概括。马克思主义的完整性决定了马克思主义基本原理的整体性。以完整的世界观为基点，马克思主义

基本原理的整体性表现在：

> 国内理论界关于马克思主义基本原理整体性的不同理解：第一，整体性就是从总体上把握马克思主义，从马克思主义三个组成部分的有机结合上把握马克思主义科学体系，也就是由三个组成部分构成的一块“整钢”。第二，整体性表现为马克思主义哲学、马克思主义政治经济学、科学社会主义是马克思主义理论体系不可分割的三个重要组成部分，它们共同构成了马克思主义的基本理论。第三，整体性就是马克思主义基本原理的研究对象、逻辑范畴、根本属性、学科结构这四个基本研究要素紧密联系、一以贯之。

第一，它是马克思主义哲学原理、马克思主义政治经济学原理、科学社会主义原理三个部分的相互联系着的理论对客观世界的发展、人的认识的发展、人自身的发展、人类社会发展的规律性的整体反映。例如，物质与意识、社会存在和社会意识、生产力和生产关系、经济基础和上层建筑的辩证关系，认识与实践、真理与价值、人的本质与人的价值、人的发展与社会进步等，这些基本原理在与人类社会发展及其不同阶段的实际结合中得到验证并得以丰富和发展，形成了人类社会再生产的四个环节、生产资料所有制、资本雇佣劳动、资本积累、资本主义基本矛盾、社会主义本质、社会主义主要矛盾、资本主义必然灭亡和社会主义必然胜利、人类从必然王国走向自由王国等基本原理。

第二，它是对客观世界的发展、人的认识的发展、人自身的发展、人类社会的发展等不同层面之间的逻辑关系做出的整体研究。客观世界的发展、人的认识的发展、人自身的发展、人类社会的发展本身就是一个整体，它们各自都是该整体的一部分。每个部分都离不开其他部分，每个部分都是对其他部分的阐释，使其他部分得到理解、丰富和发展，而每个部分又都是马克思主义基本原理在一定时空范围内的具体表现。正是这些逻辑联系构成了马克思主义基本原理的“整体性”，构成了马克思主义基本原理的科学体系。

2. 马克思主义基本原理的时代性

马克思主义基本原理是适应时代发展的要求而创立的，是一定历史条件下的产物，它没有也不可能穷尽人类社会历史长河中的一切真理，它需要随着时代的发展变化不断丰富和发展自身。

马克思主义基本原理的时代性主要有两个方面的含义：

第一，要在理解时代内涵、把握时代特征、反映时代要求的基础上坚持和发展马克思主义基本原理。也就是说，马克思主义基本原理并不是远离现实的抽象的理论，而是人们行动的指南。180 多年马克思主义发展的历史和人类社会发展的实践已经充分证明，马克思主义基本原理不仅是在和自己时代的现实世界的接触和结合中，在关注和研究自己时代提出的最迫切需要解决和回答的重大问题中，而且是在不断地和现时代的实践结合中，以及在研究现时代提出的需要解决和回答的重大问题中，丰富和发展起来并不断得到创新的。

第二，要用发展着的马克思主义基本原理引领时代前进。马克思主义基本原理随着时代、实践和科学的发展，在不同的国家有不同的理论形态。在我国，改革开放 40 多年来，在应对前进道路上各种新情况新问题、不断开创中国特色社会主义事业新局面的过程中，中国共产党把马克思主义基本原理与发展中国特色社会主义的实践结合起来，形成的包括邓小平理论、“三个代表”重要思想、科学发展观在内的中国特色社会主义理论体系；以习近平同志为主要代表的中国共产党人，把马克思主义基本原理同中国具体实际相结合、同中华优秀传统文化相结合，创立的习近平新时代中国特色社会主义思想，就是马克思主义基本原理时代化的新的理论形态，就是当代中国发展着的马克思主义基本原理。

> 真正的马克思列宁主义者必须根据现在的情况，认识、继承和发展马克思列宁主义。……不以新的思想、观点去继承、发展马克思主义，不是真正的马克思主义者。
>
> （《邓小平文选》，第 3 卷，291～292 页，北京，人民出版社，1993）

3. 马克思主义基本原理的科学性与意识形态性

马克思主义基本原理是一门科学。它是人类思想文化智慧的结晶，它在知识占有的广度和深度上都有着较高的水平。马克思主义基本原理在对人类社会发展的一般规律的揭示中，在对科学真理的阐释中，都体现了理论逻辑的力量和学术价值的魅力。与此同时，马克思主义基本原理也为无产阶级提供了改造社会的思想武器，它既具有鼓舞无产阶级斗志、引导无产阶级沿着社会发展的趋势去改造社会的巨大作用，又具有为无产阶级和劳动人民服务的意识形态功能。科学性与意识形态性在马克思主义基本原理中得到了完美的结合。

首先，它是迄今为止世界上革命性、科学性最强的世界观、方法论和思想理论体系，是人们认识世界、改造世界和完善自身的思想武器。马克思主义基本原理关于客观世界、人的发展的阐述，从根本上揭示了自然界、人类社会和思维发展的一般规律，为我们提供了认识世界、改造世界的强大的思想武器。马克思主义基本原理关于客观世界、人、人类社会发展的阐述，从根本上论证了资本主义必然灭亡、社会主义必然胜利的一般规律，科学地预测了共产主义的美好前景，为无产阶级和人类的解放指明了奋斗的道路和前进的方向。

其次，它不仅说明世界，更为重要的是提出改造世界。马克思主义基本原理是无产阶级的精神武器，是无产阶级政党及其纲领、战略和策略的理论基础。自马克思主义创立以后，马克思主义基本原理就一直是无产阶级和劳动群众进行革命和建设的行动指南，它的科学性与意识形态性的统一，在亿万劳动群众推翻资本主义制度和建设社会主义的实践中不断得到升华。

最后，它表现出强烈的批判性和战斗性。马克思主义在其所走过的生命途程中，每前进一步都经过战斗。一方面，它要反击来自资产阶级营垒内日趋频繁和剧烈的攻击；另一方面，它又要与来自马克思主义内部的反马克思主义错误思潮进行斗争。因此，反击来自资产阶级营垒内的攻击和反对各种反马克思主义错误思潮，使得马克思主义基本原理在其发展中从来都不拒绝任何有科学价值的理论和学说，也从来不放弃同一切反科学、伪科学进行斗争。

讨 论

学习和研究马克思主义基本原理，要以科学性带动意识形态功能的体现。关于这一问题，你是怎么看的？

三、坚持和发展、学习和运用马克思主义基本原理

马克思主义基本原理具有与时俱进的理论品质。坚持和发展、学习和运用马克思主义基本原理，对我们每个大学生的个人成长和走向社会、为中国特色社会主义发展做出贡献，都具有重要的现实意义。

1. 用科学的态度对待马克思主义基本原理

用科学的态度对待马克思主义基本原理是我们坚持和发展、学习和运用马克思主义基本原理的前提。用科学的态度对待马克思主义基本原理，必须做到：

第一，处理好坚持与发展的关系。发展马克思主义基本原理必须以坚持马克思主义基本原理为前提，否则，就会曲解甚至背离发展马克思主义基本原理的初衷。但是，坚持马克思主义基本原理不等于“死守”马克思主义的具体结论。如果我们把马克思主义基本原理绝对化，把它看成完美无缺的东西，把它看成包医百病的灵丹妙药，那我们就会走到邪路上去。“发展”只能是“坚持”基础上的“发展”，有了“坚持”，才会有“发展”。同样，“坚持”也只能是“发展”中的“坚持”，对马克思主义基本原理而言，停滞和僵化都不是真正的“坚持”。抛开“坚持”的“发展”，无疑也是对实际、对时代发展要求的背弃，它会给马克思主义基本原理附加上许多错误的观点，对马克思主义基本原理的威胁更加隐蔽，因而更加具有迷惑性和危险性。

> 共产党员是国际主义的马克思主义者，但是马克思主义必须和我国的具体特点相结合并通过一定的民族形式才能实现。马克思列宁主义的伟大力量，就在于它是和各个国家具体的革命实践相联系的。对于中国共产党说来，就是要学会把马克思列宁主义的理论应用于中国的具体的环境。成为伟大中华民族的一部分而和这个民族血肉相联的共产党员，离开中国特点来谈马克思主义，只是抽象的空洞的马克思主义……教条主义必须休息，而代之以新鲜活泼的、为中国老百姓所喜闻乐见的中国作风和中国气派。
>
> （《毛泽东选集》，2版，第2卷，534页，北京，人民出版社，1991）

第二，反对各种形式的教条主义。教条主义对待马克思主义基本原理的态度，就是把马克思主义基本原理当成僵死不变的教条，固守马克思主义经典作家的个别论断甚至个别字句，否认马克思主义要随着实践的发展而不断发展；就是把马克思主义基本原理当成包医百病的灵丹妙药，不断重复马克思主义经典作家的现成词句，否认马克思主义基本原理与具体实际相结合的必要性；就是抽象地谈论马克思主义基本原理，把马克思主义基本原理当作标签贴到各种事物上去，背离马克思主义具体情况具体分析的要求。教条主义的实质就在于，割裂理论与实际之间的本质联系、用理论裁剪实际、用理论抹杀现实。教条主义的存在必然会阻碍在实践中发展马克思主义基本原理，扼杀马克思主义基本原理的生机和活力。反对教条主义，是科学地对待马克思主义基本原理的重要方面。

第三，用发展着的马克思主义基本原理指导实践。马克思主义基本原理的与时俱进，

表现为它是不断发展的。中国特色社会主义理论体系、习近平新时代中国特色社会主义思想就是当代中国发展着的马克思主义基本原理。它们既源于马克思主义基本原理的内在要求，又深深扎根于中国国情和社会主义现代化建设实践的客观需要之中，既坚持了马克思主义基本原理，又体现了马克思主义的中国气派、中国风格和中国特色。中国特色社会主义理论体系、习近平新时代中国特色社会主义思想是在把马克思主义基本原理与社会主义发展的现实以及中国特色社会主义发展的具体实际结合起来的过程中，所形成的社会主义本质、社会主义初级阶段、社会主义改革开放、社会主义市场经济、社会主义基本经济制度、社会主义新发展理念、社会主义和谐社会、社会主义政治文明建设、社会主义生态文明建设、社会主义治国理政、社会主义现代化建设等新思想新观点，就是在中国特色社会主义发展实践中产生的发展着的马克思主义基本原理。在当代中国，用发展着的马克思主义基本原理指导实践，就是用中国特色社会主义理论体系、习近平新时代中国特色社会主义思想指导实践。

2. 坚持理论联系实际的方法

理论联系实际是中国共产党一贯倡导的马克思主义学风，是我们坚持和发展、学习和运用马克思主义基本原理的重要方法。

理论联系实际的前提是要学懂、学好马克思主义基本原理。既要系统地学习马克思主义基本原理，加强理论联系实际的准确性，完整地把握马克思主义理论体系，即把握马列主义、毛泽东思想、邓小平理论、“三个代表”重要思想、科学发展观、习近平新时代中国特色社会主义思想的一脉相承性和与时俱进性，也要在学习马克思主义学者和资产阶级学者著作的过程中提高明辨是非、评判对错的能力，训练具有原则高度的理论思维，提高马克思主义理论的素养和增强理论的坚定性，夯实理论联系实际的基础。理论联系实际并不是降低理论思维的高度和严谨性，而是对理论思维在原则高度和严谨性上的一种保持和推进，这要求我们具备联系新的实践、新的问题，保持和提高马克思主义理论的理论思维素质。

理论联系实际，联系的是当今世界发展中的重大问题，是我国社会主义改革和现代化建设中的重大问题。它既不是蜻蜓点水，轻描淡写地在理论之外捎带联系实际，也不是不着边际，和理论不相干地漫谈实际，更不是把理论单纯地变成证明现实、依附政治和解释政策的工具；它既不是把马克思主义理论分割成词句，简单地贴标签，把实际对号入座，也不是把马克思主义理论当作僵化的教条，机械地套用到实际中去，更不是把马克思主义理论当成万能的包治百病的药方，当成可以找到一切答案的无所不能的题库。理论联系实际，是将马克思主义理论寓于社会经济发展的实际之中，透射出深藏在社会经济发展实际背后的、人们在各种实践活动中的观念问题，以及思想路线、思维方式、生活方式和思想方法问题，真正理解马克思主义理论的正确性寓于社会经济发展实际的真谛，真正理解马克思主义理论对认识世界、改造世界的世界观、方法论意义，自觉地掌握并运用马克思主义理论去认识、分析、解决现实问题。

理论联系实际是由马克思主义基本原理所具有的特点决定的。马克思主义基本原理的整体性、时代性、科学性与意识形态性都是统一于实践性的。实践性是马克思主义基本原理具有强大生命力的关键所在。马克思主义基本原理是发展的，是随着实践的发展而发展的。用科学的理论指导实践，在实践中坚持、丰富和发展马克思主义基本原理，依靠的正是理论联系实际。邓小平指出，我们“绝不能要求马克思为解决他去世之后上百年、几百年所产生的问题提供现成答案。列宁同样也不能承担为他去世以后五十年、一百年所产生的问题提供现成答案的任务。真正的马克思列宁主义者必须根据现在的情况，认识、继承和发展马克思列宁主义”①。这就要求我们结合时代发展变化的实际，根据时代提出的新课题和新任务，面对马克思主义基本原理遇到的新形势和新挑战，用新思想和新语言，做出新思考，得到新认识，再现马克思主义基本原理的活的灵魂，揭示出马克思主义基本原理的世界观、方法论意义。

> 理论与实践的统一，是马克思主义的一个最基本的原则。
>
> （《毛泽东文集》，第7卷，90页，北京，人民出版社，1999）

3. 自觉地运用马克思主义基本原理

学习马克思主义基本原理，关键在于自觉地运用马克思主义基本原理。马克思主义基本原理是我们每个大学生行动的指南。

第一，要确立正确的世界观、人生观、价值观。有什么样的世界观，就会有什么样的人生观、价值观。在建设中国特色社会主义的实践中，马克思主义基本原理为我们确立正确的世界观、人生观、价值观奠定了理论基础。也就是说，这个世界观就是一切从实际出发，理论联系实际，实事求是，在实践中检验真理和发展真理。在中国特色社会主义发展中，马克思主义基本原理以其世界观的意义确立了它和中国具体实际相结合的原则，从而为推进中国特色社会主义的发展提供了指南。这个人生观就是以马克思主义世界观为指导，以集体主义为原则，以建设社会主义和实现共产主义为目标的人生目的与道路的结合和统一。这个价值观就是以马克思主义的立场、观点和方法对周围事物的是非、善恶和重要性做出评价，对个人价值与社会价值的关系做出判断。确立正确的世界观、人生观、价值观的过程，就是自觉运用马克思主义基本原理的过程。

第二，要提高运用马克思主义基本原理分析现实问题的能力。马克思主义基本原理对人们的认识和实践活动具有指导作用，自觉运用马克思主义基本原理，必须要深入研究当代中国和世界的重大现实和理论问题，把马克思主义基本原理与具体实践结合起来，从纷繁复杂的现象中探寻问题的本质，找到解决问题的方法和途径，推动实践的发展。改革开放40多年来，中国特色社会主义的发展虽然已经取得了不少辉煌的成就，但是依然面临着十分繁重的任务。例如，进一步调整和完善所有制结构、深化国有企业改革、完善分配制度和方式、建立健全社会保障体制、完善民主监督制度、维护社会安定团结等，都需要我们运用马克思主义的立场、观点和方法认真研究和解决。只有这样，才能不断促进我国社会主义现代化国家的建设和发展。

第三，要增强进行马克思主义理论宣传教育的本领。180多年来，马克思主义一直代表着人类社会发展的方向。中国近现代历史充分证明，是马克思主义使中国人民站起来，也是马克思主义使中国人民富起来和强起来，只有马克思主义，才能够指导中国人

① 《邓小平文选》，第3卷，291页。

民取得社会主义革命和建设的伟大胜利。马克思主义是中国共产党领导中国人民进行社会主义建设的指导思想，也是提高中国共产党执政能力、巩固中国共产党执政地位、保持中国共产党在意识形态领域先进性的理论基础。我们大学生自觉运用马克思主义基本原理，就是要坚持以马克思主义为指导，增强以生动活泼、通俗易懂的民间话语，以人们喜闻乐见的形式宣传马克思主义的本领，增强对歪曲、恶意中伤马克思主义的言论进行及时、有力回击的本领。

> 马克思主义的全部精神，它的整个体系，要求人们对每一个原理都要（α）历史地，（β）都要同其他原理联系起来，（γ）都要同具体的历史经验联系起来加以考察。
>
> （《列宁选集》，3版修订版，第2卷，785页）

本章小结

马克思、恩格斯是马克思主义的创始人，没有马克思、恩格斯就没有以马克思的名字命名的马克思主义。德国古典哲学、英国古典政治经济学和法国空想社会主义是马克思主义的思想来源。但是，马克思主义并不等于马克思、恩格斯，它不可能仅限于马克思、恩格斯的论述，还应包括后人运用他们的立场、观点、方法对时代发展变化、对新的实际进行总结所揭示的普遍真理。

马克思主义基本原理主要阐明的是自然、社会和思维认识各方面的客观规律，以及人类社会由低级向高级发展的客观规律。马克思主义基本原理是马克思主义哲学、马克思主义政治经济学、科学社会主义三个组成部分中“一以贯之”的综合性理论，是能够反映马克思主义精神实质的理论，是能够反映马克思主义整体性的理论。马克思主义基本原理是能够反映无产阶级人民大众立场、理论联系实际原则的理论，是经过实践证明的、具有普遍意义的理论，是对包含着一连串互相衔接的阶段的发展过程的阐明。马克思主义基本原理是马克思主义文本研究与时代发展、新的实际的结合，是实践之树的奇葩，是进行实践探索的科学。整体性、时代性、科学性与意识形态性的统一，是马克思主义基本原理的三个主要特征。

坚持和发展、学习和运用马克思主义基本原理，必须用科学的态度对待马克思主义基本原理，处理好坚持与发展的关系，反对各种形式的教条主义，用发展着的马克思主义基本原理指导实践；必须坚持理论联系实际的方法，把马克思主义基本原理与当今世界发展中的重大问题、我国社会主义改革和现代化建设中的重大问题联系起来；自觉地运用马克思主义基本原理，确立起正确的世界观、人生观、价值观，提高运用马克思主义基本原理分析现实问题的能力，增强进行马克思主义理论宣传教育的本领。

阅读书目

1. 马克思，恩格斯．共产党宣言．见：马克思恩格斯选集．3版．第1卷．北京：人民出版社，2012

2. 恩格斯．在马克思墓前的讲话．见：马克思恩格斯选集．3版．第3卷．北京：人民出版社，2012

3. 列宁．马克思主义的三个来源和三个组成部分．见：列宁选集．3版修订版．第2卷．北京：人民出版社，2012

4. 列宁．论马克思主义历史发展中的几个特点．见：列宁选集．3版修订版．第2卷．北京：人民出版社，2012

5. 毛泽东．马列主义基本原理至今未变，个别结论可以改变．见：毛泽东文集．第8卷．北京：人民出版社，1999

6. 胡锦涛．坚定不移沿着中国特色社会主义道路前进，为全面建成小康社会而奋斗．见：十八大以来重要文献选编（上）．北京：中央文献出版社，2014

7. 习近平．关于坚持和发展中国特色社会主义的几个问题．见：十八大以来重要文献选编（上）．北京：中央文献出版社，2014

8. 习近平．决胜全面建成小康社会 夺取新时代中国特色社会主义伟大胜利——在中国共产党第十九次全国代表大会上的报告．北京：人民出版社，2017

9. 习近平．在纪念马克思诞辰二百周年大会上的讲话．见：十九大以来重要文献选编（上）．北京：中央文献出版社，2019

10. 习近平．高举中国特色社会主义伟大旗帜 为全面建设社会主义现代化国家而团结奋斗——在中国共产党第二十次全国代表大会上的报告．北京：人民出版社，2022

思考题

1. 有人认为马克思主义是由马克思、恩格斯创立的，因而把马克思主义等同于马克思、恩格斯。你怎么评价这种看法？

2. 有的学者把马克思主义基本原理说成是三个部分，即马克思主义哲学原理、马克思主义政治经济学原理、科学社会主义原理。你认为这一说法对吗？如何理解马克思主义基本原理？如何理解马克思主义基本原理的整体性？

3. 如何理解马克思主义基本原理的时代性？

4. 在对待马克思主义基本原理上存在着两种错误的做法：一种是教条式地看待马克思主义基本原理，抱着经典作家的个别原理和字眼不放；一种是把马克思主义基本原理孤立在抽象的理论状态，而与实践割裂开来。针对这两种错误的做法，谈谈如何以科学的态度对待马克思主义基本原理。

第一章
物质世界的发展

要点提示

● 物质的唯一特性是客观实在性，世界统一于多样性的物质世界。

● 运动是物质的根本属性和存在方式，时间和空间是物质运动的存在形式。

● 意识是物质世界长期发展的产物，是人脑的机能和属性，是物质世界的主观映象。

● 联系的观点和发展的观点是唯物辩证法的总特征。

● 质量互变规律、对立统一规律和否定之否定规律是事物运动发展的基本规律。

● 对立统一规律是唯物辩证法的实质和核心。

关键词

物质　意识　运动　静止　联系　发展　矛盾　辩证法　形而上学　对立统一规律

世界本质上是一个多样统一的物质世界，意识是物质世界长期发展的产物，物质世界的运动具有规律性。科学揭示物质世界的本原及其发展规律，是马克思主义世界观和方法论的理论前提。

一、 世界的客观实在性

思维与存在、精神与物质的关系问题，是全部哲学特别是近代哲学重大的基本问题。对于这个问题的不同回答，产生了不同的哲学派别。唯物主义把世界的本原归结为物质，主张物质第一性，意识第二性，物质决定和派生意识；唯心主义则把世界的本原归结为意识，主张意识第一性，物质第二性，意识决定和派生物质。世界是多样性的物质的统一体，自然、社会、人类都是在物质这一客观实在的基础上统一起来的。作为精神现象的意识也是物质世界长期发展的产物，是人脑的机能和属性，是物质世界的主观映象。

1. 物质及其存在方式

"物质"范畴是唯物主义哲学关于世界本原和统一性的最高抽象，是唯物主义世界观的基石。马克思主义批判继承了以往唯物主义的传统，在总结现代自然科学重大成就的基础上，创立了辩证唯物主义的物质观。20 世纪初，列宁对物质概念做出了科学的概括："物质是标志客观实在的哲学范畴，这种客观实在是人通过感觉感知的，它不依赖于我们的感觉而存在，为我们的感觉所复写、摄影、反映。"①

列宁的物质定义具有丰富而深刻的理论意义。第一，它坚持了彻底唯物主义一元论的原则，同唯心主义和二元论划清了界限。这个定义是从世界的总现象中区别出物质现象和意识现象，从物质与意识对立统一的关系上，高度概括出物质的根本特性——客观实在性，指出物质不依赖于意识而独立存在，从而指明了物质对于意识的独立性、根源性，意识对于物质的依赖性、派生性。这就与唯心主义和二元论划清了界限。

第二，它坚持了世界的可知性，有力地批判了不可知论。这个定义强调物质是"人通过感觉感知的"，能够"为我们的感觉所复写、摄影、反映"，这说明，世界上只存在尚未被认识的事物，却没有不能被认识的事物；随着实践的发展和科学技术的进步，人们对于未知世界的探索和认识将会不断扩展和深化。这就与不可知论划清了界限。

第三，它坚持了唯物论与辩证法的有机统一，同旧唯物主义划清了界限。这个定义既不是直观地把握存在于某处的某个具体物质形态，也不是指世界的某个要素，而是从世界的一切事物、现象中高度概括出物质的最一般、最根本的特性，即客观实在性；既肯定了哲学上的物质范畴同自然科学物质结构理论的联系，又把它们区别开来，从而克服了旧唯物主义把物质的具体形态及其结构、属性同物质本身混为一谈的片面性和局限性。

"宇宙热寂理论"（"热寂说"）认为，虽然宇宙的能量是守恒的，但一切运动形式的能量最终必然都转化为热，而热的传导只能从高温传到低温，具有不可逆性，结果是热均匀散布于整个宇宙，达到完全平衡，这样运动就失去了进一步转化的可能，宇宙将处于永恒死寂的状态。

"热寂说"以宇宙是一个有限的、孤立的、封闭的系统的假设为前提，其要害在于忽视了引力场在宇宙演化中的作用。由于存在万有引力，宇宙根本没有平衡态，宇宙只能处于动态的演化过程之中，而不是静态的。物理世界是一个非稳定的和有涨落的世界，整个宇宙及其所包含的各种物质形态都是开放的动态系统。因此，宇宙永远处在运动、演化过程中，它的历史不可能终结。

人们常以"沧海桑田"感叹世事的巨大变迁，这正说明变化时时都有，运动无处不在。运动是指物质的一切变化和过程，是物质的根本属性和存在方式。一方面，物质是运动着的物质，物质不能离开运动而存在。设想不运动的物质是形而上学唯物主义的错误观点。另一方面，运动是物质的运动，物质是一切运动和变化的实在基础和承担者。设想无物质的运动则是唯心主义的错误观点。

运动和静止是事物基本矛盾的两个方面，二者的对立统一构成具体事物的特殊运动形式。静止有两种含义：一是指事物变化中的质的相对稳定性，指事物质变之前的量变状态，即当一事物尚未转变为他事物时，该事物就处于相对静止状态；二是指在描述事物的运动

① 《列宁选集》，3 版修订版，第 2 卷，89 页。

时，一事物相对于某一参照物，其空间位置没有发生变动，就说该事物处于相对静止状态。其实，无论是事物的性质还是空间位置，时时都处于变化之中。这也就意味着，运动是普遍的、永恒的和无条件的，因而也是绝对的；静止是暂时的、有条件的，因而是相对的。正是在这一意义上，我们说静止是运动的一种特殊状态。任何事物都是绝对运动与相对静止的统一。把运动和静止人为地割裂开来，夸大绝对运动而否定相对静止，必然导致相对主义和诡辩论；反之，夸大相对静止而否定运动的绝对性，则必然导致形而上学的不变论。两者都歪曲了事物的本来面目，都是片面的、错误的。

运动着的物质以时间和空间作为自己的存在形式。时间是物质运动过程的持续性、间隔性和顺序性，是物质运动过程的顺序更替和前后相继的表现。时间的根本特点是一维性，即它总是按照过去、现在和将来的顺序向着一个方向流逝，不可逆转。空间是运动着的物质的广延性、伸张性，是指物质的位置、规模和体积。空间的根本特点是其三维性。任何一个物体都具有一定的长度、宽度和高度，它同其他物体的位置关系只能是上下、左右、前后。所谓“四维时空”是现代科学根据时空不可分离的特性，把一维时间和三维空间结合起来的一种现实性描述，它有利于更完整、具体地反映客观事物的运动过程。

时间和空间作为运动着的物质的存在形式，同物质运动是不可分离的。一方面，时间和空间离不开物质运动，离开物质运动的时间和空间是不存在的。时间是以物质在空间中的运动来度量和认识的，离开物质在空间中的运动，它就成为无法度量、神秘莫测的东西。另一方面，物质运动也离不开时间和空间，离开时间和空间的物质运动也是不存在的。时间和空间同物质运动的不可分离性，表明了时间和空间的客观性。同物质运动一样，作为物质运动的存在形式，时间和空间也是不依赖于人的意识的客观存在。

时间和空间作为运动着的物质的存在形式，是绝对性与相对性的辩证统一。时空的存在是客观的，又在总体上是无限的，从这个意义上来说，时空具有绝对性。时空的相对性是指两种情况：一是时空的可变性。古人受科研条件和认识视野所限，一般认为时空具有绝对不变的特性。现代科学已经证明，与物质无关而又固定不变的“绝对时空”是根本不存在的。时空的具体形态、具体特性是可变的、暂时的、有条件的，它随着物质运动状态的变化而变化，又依具体物质形态的不同而不同。爱因斯坦的狭义相对论指出，当物体的运动速度接近光速时，会出现“钟慢”“尺缩”效应。广义相对论则进一步揭示出时空曲率与引力场、质量密度之间的关系，物质质量越大，分布越密，引力场越强，则时空越弯曲。二是具体时空的有限性。整个物质世界在时空上是无限的，而具体的物质形态在时空上则是有限的。任何一个具体的事物，都是有始有终、有边有界的。

2. 从物质到意识

意识是物质高度发展的产物。它的产生经历了漫长的、复杂的辩证发展过程。这个过程有三个飞跃性环节：一是由无机物的反应特性到低等生物的刺激感应性，这是意识起源史上的飞跃。地球上的无机物有机械反应、物理反应和化学反应三种形式，这表明在无生命物质世界中包含着发展为反映形式的可能性。随着生命的产生，出现了低等生物的刺激感应性，如植物和原生动物的趋光性、趋营养性等反应形式，这是产生感觉的原生基础。二是由低等生物的刺激感应性到动物的感觉和心理。随着低等生物向高等动物的进化发展，生物机体为适应复杂多变的环境，逐渐产生了专门进行反映的细胞——神经细胞和专门反映外界刺激的感觉器官、神经系统以及统一神经系统活动的大脑，生物的反映形式从刺激感应性发展为感觉。感觉的进一步发展，就产生了动物的心理，不仅包括感觉、知觉、表象，还包括简单的动机、情绪等，这为人类意识的产生创造了条件。三是由动物的心理到人的意识。随着古猿向人类的转化，产生了更加复杂、完善的人脑，从而产生了人所特有的高级反映形式即意识。

庸俗唯物主义认为，意识也是一种物质，人脑产生意识就好像肝脏分泌胆汁和胃腺分泌胃液一样。这种观点是错误的。意识依赖于物质，但意识本身不是物质。把意识混同于物质，这就从根本上混淆了物质和意识，取消了唯物主义和唯心主义的对立。所以，列宁说："把思想叫作物质的，这就是向混淆唯物主义和唯心主义方面迈了错误的一步。"①

意识是人脑的机能。人脑是物质世界长期发展的产物，这是意识依赖于物质的根本点。人脑是由大量神经细胞组成的极其精密、极其复杂完善的物质。它大约由 1 000 亿个神经细胞构成，其中大脑皮层就有 140 亿个。各种神经细胞之间通过神经纤维联系起来，形成神经网络。大脑皮层又分为许多彼此相互联系的区域，执行着各种感觉职能，如果人脑的某个区域遭到破坏，相应的功能就会丧失，造成失明、失语、失聪等。如果大脑两个半球都受到严重损害，一切意识活动就会遭到破坏；如果出现血液循环障碍，大脑皮层供氧中断，人就会完全失去知觉。这表明没有人脑就没有意识。

意识是对客观世界的反映。人脑只是意识的器官，没有信息作用于人脑，人脑便不会产生意识。"观念的东西不外是移入人的头脑并在人的头脑中改造过的物质的东西而已。"② 意识的反映形式如感觉、知觉、表象以及概念、判断、推理，都是主观的，但它们所反映的内容是客观的，都是外部世界客观存在的事物。人类对于外界的反映，有时是预测的、幻想的甚至是荒谬的，但都不是凭空产生的。人的意识不管主观色彩多么浓厚，不管披上什么样的神秘外衣，归根结底都有着自己的客观"原型"。

辩证唯物主义在坚持物质决定意识、意识依赖于物质的同时，又承认意识对物质有能动作用。意识的能动作用是人的意识所特有的能动地认识世界与能动地改造世界的能力和活动。毛泽东说："思想等等是主观的东西，做或行动是主观见之于客观的东西，都是人类特殊的能动性。这种能动性，我们名之曰'自觉的能动性'，是人之所以区别于物的特点。"③

意识的能动作用主要表现在以下几个方面：

> 蜜蜂建筑蜂房的本领使人间的许多建筑师感到惭愧。但是，最蹩脚的建筑师从一开始就比最灵巧的蜜蜂高明的地方，是他在用蜂蜡建筑蜂房以前，已经在自己的头脑中把它建成了。
>
> （《马克思恩格斯文集》，第 5 卷，208 页，北京，人民出版社，2009）

第一，意识活动具有目的性和计划性。人们对客观对象的反映总是基于一定的实践需要，因此总是带有一定的动机和目的，并且为达到这种目的而采取相应的步骤和行为。

第二，意识活动具有选择性和创造性。由于主体的需要不同、价值观和审

① 《列宁全集》，中文 2 版，第 18 卷，255 页，北京，人民出版社，1988。
② 《马克思恩格斯选集》，3 版，第 2 卷，93 页，北京，人民出版社，2012。
③ 《毛泽东选集》，2 版，第 2 卷，477 页。

美情趣不同，对于同一客体的反映并不是千篇一律的，反映什么、不反映什么、怎样反映，都带有一定的主体倾向，不同的主体可以根据客观实际的需要和主体自身的需要，对同一客体对象的信息进行选择，并且可以在主体头脑中对客体对象的信息进行重构和创造。

第三，意识活动对客观世界具有改造作用。意识一旦用于指导实践，就会形成改造世界和变革现实的巨大力量，显示出人类意识的创造性功能。人们对客观世界的改造一般从两个方面进行：一方面是按照客观世界的本来面貌来改造客观世界，把客观世界改造成为“本来如此”的世界；另一方面是按照自己的价值尺度和审美尺度来改造客观世界，把客观世界改造成为“应当如此”的世界。

第四，意识通过对自身的反思和实践活动，能够指导、控制、改造人自身。人们在认识和改造世界的同时，也运用自己的“知”“情”“意”等去认识自我、体验生活、磨炼自己，并在自我意识的指导下，不断地强壮自己的体魄，调整自己的心理，培养自己的能力，规范自己的行为，塑造自己的品格，向着个性的自由全面发展的理想目标逐步迈进。

正确发挥意识的能动作用必须以认识和尊重客观规律为前提。规律是客观的，具有稳定性和强制性，不以任何人的主观意志为转移。要使主观符合客观而达到预期结果，就必须坚持一切从实际出发，实事求是，做到主观符合客观。事实表明，人们对客观规律的认识越深刻、越全面，越能更好地改造世界。实现尊重客观规律和发挥主观能动性的统一，人类就能既避免“宿命论”的错误，又不犯“唯意志论”的错误。

3. 世界的物质统一性

一切唯物主义都肯定世界的本原是物质，世界统一于物质。但是马克思主义以前的旧唯物主义，离开了人类实践，无法论证人类社会的物质性，未能把世界的物质统一性原理贯彻到底，在社会历史领域无一例外地陷入唯心主义。马克思主义把科学的实践观引入哲学，透过人类实践审视世界，在人类认识史上第一次科学地阐明了人类社会是统一的物质世界中一种特殊的物质形态，从而全面彻底地解决了世界的物质统一性问题。世界统一于物质有两层含义：

第一，世界是具有客观实在性的物质统一体。世界上的物质形态及其结构、特性是无限多样和千变万化的。但是，物质的种种具体形态的产生、存在和发展，都只能从物质自身来说明。物质是自身永远存在和无限发展的最终的唯一原因，不需要也不可能设想用物质以外的任何东西来说明。物质的种种特性，包括运动、时间性、空间性等，都以物质的客观存在作为基础和载体，是物质自身所固有的，不可能脱离物质而独立存在。即使是意识现象，也是物质长期发展的产物，是人脑这一特殊物质的机能，是对物质的反映。这就是说，世界上的一切事物和现象，都根源于物质的存在，都是物质演化的表现和结果。整个世界就是由各种具体物质形态相互联系和持续演变的无限链条而构成的整体和过程。迄今为止，人们在实践中所把握的仅仅是各种物质形态中极为有限的一部分。随着实践和科学的发展，以及日臻精巧的各种仪器设备的创制，人类将进一步放开眼界，发现更加丰富多彩的物质形态，人们对物质世界的认识范围将不断扩大，认识程度将日益深化。但是，物质的根本特性——客观实在性是不可改变的，它是一切具体物质形态所普遍具有的最大共性，它规定了一切具体物质形态的共同本质。坚持世界统一于物质的，就是唯物主义的一元论；反之，凡是认为世界统一于精神的，就是唯心主义的一元论；游离于这两者之间，认为世界的本原不止一个，主张物质和精神彼此独立隔绝、并行不悖的，则是二元论。只有如实地把世界看作统一的物质世界，才能同唯心主义划清界限，并且避免陷入二元论。

第二，世界是多样性的物质统一体。世界的物质统一性，是以具体物质形态的差异性、多样性为前提的。各种具体物质形态具有各自特殊的质的规定性，它们既相互区别，又相互作用；每一种具体物质形态都有自己的过去、现在和未来，它由其他物质形态演变而成，又向其他物质形态转化。但是，无论何种具体物质形态，无论它的结构、特征怎样不同，都毫无例外地存在于人的意识之外的物质客体中，都具有共同的客观实在性。人类社会虽然具有不同于一般自然界的特殊性，但它是自然界长期发展的产物，是以物质资料生产方式为基础的客观的物质体系。由此显示出整个世界是多样性的物质统一体。在世界上一切事物、现象的丰富多样个性中，普遍存在着客观实在的物质性这一最大共性。世界在表现形式上是多样的，在本质上是一致的。在统一中包含着丰富的多样，在多样中蕴含着本质的统一。世界的统一性，不是统一于某种具体的物质形态、结构或属性，而是统一于统摄一切事物共同本质的物质性。旧唯物主义把世界的物质统一性归结为某一种或者某几种具体的物质形态，把某种物质结构、属性同物质本身混为一谈，已经为实践和科学的发展所否定。肯定物质世界的多样性，不是对唯物主义的背离，而是避免了形而上学，坚持了唯物辩证法。把整个世界看作多样的而非单一的物质统一体，是辩证唯物主义一元论同旧唯物主义一元论的原则性区别。

> 网络中的虚拟世界，是现代科技条件下物质多样性的特殊形式。随着当代科学技术的发展，人类通过数字化方式，链接计算机网络，综合三维技术、模拟技术、传感技术、人机界面技术等，创造出各种仿真存在，建构网络世界中的“虚拟家庭”“虚拟社区”“虚拟国家”等，让人在网络空间中经历现实生活中难以发生的事件。虚拟世界已经成了人们生活世界的补充，虚拟生存甚至是人们生活方式的一部分。但是，虚拟世界不是超物质的世界，只是人类创造的一种数字化世界，是物质世界一种新的存在形式。

世界的物质统一性原理是中国共产党实事求是思想路线的理论基础。既然万事万物归根到底都统一于物质，那么，无论在任何时候、任何地方和任何条件下，无论在从事任何工作和遇到任何复杂的问题，我们都要按照世界的本来面貌，从物质世界及其运动规律出发去认识世界和改造世界。所以，中国共产党的思想路线是，一切从实际出发，理论联系实际，实事求是，在实践中检验真理和发展真理。一切从实际出发，实事求是，是从世界的物质统一性原理中得出的最重要的结论。

二、 世界的普遍联系和发展

我们所面对的物质世界及其万事万物，既是普遍联系的又是永恒发展的，二者的统一便构成世界的历史演化过程。辩证法正是对这幅普遍联系和永恒发展的画面的逻辑把握。联系的观点和发展的观点是唯物辩证法的总特征。

1. 世界的普遍联系

> 当我们通过思维来考察自然界或人类历史或我们自己的精神活动的时候，首先呈现在我们眼前的，是一幅由种种联系和相互作用无穷无尽地交织起来的画面……
>
> （《马克思恩格斯选集》，3版，第3卷，395页）

联系是一个普遍性极大的范畴，它概括了一切事物、现象、过程之间以及事物内部诸要素之间的相互影响、相互作用和相互制约。

事物的联系具有普遍性、多样性。联系的普遍性包括两重含义：一是指世界上一切事物、现象和过程都不能孤立地存在，都与周围的其他事物、现象和过程这样或那样地联系着，整个世界是相互联系的统一整体；二是指任何事物、现象、过程内部的各个部分、要素、环节也是相互联系、相互作用着的。否认联系的普遍性，设想无联系的孤立事物，是形而上学的根本特征。事物联系的普遍性决定了联系的多样性。世界上的事物千差万别，无限多样，因此，事物之间的联系、必然联系与偶然联系也是具体的、复杂的。事物的联系有直接联系与间接联系、内部联系与外部联系、本质联系与非本质联系之分。直接联系是指事物之间或事物的不同要素之间不通过中间环节而发生的联系。间接联系是指需要通过中间环节才能发生的联系。本质联系是指事物内在的、必然的联系。非本质联系是指事物外在的、偶然的联系。事物联系的普遍性通过多样性表现出来。整个世界就是由各种彼此联系的事物构成的联系之网，任何事物和现象都是这个网的一个部分或环节，绝不能孤立于这个网之外。“唇亡齿寒”“兔死狐悲”“城门失火，殃及池鱼”等典故，都以生动直观的语言描述了不同事物之间的普遍联系。

事物的联系具有客观性、条件性。联系的客观性是指联系是事物本身所固有的本性，它不以人的意志为转移。人们头脑中的联系观念，不过是对客观世界普遍联系的反映。事物的联系就其与人的实践的关系来说，可分为自在事物的联系与人为事物的联系。自在事物的联系在人产生之前就存在着，它们不以人的意志为转移。人为事物的联系是人类实践的产物，尽管它们体现出“人化”的特点，但同样不以人的意志为转移。人为事物的联系只有反映了客观的联系才具有真实性，并且只有经过实践这一客观的物质活动才能转化为现实。认识事物联系的客观性是同认识事物的条件性密切相关的，没有客观存在的一定条件，或者条件不充分，就构不成联系。所谓条件，就是指与某一事物相联系的，对它的产生、存在和发展产生作用的各种要素的总和。任何一个具体事物只有在一定的条件下才能产生、存在和发展，也只有在一定条件下才会趋向灭亡。离开了条件，一切都无法存在，也无法理解。随着条件的变化，事物之间以及事物内部各要素之间联系的性质、方式也随之发生变化。因此，分析任何事物的联系，

> 贝塔朗菲于20世纪30年代提出的普遍系统论和与之几乎同时诞生的控制论、信息论等，构成现代的系统理论的主要内容。现代系统理论和系统科学的产生，为唯物辩证法的普遍联系学说提供了新的科学依据。贝塔朗菲本人也强调，在系统论的创立过程中，马克思和黑格尔的辩证法起着重大的作用，就系统论的内容来说，它同辩证唯物主义的一致“是显而易见的”。

都必须从客观实际出发，撇开联系的客观性和条件性，主观随意地讲联系，就会陷入主观主义和诡辩论。

事物的联系具有系统性。现代系统论认为，事物是以系统的方式存在的。任何一个事物，不论范围大小，在特定的条件下，都可以看作一个系统。所谓系统，就是由不同的要素之间的有序联系构成的具有特定功能的有机整体。系统最显著的特点就是整体性。系统的性质和功能不是其构成要素的性质和功能的简单相加，而是由系统的整体结构决定的新的性质和功能。例如，当一架飞机由数以万计的零部件组成时，就会产生这些零部件本身所没有的整体性质和功能。这不是说要素对于系统是可有可无的，而是强调要素之间联系的重要性、整体性。系统中的一个要素，特别是关键要素发生变化，就会影响系统中的其他要素，引起连锁反应，牵一发而动全身。每个系统都有自己内在的层次，系统和它以外的事物，又通过相互作用和相互制约组成更大的系统，形成纵横交错的有层次的网络。

没有事物的普遍联系就没有事物的发展。新科技革命使交通更为发达和畅通，信息传播更为快速和方便，互联网的发展，使世界成为名副其实的"地球村"，每个国家、民族、地区和个人，都处在世界范围内的密切交往中。这就要求我们既要把中国的发展放在世界整体的战略高度上考察，看到中国的发展离不开世界，在全方位开放中融入世界，又要坚决维护国家主权和民族独立，坚定不移地走建设中国特色社会主义的发展道路。

事物的普遍联系要求在实践中树立统筹意识，解决好发展不平衡不充分的突出问题。我们必须深入学习掌握这一方法，正确认识和妥善处理中国特色社会主义事业中的重大关系，统筹城乡发展、区域发展、经济社会发展、人与自然和谐发展、国内发展和对外开放，统筹中央和地方关系，统筹个人利益和集体利益、局部利益和整体利益、当前利益和长远利益的关系，统筹国内国际两个大局。既要总揽全局、统筹规划，又要抓住牵动全局的主要工作和事关群众利益的突出问题，着力推进，重点突破。

2. 世界的永恒发展

> 英国生物学家达尔文提出了进化论，用生物进化的普遍事实论证了自然界上升运动的客观性。当代大爆炸宇宙学进一步说明，宇宙也是进化的，即从温度均匀状态到非均匀状态，从物质分布均匀状态到非均匀的有结构的状态，从简单发展到复杂。20 世纪 70 年代发展起来的包括耗散结构论、协同学和超循环论在内的"非平衡态（或远离平衡态）自组织理论"，则从理论上较好地说明了自然界的上升运动。这些理论的共同特点，是从现实世界中普遍存在的开放系统和自组织现象出发，研究上升运动的原因、特点、机制、过程及规律。

唯物辩证法是关于世界普遍联系和永恒发展规律的科学，它不仅揭示了世界上一切事物、现象的普遍联系，而且揭示出世界的普遍联系必然导致事物的运动、变化和发展。普遍联系和永恒发展的统一体现出唯物辩证法的全面性特征。

发展和运动变化既有联系又有区别。发展也是事物的一种运动变化，但并非事物的一切运动变化都是发展。运动包括宇宙中的一切变化和过程，既包括前进、上升的变化，也包括下降、倒退的变化；既包括事物数量的增减和场所的变更，又包括事物根本性质的变化。而发展只是运动变化中的一种，发展是事物前进、上升的运动变化。承认发展的总体方向是前进的、上升的，就必然要承认新陈代谢是普遍的、不可抗拒的规律。自然和人类社会发展的总的方向和基本趋势是新事物的产生和旧事物的灭亡，是以上升性运动为总体特征的。

发展的实质是新事物的产生和旧事物的灭亡。所谓新事物是指符合事物发展的必然趋势、具有远大发展前途的事物，旧事物是指在发展过程中逐渐丧失其存在的必然性、日趋灭亡的事物。是否符合事物发展的必然趋势，是区别新旧事物的根本标志。识别一个事物是新事物还是旧事物，不能以出现时间的先后为根据，不能以它表面上是否强大为标准，也不能以发展是否完善为依据。

任何事物的发展，都要经历一个由小到大、由弱到强、由不完善到比较完善的过程。新事物的成长也是这样，它在最初出现的时候总是比较弱小，总是难免有这样那样的缺陷，而旧事物则往往比较强大，显得合乎“常规”。尤其是在社会历史中，由于新旧事物的利害冲突和旧事物对新事物的抵抗，新事物的成长必然要经历一个曲折的过程。然而，历史发展的总趋势是，暂时显得弱小的新事物不管经过怎样的困难和曲折，终究要战胜表面强大的旧事物。

新事物必然要战胜旧事物，是由新事物的本质特点和事物发展的辩证本性决定的：第一，新事物代表着事物发展的方向，具备适合它存在的历史条件，符合事物发展的必然趋势，具有存在的根据。第二，新事物是在旧事物中生长起来的，它不仅克服了旧事物的消极的东西，而且吸取了旧事物的积极的东西，并在新质的基础上加以改造和提高，所以它必然比旧事物优越，因而具有强大的生命力。第三，在社会历史领域，新事物由于从根本上符合最广大人民群众的根本利益，所以最终能够得到人民群众的拥护和支持而取代旧事物。因此，凡符合社会历史规律、顺应社会进步潮流的新生事物，不管经过怎样艰难曲折的发展道路，终究是不可战胜的。

3. 联系和发展的规律性

世界的普遍联系和运动发展是内在地统一的。世界的普遍联系是世界运动发展的终极原因，正是事物之间的普遍联系，即普遍的相互作用构成了运动。同时，世界的运动发展又是普遍联系多样化和高级化的原因，正是由于世界的运动发展，才不断地产生出新的事物，从而也产生出新的联系。事物的普遍联系和运动发展之间这种互为因果的内在一致性，说明世界联系和发展的原因就在于物质世界自身，因而是遵循其自身固有的规律的。

规律是事物本身所固有的本质的、必然的、稳定的联系，它通过事物的运动、变化和发展显现出来。规律体现了事物内在的根本性质和一定要发生的、确定不移的趋势，是变动不居的现象中稳定的、巩固的联系。只要具备一定的条件，某种合乎规律的现象必然重复出现。物质及其运动、变化、发展的客观实在性，决定了规律的客观性。规律的客观性是指规律是客观事物本身所固有的，它不以人的主观意志为转移。不管人们是否认识它，也不管人们是否承认或喜欢它，它都客观地存在着并且发生作用。规律既不能被创造，也不能被消灭，只能随着客观事物本身性质、内容和它所依赖的客观条件的变化而变化。

> 中国古代哲学家荀子说：“天行有常，不为尧存，不为桀亡。”这里的“常”就是规律的意思。“不为尧存，不为桀亡”，讲的就是规律的客观性。自然规律是客观的，社会规律同样也是客观的。

唯物辩证法揭示了物质世界的运动、变化、发展的一般规律，是关于自然、社会、思维的运动和发展的普遍规律的科学。作为一门科学和一种理论体系，唯物辩证法展示的是一个规律群，其中，基本规律是质量互变规律、对立统一规律、否定之否定规律。在唯物辩证法的体系中，这三个规律各有侧重，但相互之间又形成了一个内在统一的逻辑整体。除此之外，唯物辩证法还包括一系列范畴，并通过这些范畴的联系和转化，进一步从各个侧面揭示了事物的一般规律。

在由一系列规律和范畴等诸要素构成的唯物辩证法理论体系中，对立统一规律处于核心地位，是唯物辩证法的实质和核心。这是因为：

第一，对立统一规律揭示了事物普遍联系的根本内容和变化发展的根本动力。辩证法是关于普遍联系和永恒发展的学说，而对立统一规律揭示出事物最普遍、最本质的联系，即相互区别、相互对立的矛盾双方之间的联系，揭示出事物的内部矛盾是事物发展的源泉和动力，这就从根本上阐明了联系和发展的实质。是否承认事物的内部矛盾，是辩证法和形而上学两种世界观斗争的焦点，是它们的根本区别。形而上学不承认事物的内部矛盾，从而也就把发展归结为外力作用，归结为事物数量上的减少或增加；而辩证法承认事物的内部矛盾，从而揭示出由内在矛盾引起的事物的“自我活动”，揭示出事物由一种质态向另一种质态飞跃的根本原因。

第二，对立统一规律是贯穿辩证法其他规律和范畴的中心线索，是理解它们的关键。既然对立统一规律揭示了联系和发展的实质，那么，它当然也贯穿于辩证法的其他规律和范畴之中。辩证法的其他规律和范畴从不同侧面揭示了联系和发展、事物的对立统一关系。质量互变规律揭示的是质与量、质变与量变的对立统一关系；否定之否定规律揭示的是事物的肯定方面与否定方面、事物发展的前进性与曲折性的对立统一关系。辩证法的诸对范畴，在本质上无一不是对立统一的关系。对立统一规律内在地把辩证法的其他规律和范畴联结成一个有机统一的整体，从而成为贯穿辩证法的中心线索。

第三，矛盾分析方法是认识世界和改造世界的根本方法。所谓认识世界归根到底是认识世界的矛盾，所谓改造世界归根到底是通过正确的方法来解决世界的矛盾，因此掌握了矛盾分析法就掌握了认识世界和改造世界的根本方法。唯物辩证法不仅为人们树立了科学的世界观，而且也为人们正确认识世界和改造世界提供了科学的方法论。方法论在本质上是客观规律的主体化，是客观规律的主观应用。“辩证法的宇宙观，主要地就是教导人们要善于去观察和分析各种事物的矛盾的运动，并根据这种分析，指出解决矛盾的方法。”[①] 作为世界观，唯物辩证法就是关于世界的矛盾观。所以，对立统一规律即矛盾规律转化为认识方法，所得到的根本方法就是矛盾分析方法。

唯物辩证法是主观辩证法和客观辩证法的统一。客观辩证法是关于事物的本质、联系、运动和发展规律的辩证法；主观辩证法是关于人类认识和思维运动的辩证法。唯物辩证法既揭示了客观世界的发展规律，也揭示了人的主观世界的发展规律，因此，唯物辩证法是客观辩证法和主观辩证法的统一，二者统一的基础是实践。客观辩证法通过人们的实践转化为主观辩证法；人们通过对主观辩证法的把握进一步指导实践，使客观辩

① 《毛泽东选集》，2版，第1卷，304页，北京，人民出版社，1991。

证法朝着有利于主体目的的方向发挥作用。这一原理要求我们，在运用辩证法观察问题时必须首先分析事物本身的辩证关系，按照事物本身的辩证法去反映事物，而不是把唯物辩证法的规律当作公式到处乱套，同时要以实践作为检验主客观辩证法统一与否的根本标准。世界在变化，我国改革开放和现代化建设在前进，人民群众的伟大实践在发展。当今时代的这一辩证特点，迫切要求我们不断解放思想，使思想合乎时代的潮流，以与时俱进、求真务实、开拓创新的精神，在理论上不断拓展新视野、做出新概括，发展21世纪马克思主义、当代中国马克思主义，用发展着的马克思主义指导新的实践。

三、 世界发展的基本规律

世界处在普遍联系和永恒发展之中，而联系和发展又是有规律的。唯物辩证法揭示了事物运动发展的三大基本规律，即质量互变规律、对立统一规律和否定之否定规律。它们从不同侧面揭示了世界联系和发展的本质：质量互变规律揭示了事物存在和变化的基本状态和过程，对立统一规律揭示了事物普遍联系的根本内容和变化发展的内在动力，否定之否定规律揭示了事物发展的方向和道路。

1. 质量互变规律

> 可见，辩证法的规律是从自然界的历史和人类社会的历史中抽象出来的。辩证法的规律无非是历史发展的这两个方面和思维本身的最一般的规律。它们实质上可归结为下面三个规律：量转化为质和质转化为量的规律；对立的相互渗透的规律；否定的否定的规律。
>
> （《马克思恩格斯选集》，3版，第3卷，901页）

质和量是事物存在的最具有普遍性的规定。世界上一切事物都有质和量这两种规定性的变化，即质变和量变。事物的发展是一个从量变开始，量变到一定程度引起事物的质变，事物又在新质的基础上开始新的量变的循环往复以至无穷的过程。量变与质变的相互交替构成事物的上升性发展的基本内容，这就是质量互变规律。

质是使事物成为它自身并使该事物同其他事物区别开来的内在规定性。世界上的每一个事物之所以能够与其他事物区别开来，就是因为它们各自具有内在的质的规定性。事物的质是由事物内部包含的特殊矛盾决定的。质和事物是不可分割的，它和具体事物的存在是直接同一的。这就是说，事物的质保持着，该事物就存在着，一旦丧失了原有的质，该事物就变成别的事物了。事物的质是通过属性表现出来的，属性就是一事物和他事物发生关系时表现出来的质。一个事物往往具有多方面的质的规定性，人们可以根据实践的需要，着重研究某一方面的质的规定性。质是区别事物的根据，是认识事物的起点和基础。只有正确把握事物的质，才能认识事物及其特殊规律，才能找到做好工作的正确方法。

量是指事物的规模、程度、速度以及构成事物的成分在空间上的排列组合等可以用数量来表示的规定性。量的规定性也是客观的，量和事物也是不可分割的。但量与事物的存在不是直接同一的，在一定范围内，量的变化不影响事物的质，即不影响事物原来的存在。一个事物也具有多方面的量的规定性。在认识质的基础上认识量，是对事物认识的深化和精确化。无论做什么工作，一定要做到“心中有数”。把定性分析与定量分析结合起来，是科学实验和调查研究的重要方法。

度是一事物保持其质的稳定性的数量界限，是质与量的统一。质是量的基础，并制约着量的活动范围；量是质的必要条件，任何事物都有其数量界限，这又是量对质的制约。度反映了质与量的这种相互制约的关系。度的两端都有极限，叫临界点或关节点，度是两个临界点之间量的活动范围。我们在实际工作时必须掌握适度的原则，注意分寸与“火候”，防止“过”与“不及”。

> 在一个标准大气压下，水的度就是 0～100 ℃，在这个幅度内，水保持其自身不变。如果超出 0～100 ℃这个范围，突破度的两个临界点或关节点（0 ℃和 100 ℃），水就失去自己的质，而变成冰或水蒸气了。

量变和质变是事物变化的两种形式或两种状态。量变即事物的量的规定性的变化，是事物数量的增减和场所的变更，是较小的、不显著的变化，是在度的范围内的延续和渐进。质变即事物的质的规定性的变化，是事物由一种质态向另一种质态的飞跃，是根本性的、显著的突变，是原有度范围内的连续和渐进的中断。事物的变化是发生在度的范围之内还是超出度的范围，是区分量变和质变的根本标志。量变与质变相互联系、相互包含，并在一定条件下相互转化。

第一，量变是质变的基础和必要准备。任何事物的变化都有一个量变的积累过程，只有量的积累达到一定程度，为质变做好准备，质变才会发生。没有量变的积累，质变就不会发生。

第二，质变是量变的必然结果。单纯的量变不会永远持续下去，量变达到一定程度必然引起质变。量的变化本身就意味着对质的某种离异的倾向，具有潜在的破坏质的趋势。当量变达到临界点时，这种趋势或可能性就变成现实性。所以，事物质变的发生绝不是偶然的，而是必然的，是量变的必然结果。

第三，质变不仅体现和巩固量变的结果，而且会引起新的量变，为新的量变开辟道路。质变是旧质向新质转化的决定环节，它发生在新旧交替的关节点上。这个关节点，如同事物发展链条上的纽带一样，既是前阶段量变的结束，又是新阶段量变的开端，既把不同质的事物区分开来，又把它们联结起来，是质量互变的契机。因此，把握质变，把握这个关节点，就成为正确理解量变和质变辩证关系的关键。

量变与质变的辩证关系说明，事物的发展总是先从量变开始的。量变达到临界点超出了度，就导致质变，这是由量变到质变的过程；质变又引起新的量变，这是由质变到量变的过程。事物的发展就是这样由量变到质变、又由质变到新的量变的无限循环往复，由低级到高级、由简单到复杂的演进过程。

2. 对立统一规律

> 在古希腊，人们把认证或分析命题中的矛盾，以及在谈话中揭露对方论断中的矛盾并克服这些矛盾以求得真理的方法，叫作辩证法。因此，从辩证法的传统而言，它本来就是揭露对象自身的矛盾的方法或学问。

对立统一规律又称矛盾规律，是唯物辩证法的根本规律，它揭示了事物发展的源泉、动力和实质内容。作为唯物辩证法的范畴，矛盾就是指事物内部诸要素之间以及事物之间的对立统一关系，或者说，矛盾是反映事物内部或事物之间对立和统一及其关系的哲学范畴。矛盾的对立属性又称斗争性，矛盾的统一属性又称同一性，它们是矛盾所固有的两种基本属性。

矛盾的统一性或同一性是指矛盾着的对立面之间的内在的、不可分割的联系，体现着对立面之间相互吸引、相互结合、相互贯通、相互转化的性质、倾向和趋势。具体包括两方面的含义：一是矛盾双方相互依存、共处一个统一体中。一方的存在和发展必须以另一方的存在和发展为前提，矛盾双方各自只有在与相对立一方的联系和依存中才能获得它自己的规定，从而组成一个矛盾的统一体。二是矛盾双方相互渗透、相互贯通，存在着相互转化的性质和趋势。矛盾着的每一方都包含和渗透着对方的因素或属性，你中有我，我中有你。矛盾双方的互相依存、互相贯通、互相包含、互相渗透为矛盾双方的转化提供了由此达彼的桥梁。

矛盾的同一性在事物发展中的作用主要表现在：第一，矛盾双方相互依存，使事物保持相对稳定性，为事物的存在和发展提供必要的前提。只有矛盾双方相互依存，共处于一个统一体中，事物才有相对稳定性，才能存在，在此基础上，事物才能发展。第二，矛盾双方互相吸取有利于自身的因素而得到发展。矛盾双方是相互渗透的，矛盾双方从对方吸收和利用有利于自身的因素，促进自身的发展，从而推动整体事物的发展。第三，矛盾的同一性规定了事物向着对立面转化的基本趋势。发展就是一物转化为他物，但这种转化不是任意的，而是向自己的对立面转化。这一转化的基本趋势是由矛盾的同一性规定的。

矛盾的斗争性是指矛盾着的对立面之间相互分离、相互排斥、相互限制、相互否定的性质、倾向和趋势。矛盾的斗争性是一个具有广泛含义的哲学范畴，具有无限多样的表现形式，既包括矛盾双方的激烈冲突，也包括矛盾双方的区别和差异。矛盾的斗争性在事物发展中起着十分重要的作用：矛盾只有通过斗争才能展开，也只有通过斗争才能解决；只有通过矛盾双方的斗争，才能打破旧的矛盾统一体，使旧的矛盾统一体瓦解而产生出新的矛盾统一体。

在事物变化发展的两种状态中，矛盾的斗争性的作用体现在：第一，在事物量变过程中，矛盾的斗争性推动矛盾双方力量对比和相互关系的变化，为质变做准备。在矛盾双方相互排斥、相互斗争的过程中，双方的力量此消彼长，造成矛盾双方发展的不平衡，使力量对比和相互关系发生变化，从而使事物发生量变，为质变创造条件。第二，在事物质变过程中，斗争突破事物存在的限度，促成矛盾的转化，实现事物的质变。当矛盾双方力量的消长达到某一限度时，只有通过矛盾斗争才能突破这个限度，使旧的矛盾统一体分解，新的矛盾统一体产生，才有事物的质变。

矛盾的同一性和斗争性既相互区别，又相互联结。首先，同一性和斗争性是有区别的，是矛盾的两种相反的基本属性，它们在事物矛盾运动中所处的地位是不同的，矛盾的同一性是有条件的、相对的，矛盾的斗争性是无条件的、绝对的。其次，矛盾的同一性和斗争性又是相互联结、不可分离的。一方面，同一性是包含斗争性的同一性，没有斗争性就没有同一性。矛盾双方的同一性，是包含差别和对立的具体的同一性，而不是绝对的自身等同。脱离对立的同一，是绝对的同一或抽象的同一。如果事物永远和自身绝对等同，自身中不包含它的对方面，也就没有矛盾，也不会有事物的发展。另一方面，斗争性寓于同一性之中，没有同一性也就没有斗争性。矛盾的斗争性是互相联系着的矛盾双方的差别、对立与排斥。如果两个方面毫无联系，就不能构成矛盾，双方的斗争就无从发生。脱离同一的对立，就是绝对的对立。把对立视为绝对对立与把同一视为绝对同一，都是形而上学的观点。正是由于矛盾着的对立面既统一又斗争，才有了事物的运动、变化和发展。

作为事物发展动力的矛盾，既包括内部矛盾，也包括外部矛盾。所谓内部矛盾，是指一事物内部诸要素之间既对立又统一的关系，它是事物发展的内因。所谓外部矛盾，是指一事物和他事物之间既对立又统一的关系，它是事物发展的外因。内因和外因对事物的发展都起作用，但它们的作用的性质、地位是不一样的。内因是事物发展的根据和源泉，是第一位的原因。它不仅决定事物发展的性质，而且规定了事物发展的基本趋势和方向。外因是事物发展的条件，是第二位的原因。外因要通过内因起作用。这就是说，外因不能直接地决定事物的发展，它只能通过加强或削弱事物内部矛盾一方的力量，转化为事物的内部因素，才能对事物的变化发展起作用：或者是推动、促进事物的发展，或者是阻碍、延缓事物的发展。内因和外因的地位不是固定不变的，在一定条件下可以相互转化。

内因与外因及其辩证关系的原理，是中国特色社会主义建设中必须坚持独立自主、自力更生与对外开放相结合这一方针的理论根据。我国的社会主义现代化建设，必须首先依靠本国人民独立自主、自力更生、艰苦奋斗，这是我们的立足点；同时又要实行对外开放，学习和引进外国先进的科学技术，吸收和借鉴人类社会创造的一切文明成果。独立自主、自力更生与对外开放是辩证统一的。

> 人民日益增长的美好生活需要和不平衡不充分的发展之间的矛盾是我国社会的主要矛盾。为了解决这一主要矛盾，必须把实现高质量发展、立足新发展阶段作为党执政兴国的第一要务，深入贯彻落实新发展理念，构建新发展格局。只有集中力量解决这一主要矛盾，才能为其他各种社会矛盾的解决创造有利条件。

矛盾既具有普遍性，也具有特殊性。矛盾的普遍性是指，矛盾存在于一切事物的发展过程中，即事事有矛盾；每一事物的发展过程中都自始至终存在着矛盾运动，即时时有矛盾。矛盾的特殊性是指，不同事物的矛盾及其每一侧面各有特点。矛盾的特殊性构成了一事物区别于他事物的特殊本质，是世界上的事物千差万别的内在原因或根据。矛盾的特殊性通常有四种情况：一是矛盾性质的特殊性。客观世界中矛盾运动的形式是无限多样的，因而不同事物的矛盾各有其特殊性。二是矛盾地位的特殊性。就事物发展过程而言，有根本矛盾和非根本矛盾之分。根本矛盾是指贯穿事物发展过程始终并规定事物及其发展过程本质的矛盾。就事物发展不同阶段的诸多矛盾而言，有主要矛盾和非主要矛盾之分。主要矛盾是处于支配地位，对事物的发展起决定作用的矛盾。中国特色社会主义进入新时代，我国社会主要矛盾已经转化为人民日益增长的美好生活需要和不平衡不充分的发展之间的矛盾。三是矛盾两个方面的地位的特殊性。就每一矛盾内部对立的双方而言，又可分为矛盾的主要方面和次要方面。矛盾的主要方面是指处于支配地位、起主导作用的方面。事物的性质主要是由主要矛盾的主要方面决定的。四是解决矛盾形式的特殊性。不同性质的矛盾可以采取不同的方式加以解决。解决矛盾的形式大体有以下几种：其一是矛盾的一方克服另一方；其二是矛盾双方“同归于尽”，为新的对立双方所取代；其三是矛盾双方融合为一个新事物。另外，在解决社会历史领域的矛盾时，要严格区分对抗性矛盾与非对抗性矛盾、敌我矛盾与人民内部矛盾之间的界限，并且采取不同的方式加以解决。对抗性矛盾（例如敌我矛盾）一般要采取外部冲突的对抗方式加以解决；而非对抗性矛盾（例如人民内部矛盾）则只能通过内部协商讨论、批评与自我批评等方式加以解决。

矛盾的普遍性和特殊性是辩证统一的关系。第一，二者相互区别，不可混同。矛盾的普遍性和特殊性是事物矛盾的两个不同方面，任何矛盾都有相互区别的两个方面。矛盾的普遍性，是矛盾的共性、一般；矛盾的特殊性是矛盾的个性、个别。二者不可混同，不能互相代替，否则，就不能真正认识矛盾，就会从根本上违背具体问题具体分析的原则。第二，二者相互联系，不可分割。一方面，共性离不开个性。共性寓于个性之中，并通过个性表现出来。一般不能脱离个别而存在，没有孤悬的一般。比如“人”，作为类的共性，只能存在于一个个具体的人之中，无法找到脱离具体的人的一般的“人”。另一方面，个别总是与一般相联系，任何个别都包含着一般，个别不能完全进入一般，但也没有脱离一般的个别。具体的人虽各不相同，但毕竟是“人”，没有“人”的共性，那就不是一个具体的人了。就矛盾而言，矛盾的个性是有条件的、相对的；矛盾的共性是无条件的、绝对的。任何现实存在的矛盾都是共性和个性、普遍性和特殊性、绝对性和相对性的辩证统一。矛盾的共性和个性、绝对和相对的道理，是事物矛盾问题的精髓，是正确理解矛盾学说的关键，不懂得它，就不能真正掌握唯物辩证法。第三，二者相互转化，讲究条件。矛盾普遍性的最高层次，就是矛盾普遍存在的绝对性。这是我们认识和分析矛盾的大前提。在这个大前提下，进入更具体的领域，矛盾普遍性与特殊性的区分，则是相对的。由于事物范围的极其广大和发展的无限性，在一定场合、一定时间为普遍性的东西，在另一场合、另一时间则变为特殊性的东西；反过来也一样。例如，阶级矛盾相对于阶级社会来说，是普遍性的东西，但相对于整个人类社会来说，则是特殊性的东西。总之，二者转化的具体情形，取决于具体条件。

矛盾的普遍性和特殊性辩证关系的原理，是把马克思主义普遍原理同各国具体实际相结合的理论基础，也是建设中国特色社会主义的理论根据。

中国特色社会主义是一个总体概念，它是中国特色社会主义旗帜统率下的中国特色社会主义道路、理论、制度、文化“四位一体”的有机统一整体。中国特色社会主义既坚持了科学社会主义的基本原则，又根据我国实际和时代特征赋予其鲜明的中国特色。它是“马克思主义基本原理”“中国实际和中国特色”“时代潮流和时代特征”“中华文化和中国精神”的有机统一和辩证结合。把社会主义的普遍性与中国特色的特殊性绝对对立起来，离开其中的任何一个方面都将不可避免地陷入形而上

> 从《共产党宣言》发表到今天，170年过去了，人类社会发生了翻天覆地的变化，但马克思主义所阐述的一般原理整个来说仍然是完全正确的。
>
> 我们要坚持用马克思主义观察时代、解读时代、引领时代，用鲜活丰富的当代中国实践来推动马克思主义发展……不断开辟当代中国马克思主义、21世纪马克思主义新境界！
>
> （《习近平谈治国理政》，第3卷，75、76页，北京，外文出版社，2020）

学、教条主义和错误思潮的泥潭。

中国特色社会主义理论体系整体性的理论特征是在对当代中国主要社会思潮的批判和回应中得到彰显的。在中国发展的旗帜、道路、前途、命运等重大理论和现实问题上，迷信新自由主义和民主社会主义的“西式教条主义”的主要理论特征是，离开马克思主义基本原理，离开中国国情、中国实际和中国特色，片面强调时代潮流和时代特征，而在“西式教条主义”话语中所谓的时代潮流和时代特征就是“华盛顿共识”确立的经济全球化的游戏规则和美国的价值理念或者瑞典的民主社会主义模式。以现代新儒学为代表的文化保守主义的主要理论特征是，离开马克思主义基本原理，离开时代潮流和时代特征，片面强调中国特色，而在文化保守主义视域中所谓的中国特色，只不过是“孔孟老庄”的新瓶旧装，实际上是中国传统的封建主义特色。教条主义的马克思主义则离开了中国国情和实际，离开时代潮流和时代特征，只固守马克思主义经典作家基于当时具体历史条件和当时的实际情况得出的个别论断、具体结论和行动纲领，不能与时俱进地发展马克思主义。因此，这些社会思潮实质上是一种形而上学的思维方式，它们只“强调一点、不及其余”。

3. 否定之否定规律

否定之否定规律揭示出事物自己发展自己的完整过程。它表明，任何肯定自身存在的事物内部都包含着否定的方面，由于这一否定方面的作用及其发展，事物转化为自己的对立面，由肯定达到对自身的否定；而后，再由否定发展到新的肯定，即否定之否定，使事物的运动变化发展呈现为螺旋式上升或波浪式前进的过程。

任何事物内部都包含着肯定和否定两个方面。肯定方面是事物中维持其存在的方面，即肯定事物为它自身而不是他物的方面。否定方面是指事物中促使其灭亡的方面，即破坏现存事物使它转化为他物的方面。正是由于事物中都包含着肯定方面，所以它才能存在；同样也正是由于事物中都包含着否定方面，所以它又不是永恒不变的，它会被新事物取代。当肯定方面处于主导地位时，事物保持原有的性质而继续存在；当否定方面处于主导地位时，事物丧失其原有的性质而发生质的变化。

肯定和否定是对立的统一。肯定和否定是事物内部两种相反的方面、趋势，它们是对立的。同时，肯定和否定又是统一的。一方面，肯定和否定相互依存。离开了肯定就没有否定，离开了否定也没有肯定。另一方面，肯定和否定相互渗透。肯定中包含着否定，对某一事物的肯定就包含着对与之相反的事物的否定，在一定意义上，肯定就是否定；否定中包含着肯定，对某一事物的否定就包含着对与之相反的事物的肯定，在一定意义上，否定就是肯定。

唯物辩证法的否定观是建立在对肯定和否定辩证统一的理解基础之上的。在辩证法看来，世界上的任何事物都不是永恒的、绝对的，总是要被否定的。否定是事物发展的推动力量。

辩证的否定具有两个重要特点：其一，辩证的否定是事物发展的环节。任何事物的发展都是通过否定来实现的，通过否定，在新旧事物之间划出一条明确的界限，体现事物发展的“非连续性”，标志着旧事物向新事物的转变，由旧质到新质的飞跃。其二，辩证的否定又是联系的环节。新事物对旧事物的否定并不是把旧事物中的因素全部抛弃，而是既否定又肯定、既克服又保留，是“扬弃”。它既否定和克服了旧事物中消极、落后的因素，又吸取、保留和改造了旧事物中积极的因素，因此，它是新事物与旧事物之间联系的桥梁和纽带，是新旧事物之间联系的环节。

> 辩证法在对现存事物的肯定的理解中同时包含对现存事物的否定的理解，即对现存事物的必然灭亡的理解；辩证法对每一种既成的形式都是从不断的运动中，因而也是从它的暂时性方面去理解；辩证法不崇拜任何东西，按其本质来说，它是批判的和革命的。
>
> （《马克思恩格斯选集》，3版，第2卷，94页）

新事物产生于旧事物，并在旧事物的母腹中生长起来，吸取、保留和改造旧事物中积极的因素作为自己生存和发展的基础。作为发展环节与联系环节之统一的辩证否定是既克服又保留。新事物既克服旧事物中消极的东西，又保留旧事物确定的界限，是发展中的非连续性；保留是就联系的环节而讲的，它表明新旧事物之间存在着继承关系，是发展中的连续性。辩证的否定是包含着肯定的否定，是连续性和非连续性的统一。坚持辩证的否定观，就要对一切事物采取科学分析的态度。否定什么和肯定什么，批判什么和继承什么，都要从实际出发，进行具体分析，反对不加分析地肯定一切或否定一切。

事物的辩证否定不是一次完成的，而是经历了事物自己发展自己的两次否定、三个阶段的有规律的过程。当事物的肯定因素占据主导方面时，矛盾处于肯定阶段，在这一阶段，展现了肯定因素的合理方面。矛盾进一步展开，由肯定阶段进入否定阶段，否定因素战胜肯定因素，于是事物发生质变，在这一阶段，矛盾又展现了否定因素的合理方面。肯定和否定（第一次否定）这两个阶段都有各自的合理性，但又都有各自的片面性。只有第一次否定还不能充分解决矛盾，必须经过第二次否定即否定之否定，才能使矛盾得到充分解决。否定之否定阶段既克服了肯定阶段和否定阶段的片面性，又保留了这两个阶段的积极成果，因此说它是整个发展过程的综合。否定之否定体现了事物自己发展自己、自己完善自己的完整过程。辩证的否定本质上是辩证的综合，是对立面的统一。

事物的发展由于否定之否定规律的作用而采取波浪式前进或螺旋式上升的形式，表明事物的发展过程是前进性和曲折性的统一。前进性指明事物运动的方向是从简单到复杂、从低级向高级上升的。否定就是质变，是新事物取代旧事物，因而是前进的运动。第一次否定是前进，它克服了旧事物的消极因素，又保留了旧事物中的某些积极因素。第二次否定也是前进，它综合了肯定阶段和否定阶段的全部积极成果。在否定之否定的过程中，包含了通常所说的回复性或回归性，出现了某种仿佛是向原来的出发点复归的情况。但这不是在原来基础上的复归，而是在更高基础上的发展；不是本质上的复归，而只是某些外表特征的复归。因此，它不是回到原来的旧东西，而是向新东西的转化；它不是循环，更不是倒退，而是前进。这只是表明，事物发展的前进性是通过曲折起伏、往返迂回的道路实现的。所谓波浪式前进或螺旋式上升，指的正是事物自我发展过程中的前进性和曲折性、上升性和复归性的对立统一。

把握否定之否定规律，坚持事物的发展是前进性和曲折性相统一的原理，对正确认识我国社会主义现代化建设具有重要意义。首先，要坚信前途是光明的，要充满社会主义必胜的信心。事物发展的总趋势是前进的、上升的，新事物必然战胜旧事物，社会主义必然战胜资本主义，中国特色社会主义伟大事业一定会取得成功，富强民主文明和谐美丽的社会主义现代化强国的目标一定能够实现。要坚定不移地走建设中国特色社会主义的发展道路，任何时候都不要被一时的表面现象所迷惑，不要因暂时的挫折而动摇。其次，要准备走曲折的路，有克服种种困难的思想准备。事物发展的道路是曲折的，社会主义代替资本主义是一个长期的历史过程，我国社会主义现代化建设事业的发展也不是一帆风顺的，会遇到各种困难，遭受各种挫折。我们要充分认识中国特色社会主义现代化建设道路的长期性、艰巨性和复杂性，要保持清醒的头脑，准备克服各种困难，在曲折斗争中把中国特色社会主义伟大事业不断向前推进。社会主义现代化强国和中华民族伟大复兴的目标，绝不是轻轻松松、敲锣打鼓就能实现的，需要我们付出更为艰巨、更为艰苦的努力。

本章小结

世界在本质上是物质的，自然、社会、人类都是在物质这一客观实在的基础上统一起来的。物质的根本特征是客观实在性。运动是物质的根本属性和存在方式。时间和空间作为运动着的物质的存在形式，同物质运动是不可分离的。

意识是物质高度发展的产物。意识不仅是人脑的机能，更是社会的产物。从本质上看，意识是物质世界在人脑中的主观映象。辩证唯物主义在坚持物质决定意识，意识依赖于物质的同时，又承认意识对物质有能动作用。

辩证法是关于世界普遍联系和永恒发展的科学，是与形而上学根本对立的世界观和方法论。唯物辩证法是主观辩证法和客观辩证法的统一，基本规律包括质量互变规律、对立统一规律和否定之否定规律。对立统一规律是唯物辩证法的实质和核心。

阅读书目

1. 恩格斯．自然辩证法（节选）．见：马克思恩格斯选集．3版．第3卷．北京：人民出版社，2012

2. 恩格斯．反杜林论．见：马克思恩格斯选集．3版．第3卷．北京：人民出版社，2012

3. 列宁．谈谈辩证法问题．见：列宁选集．3版修订版．第2卷．北京：人民出版社，2012

4. 列宁．唯物主义和经验批判主义（节选）．见：列宁选集．3版修订版．第2卷．北京：人民出版社，2012

5. 毛泽东．矛盾论．见：毛泽东选集．2版．第1卷．北京：人民出版社，1991

6. 习近平．不断开辟当代中国马克思主义、二十一世纪马克思主义新境界．见：习近平谈治国理政．第3卷．北京：外文出版社，2020

思考题

1. 分析材料并回答问题：

材料 1　笛卡儿认为，物质和精神是两种绝对不同的实体，精神的本性是思维，物质的本性是广延，广延不能思维，思维不具有广延。物质和精神互不相通，彼此独立，二者都是世界的本原。杜林认为“包罗万象的存在是唯一的。世界统一于存在”。

材料 2　贝克莱认为，“存在就是被感知”，人的各种感觉构成了事物。黑格尔认为，整个世界是“绝对观念”的“外化”和产物。

材料 3　斯宾诺莎认为，物质自然界是唯一的实体，其余的一切都是它的属性和具体样式。思维和广延不是两个独立的实体，而是唯一的物质实体的两种不同属性。一切物质都具有思维的属性，一切个体事物都有心灵，只是程度不同。

请回答：

（1）材料 1 属于什么观点，两位哲学家的观点有什么区别，错误的实质是什么？

（2）材料 2 属于什么观点，两位哲学家的观点有何不同，错在哪里？

（3）材料 3 属于什么观点，错在哪里？

2.“批判的武器当然不能代替武器的批判，物质力量只能用物质力量来摧毁；但是理论一经掌握群众，也会变成物质力量。”试分析这句话的含义，并说明掌握这一原理的现实意义。

3. 请运用矛盾的普遍性和特殊性辩证关系的原理说明中国特色社会主义建设道路的正确性。

4. 怎样理解唯物辩证法关于联系的普遍性原理？

5. 运用辩证唯物主义的物质运动观，阐述正确处理改革、发展、稳定三者之间关系的意义。

第二章
人与物质世界的关系

要点提示

- 人类社会是自然界长期发展的产物。
- 劳动是实现从自然界向人类社会飞跃的客观基础和根本动力。
- 生产方式是人类社会存在和发展的前提和基础。
- 分工在人类实践活动中具有重要地位和作用。
- 全部社会生活在本质上是实践的。
- 生产力标志着人类物质生产实践的发展水平。

关键词

劳动　实践　生产方式　分工　生产力

人类是自然界长期发展的产物。物质世界以劳动为中介实现分化和统一，劳动是实现从自然界向人类社会飞跃的客观基础和根本动力。历史的发源地不是在"天上的迷蒙的云兴雾聚之处"，而是在"地上的粗糙的**物质**生产"① 中，物质资料的生产方式是社会存在和发展的决定力量。以物质生产劳动为基础的社会实践构成人类社会生活的本质。分工在人类实践活动中具有重要地位和作用。生产力是人们积极地改造自然、获得物质生活资料的能力，是解决人和自然界的矛盾的社会物质力量。

一、 人的劳动与物质世界

劳动是专属于人的、为人类所独有的特征，是人通过有目的的活动来改变自然物的社会实践。劳动过程使人与自然之间的物质变换、能量变换和信息变换得以实现。

1. 劳动创造了人和对象世界

茫茫自然，在时间上无始无终，在空间上无边无际。自然界从无机物演化出有机物，从有机物演化出高等动物。胚胎学、解剖生理学、考古学和古生物学提供的大量材料充分证明，人类是由高度发展的类人猿进化而来的。在这一进化过程中，劳动起了决定

① 《马克思恩格斯文集》，第 1 卷，351 页，北京，人民出版社，2009。

作用。

大约在一千万年以前（地质学上称为新生代第三纪中新世的时期），地球上出现了一种最高级的动物类人猿，它们生活于莽莽的原始森林中，后来由于生存环境的变化，不得不由栖身森林转向地面生活。生存环境的变化促使类人猿的生存方式也发生了相应的变化。由于生存的需要，它们把天然的树枝、棍棒和现成的石块作为觅食和护身的工具。这种行为完全是一种动物式的本能活动，正是这种适应环境的本能的活动，孕育着人类劳动的萌芽，但这毕竟还不是劳动。经过长期的历史发展，动物的这种孕育着劳动萌芽的本能活动，逐渐演化为人类祖先的“最初的动物式的本能的劳动形式”[①]。正是这种最初的本能的劳动形式，成为从猿到人的转变的现实基础。首先，由森林到陆地和草原的生活，迫使类人猿由爬行逐步转变为直立行走，并引起了手足的分工，从而“**迈出了从猿过渡到人的具有决定意义的一步**”[②]。手足的分工使类人猿的前肢用来专门从事获取生活资料的活动，这种长期的训练通过代际积累和遗传，使前肢日益灵活和精巧，使猿的“手”演变为能够制造和使用工具的人的手成为可能。所以，从这个意义上说，手不仅是劳动的器官，而且是劳动的产物。其次，这种本能的劳动形式促使了人类语言的产生。因为类人猿本质上是一种群居动物，随着劳动形式的不断扩展，以及它们的生理结构和心理特征的不断变化，群体内成员间相互协调和相互交往的活动成为迫切需要，所以，彼此间已经到了有些什么非说不可的地步了。于是，作为人类的意识和思维的物质外壳的语言也就产生了，动物的心理逐步转化为人类的意识。“首先是劳动，然后是语言和劳动一起，成了两个最主要的推动力，在它们的影响下，猿脑就逐渐地过渡到人脑；后者和前者虽然十分相似，但是要大得多和完善得多。”[③]

可见，在这种动物式的本能的劳动形式的形成过程中，人的体质形态、心理素质以及意识和语言开始形成。因此，劳动创造了人，并不是说“劳动”这种人与自然界的变换过程在人和人类社会形成之前，就是一种超历史的既定的事实，是一种先在的预设的东西，然后由这种“劳动”再把人创造出来，而是说劳动本身也有一个产生和形成的过程，是一种不断进化的活动状态。正是这种不断进化和正在形成中的劳动，产生了“正在形成中的人”，成为人和人类社会形成的开端。正是在这种意义上，劳动创造了人本身。随着“最初的动物式的本能的劳动形式”的进一步发展，“正在形成中的人”的制造工具的活动逐渐固定化、经常化，成为一种生存和发展的普遍的必然的现象。这一进步主要表现在能够制造工具，如已经能够制造出刮削木棒的石片，打制出石斧、石刀等，这是任何动物包括最高级的动物所不能及的。所以，制造工具才是真正意义上的人类劳动，正是这种劳动成为“人猿相揖别”的根本标志。在这种劳动中，才开始有了真正意义上的人与自然界之间的物质、能量和信息的交换。

人是一种对象性的存在物，而这一对象性存在的性质是由人的劳动实践所具有的对象性活动所引起和决定的。劳动实践这种对象性活动，也就是主体对客体的改造活动。

---

① 《马克思恩格斯文集》，第 5 卷，208 页。
② 《马克思恩格斯选集》，3 版，第 3 卷，989 页。
③ 同上书，992 页。

在改造客体的实践活动中，形成了主观世界，创造了属人世界和对象世界的一切关系和存在。主体的人所具有的对象性活动，使世界二重化了，即主观世界与客观世界的分化与统一、自在世界与人类世界的分化与统一。所有这些分化与统一的基础都在于人类实践活动。

劳动实践创造了主观世界。主观世界是指人的意识、观念世界，是人的头脑反映和把握物质世界的精神活动的总和。它既包括意识活动的过程，又包括意识过程所创造的观念，即意识活动的成果。这些意识、观念一起形成了一个由物质世界所派生的主观世界。主观世界不仅起于主体的心意以内，而且表现为主体的心意状态。人的欲求、愿望、情感、意志、目的、观念、信念、思维等，都是主观世界的不同表现形式。从总体上看，主观世界是知、情、意的统一体。主观世界不是从来就有的，它是人类实践活动的产物和结果。在没有人类及其实践之前，整个世界只有客观世界，只有自然界的存在。正是在劳动实践中，物质世界发生了分化，它被反映在人的头脑中并转化为主观世界。就是说，劳动实践使统一的物质世界分化为主观世界与客观世界。

> 人化自然随着社会发展而发展，呈现出加速发展的趋势。人类使用石器的时代经历了200多万年，铁器时代有几千年，蒸汽机时代不到200年，电气时代在几十年就达到了兴旺阶段。现在，信息时代的各种人工物品在10年甚至几年的时间里，就更新换代。

劳动实践创造了人化自然。人化自然，就是被人的劳动实践改造过并打上了人的意志和目的的印记的自然。在人类实践活动之前，整个世界并没有天然自然与人化自然之分。人化自然是人类实践活动造成的。人的实践活动在不违背客观规律的前提下可以按照“人类本性”，把人的内在尺度运用到物质对象中去，按人的方式来改变物质的外部形态、内部结构以及自然规律发生作用的方式和范围，从而使天然自然转化为人化自然，使“自在之物”日益转化为体现人的目的和要求的“为我之物”。这一过程就是自然“人化”的过程，其结果是从天然自然中分化出人化自然。“自然的人化”强调的不是自然界的变化，而是自然界在人的劳动实践过程中不断获得属人的性质，不断地被改造为人的生存和发展的条件，成为人的本质力量的确证和展现。

劳动实践创造了人类社会。如果说人化自然是被人的活动所改造过的自然，是天然自然的人化、实践化，那么，人类社会更是人的对象性的实践活动的产物。没有劳动实践，既没有“人化自然”的存在，更没有人类社会的存在。自然“人化”的过程同时也是社会形成和发展的过程。人们在从事物质生产、改造自然的同时，又形成、改造和创造着自己的社会联系和社会关系。没有人与人之间的社会关系，也就不可能有人与自然的现实关系。“一切生产都是个人在一定社会形式中并借这种社会形式而进行的对自然的占有。”① 这就是说，自然“人化”是在社会之中而不是在社会之外实现的。在劳动实践中生成的人化自然和人类社会及其统一，构成了人类世界。

---

① 《马克思恩格斯文集》，第8卷，11页，北京，人民出版社，2009。

2. 人类社会的物质性

劳动是一种物质实践。劳动作为社会和自然之间相互作用的过程，以自然界的存在和人的自然力的存在为自然前提。同时，劳动又具有具体的社会形式，即物质资料的生产方式。地理环境、人口因素和生产方式构成社会运动的基本的物质要素，体现了人类社会的物质性。

地理环境是指与人类社会所处的地理位置相联系的各种自然条件的总和，如气候、土壤、山脉、河流、矿藏以及植物和动物的分布等，它是社会存在和发展经常的、必要的物质前提条件。人类社会只要存在，就必然处在一定的地理环境之中，脱离一定的地理环境的社会是不可能存在的。地理环境为社会存在和发展提供了自然条件。人类通过劳动，从自然界中获得必要的物质生活资料，地理环境的好坏对劳动生产率、生产的发展有重要的影响。地理环境是自然界的一部分，表现为这种或那种形式的具体物质，但它又不是纯粹的自然物质，而是被纳入生产实践范围内并具有社会属性的自然物质。地理环境虽然是社会发展经常的、必要的前提条件，但它不是社会发展的决定因素。地理环境的好坏、优劣可以加速或延缓社会的发展，但不决定社会的性质，不能决定社会制度和社会形态的更替。相反，地理环境的面貌及其发展变化受制于人们的生产实践，在越来越大的程度上变成“人化自然”。在现代科学技术高度发展的今天，社会发展和自然界发展的这种辩证性质，日益清楚地显示出来了。

人口因素是指从事物质资料生产和自我生产的人们各种状况的总和，它包括人口的数量、质量、构成、分布、发展速度、自然变动和社会变动等各种因素。人口因素是社会存在和发展的必要条件。没有一定数量的人口，就不能进行物质资料的生产和再生产，从而失去社会存在的基础；没有人类自身的生产和再生产，就不能实现物质资料生产的世代延续，当然也谈不上社会的发展。“全部人类历史的第一个前提无疑是有生命的个人的存在。”[①] 人自身的生产、人口的数量和质量、人口的增长率和人口的分布状况等，都从不同的方面对经济社会的发展产生影响，起着有利或不利、加速或延缓的作用。人自身的生产虽然具有生物的特性，体现着生物学规律，但同时又必然要纳入物质生产发展过程之中，受到社会发展规律的支配。

在社会生活的诸因素中，只有物质资料生产方式才是社会发展的决定力量。物质生产是人类为获取生存资料而进行的改造自然、创造具有使用价值的物质产品的活动，包括社会生产资料的生产和人们生活资料的生产。物质资料生产方式是指物质生产的社会形式，社会物质资料的生产不是人的生物性质的活动，而是人的社会活动。任何物质资料的生产活动，都是指一定生产方式的活动，在一定生产方式之外，没有也不可能有任何社会物质生产活动。物质生产是社会历史的发源地，生产方式构成人类社会发展的决定力量。这是因为：

第一，物质资料的生产和再生产，是人类社会存在和发展的基础。历史是人创造的。但是，人们为了能够创造历史，必须能够生活。为了生活，首先就需要衣、食、住及其他东西。因此，人类的第一个历史活动就是生产满足这些需要的物质资料本身。人类的

① 《马克思恩格斯选集》，3 版，第 1 卷，146 页。

其他一切活动都是建立在生产劳动基础之上的。

> 任何一个民族，如果停止劳动，不用说一年，就是几个星期，也要灭亡，这是每一个小孩子都知道的。
>
> （《马克思恩格斯选集》，3版，第4卷，473页）

第二，物质资料的生产方式决定社会的结构、性质和面貌。社会领域中的各种关系都是在物质资料生产方式的基础上建立的，它制约着包括政治生活、精神生活在内的整个社会生活的全过程。有什么样的生产方式，就会有什么样的社会形态。一个社会的基本制度、社会结构、政治生活，以及政治、法律、道德等观念，归根到底是由生产方式决定的。

第三，物质资料的生产方式的变化决定社会形态的变革。社会的生产方式是社会发展的内部动力，推动着社会生产的不断发展。生产力水平的不断提高，必然要引起生产关系的变革，这时一种低级的生产方式必然要被另一种高级的生产方式所更替。生产方式的根本变化是整个社会基础的变化，它决定整个社会形态的变化，随之而来的必然是社会生活各个领域的变化，由此推动着人类社会由低级向高级的发展。

由此可见，物质资料的生产方式构成了人类社会存在和发展的决定力量，并集中体现了人类社会的物质性。以生产方式为核心的社会存在是社会关系中的物质实体、物质力量和物质关系的统一体，是一种物质存在。人类社会的物质性标志着社会与自然之间具有内在的统一性。

3. 人与自然共同进化

人是自然链条中的重要一环，是自然界这个大系统中的一个子系统。在人与自然构成的大系统中，人类不断地认识自然和改造自然，自然界到处可见人类的印记。人类社会的进步离不开自然，自然进化也已经不是没有人类作用的纯粹的自然进化了。人类社会的进步与自然的进化成为一个不可分割的过程。

自然界中的生物并不是孤立地生活着，它们总是结合起来，形成生物群落。生物群落与其周围环境之间的关系十分密切，它们互相依赖、互相作用，不断进行物质和能量交换。这种由生物群落和生存环境构成的综合体，就叫作生态系统。简单地说，生态系统就是生物和它们生活的自然环境相互作用的系统。人类也是一种生物，人类和人类社会与整个地理环境的相互作用，也包括在生态系统之中，而且是生态系统的重要内容。生态系统为人类提供充分的生存条件。其物质、能量、信息的循环，为人类的生存与发展提供了现实的物质基础。

在整个地球的生态系统中，人类社会是一个引起生态系统变化强有力的因素，它比任何生物的活动对生态平衡的影响都大得多、深远得多，比任何自然变化都更经常、更迅速地多方面地干预整个生态平衡。自从人类产生以来，人类就通过生产活动和其他活动，做了很多有利于生态平衡的事，如栽培植物、驯养动物、植树造林、改良土壤、疏通河道等。但是，人们在满足自己需要欲望的驱使下，任意干预自然界自身的调节机制，也做了不少破坏生态平衡的事。因人类的活动所引起的生态平衡的破坏以及对人类生活产生的不利影响，被称为环境问题。人类在不同的历史阶段面临不同的环境问题。

当代的环境问题，是人类历史上各个不同阶段环境问题的历史发展和集中表现。人们逐步意识到：地球是人类自身的家园，人类要生存和发展，就必须处理好人与自然的关系，保持人和自然的协调发展。所谓人和自然的协调发展，是指通过保持人和自然的动态平衡关系，促使人和自然都朝着良性的有序的方向发展。解决好当今严重的环境问题，需要结合当代条件下人与自然关系的新特征加以说明。

第一，人与自然相互作用范围的扩大化。这主要是由物质生产和科学的发展引起的。物质生产从简单走向复杂、从低级走向高级的过程，就是新的地理环境不断扩展、新类型的自然资源得到相应利用的过程。从人类劳动场所来看，原来人类的劳动场所主要在陆地。随着宇航技术和海洋开发技术的发展，现在人们已经开始把劳动场所扩大到太空和海洋。从能源的利用来看，现在科学已经发现，太阳能、风能、地热能、海洋能、生物能、原子能，都是具有极大潜力的能源。

20 世纪的 100 年里，在工业化的重压之下，我们的地球已经不堪重负。人类创造的物质财富超过了以往历史的总和，同时也加速了资源消耗。全球 GDP 增加 18 倍，石油、钢、铜、铝的年消费量也分别增加 170 倍、29 倍、27 倍和 3 608 倍。尤其是 20 世纪 50 年代以来，人类面临的人口猛增、粮食短缺、能源紧张、资源破坏和环境污染等问题日益严重。这种以牺牲环境和大量消耗资源为代价的发展现象，被人们称为“有增长无发展”或“无发展的增长”。

循环经济是一种生态经济，它模拟自然生态系统的运行方式，遵循其特有的运行规律，实现特定资源的可持续利用和总体资源的永续利用，促进经济活动的生态化。其主要特征是“三低一高”，即低开采、低消耗、低排放和高利用，其发展途径是“资源产品再生资源”。发展循环经济，是建设资源节约型、环境友好型社会和实现可持续发展的重要途径。

第二，人与自然相互作用形式的复杂化。物质生产水平的不断提高，新的生产形式的不断出现，决定了人与自然相互作用形式的不断复杂化。物质生产的最初形式，是使用最简单粗陋的石木工具，从事采集、狩猎、捕鱼等。这种从自然界取得现成的生活资料的攫取型经济，使人们强烈地依附于自然。金属工具的使用和农业、畜牧业的出现，创造了生产发展的新形式，从攫取型经济转变为生产型经济。产业革命以后出现的机器大生产，代表着物质生产更为高级的形式，促进了物质生产力真正飞跃式的巨大增长。当代新技术革命改变着科学在生产中的地位及其与生产的关系，许多生产项目本身就是由于科学的发展而产生的。科学在越来越大的程度上转变为直接生产力，出现了生产本身科学化的趋势，科学和生产日益紧密地联合为一个有机整体。生产的科学化和自动化，将物质生产和科学技术的最新成就结合起来，创造了物质生产最为现代化、最为复杂化的形式，从宏观和微观两个方面向大自然的深度和广度进军。在这种形式中，人与自然相互作用的范围得到了史无前例的扩展。人与自然相互作用范围的扩大化和相互作用形式的复杂化是互为条件、彼此交融的。

第三，人对自然支配能力的强化。生产力的发展和科学技术的进步，极大地强化了人类支配自然的能力。这一能力，主要来自两个方面：一是智能工具的应用。20 世纪中期以来，智能工具得到了越来越广泛的应用。作为人的物质器官的延伸和扩张，智能工具系统主要是伸张和扩大了人的智力，推进了人以智力认识自然、支配自然、控制自然的过程。智能工具系统的出现和应用，促进了人类改造自然活动的定向化，提高了自然发展受控程度的精确化，强化了人类干预自然所产生的正效应，空前加强了人对自然过程的影响和控制。二是人自身素质的提高。在人以智能工具系统支配自然界的同时，人自身也经受了社会化大生产的洗礼，素质得到了改造和提高。而这一改造和提高，不仅是指人的技术能力结构的改变和智力水平的提高，更主要的是指人的社会素质的提高，即人能够自觉运用社会因素对人类干预自然所造成的负面效应加以控制。因此，人支配自然界作用的强化，不是一个单纯的人与自然的关系问题，而是内在地包含了人自身的社会素质的全面提高的问题。

第四，人与自然相互作用性质的深化。面对人类在自身发展中所造成的生态环境的恶化，人们开始以一种全面的态度来审视自己和支配自然界，这种转折是革命性的，也是关乎人类生存命运的。人类这种态度的核心是：人与自然的关系是协调而不是征服；人类是自然界的一员，虽然人类业已取得了对自然界的辉煌胜利，并将自己的知识、力量和影响推进到前所未有的高度，但并未摆脱自然界的制约，也未从根本上改变自己对于自然界的依赖关系和从属地位。因此，人类绝不能把自己凌驾于自然界之上，仅仅把自然界作为自己随心所欲、为所欲为的场所和工具。

二、 社会分工与人的活动

分工是一种重要的社会现象，在社会生活中起着十分重要的作用。分工源于生产力的发展，同时又是推动生产力发展和社会进步的重要力量。

1. 分工的社会作用

> 在人类历史发展的长河中，分工可以分为四个发展阶段：(1) 以生理自然和地理自然为基础的自然分工；(2) 原始社会后期开始出现，存在于奴隶社会、封建社会、资本主义社会的自发分工；(3) 社会主义社会的半自觉分工；(4) 共产主义社会的自觉分工。

在人类实践活动中，分工是由生产发展状况所决定的社会活动方式。任何社会活动都需要通过一定的社会组织形式才能进行，分工就是社会活动的组织形式。没有分工，就不能把从事社会活动的人按照一定形式组织起来，社会活动便无法进行。

人类最初过着不定居的生活，人与人之间除去生理差别之外，几乎完全处于“自然等同状态”，这时只有以生理自然为基础的分工，即基于纯生理的差别而形成的按性别、年龄、体质等进行的分工，这是原始共同体内部的分工。这种分工，曾使劳动生产率得到一定程度的提高。在人类相对定居以后，又出现了以地理自然为基础的分工，即由于不同的共同体居住地区的自然条件不同而产生的地域分工，这是共同体外部的分工。这种自然分工，在不同的共同体互相接触时，引起了产品的相互交换。但这种交换是偶然发生的，没有造成生产领域的差别，而是使不同的生产领域发生关系，并把它们变成社会总生产的相互依赖的部门。以生理自然和地理自然为基础的自然分工还不是严格意义上的社会分工，只是社会分工的萌芽状态。

在以生理自然和地理自然为基础的自然分工的基础上，随着社会生产力的发展，先后产生了三次社会大分工：第一次社会大分工是农业与畜牧业的分离，以及原始人群分化成游牧部落和农业部落；第二次社会大分工是手工业和农牧业的分离，以及专业工匠的出现；第三次社会大分工是商业与生产领域的分离，以及特殊的商人阶层的形成。三次大分工都只限于生产领域的分工，即一般分工。在生产领域分工的基础上，各个生产领域中又不断分化出一些独立的生产部门，形成各个生产领域内部生产部门的分工，即特殊分工。在物质生产领域的分工和生产部门的分工的基础上，逐渐从物质生产中分化出一小部分专门从事精神生产的人，这就造成了物质生产和精神生产、体力劳动者和脑力劳动者的分离，形成了社会基本分工。以上各种分工造成了城乡的分离。城乡的分离是上述各种分工的综合体现。“一切发达的、以商品交换为中介的分工的基础，都是城乡的分离。可以说，社会的全部经济史，都概括为这种对立的运动。”①

资本主义社会的社会分工充分发展，资本主义分工是自发分工的最完备的形态。主要表现在：第一，在一般分工和特殊分工的基础上，出现了企业内部和单位内部的个别分工。个别分工是资本主义分工以前各种形态的分工中所不存在的。第二，结合劳动分解为专业劳动，新的生产领域和新兴劳动部门不断出现，一般分工和特殊分工不断扩大。第三，企业内部的分工分为程序分工和机能分工两个方面。前者指操作工序的划分以及与此相联系的局部工人的形成，后者指劳动过程中脑力劳动和体力劳动的分离，以及特殊管理部门的形成。第四，社会基本分工的扩大。资本主义以前只在全社会范围内有体力劳动和脑力劳动、体力劳动者和脑力劳动者的分工，在资本主义机器大生产中，企业内部也出现了社会基本分工，而且脑力劳动者人数的比重日益增加。

分工源于生产力的发展，同时又是推动生产力发展和社会进步的重要力量。分工是与生产力的要素直接结合在一起的，因而成为生产力发展水平的重要标志，正如马克思所说：“一个民族的生产力发展的水平，最明显地表现于该民族分工的发展程度。”② 分工不仅由生产力发展水平决定，而且还反过来推动生产力的发展。同时，分工又体现为一定的生产关系。分工制约着生产资料所有制的发展阶段，决定着交换的产生及其性质，决定着各种社会集团或社会成员在生产中的地位及其相互关系。因此，马克思指出：“分工的各个不同发展阶段，同时也就是所有制的各种不同形式。这就是说，分工的每一个阶段还决定个人在劳动材料、劳动工具和劳动产品方面的相互关系。”③

> 而在共产主义社会里，任何人都没有特殊的活动范围，而是都可以在任何部门内发展，社会调节着整个生产，因而使我有可能随自己的兴趣今天干这事，明天干那事，上午打猎，下午捕鱼，傍晚从事畜牧，晚饭后从事批判，这样就不会使我老是一个猎人、渔夫、牧人或批判者。
>
> （《马克思恩格斯选集》，3版，第1卷，165页）

在迄今为止的历史发展中，分工既促进了人自身的发展，显示了人所具有的巨大

① 《马克思恩格斯文集》，第5卷，408页。
② 《马克思恩格斯选集》，3版，第1卷，147页。
③ 同上书，148页。

创造能力，但也强制性地束缚了人的自由和潜能的充分发挥，特别是在剥削阶级占统治地位的社会里，“社会活动的这种固定化，我们本身的产物聚合为一种统治我们、不受我们控制、使我们的愿望不能实现并使我们的打算落空的物质力量”①。这就是马克思所说的劳动的异化。劳动的异化和异化的扬弃走的是同一条道路。在未来高度发展的共产主义社会中，生产力的发展本身会造成一种扬弃异化的条件。在这种条件下，人借助所掌握的先进技术使异己的力量重新受人支配。那时，强制性的分工将被打破，人将根据自己的意愿自由地选择和更换自己的职业，实现自发分工向自觉分工的过渡。

2. 社会生活的实践本质

实践是人们有目的地探索和改造世界的物质活动。实践具有客观性、能动性和社会历史性等基本特征。首先，实践是客观的物质活动，具有直接现实性。这是因为，构成实践的诸要素，即实践的主体（人）、实践的客体（对象）和实践的手段（工具等），都是可以感知的客观实在；实践的结果引起了客观世界的某些变化，给人们提供现实的成果；更重要的是，实践活动本身是一种客观过程，实践的水平、广度、深度和发展过程，都要受到客观条件的制约和客观规律的支配。其次，实践是有意识、有目的的能动活动，具有自觉能动性。实践活动是在人们自觉意识的支配下进行的有目的、有意识、有计划的活动。能动性不仅是实践的特点，而且是实践发展水平的标志之一。最后，实践是社会的历史的活动，具有社会历史性。一方面，人是社会的人，人的活动只能在一定的社会关系中进行，孤立的个人是不可能进行实践活动的；另一方面，人的实践活动总是在一定的历史阶段上进行的，无论是实践的主体，还是实践的对象、实践的手段，都要以一定的具体历史条件为前提，并受其制约，人的实践活动通过其产生的历史性结果改变着原有的历史条件，并随着历史的发展而发展。

实践的内容丰富多彩，实践的形式也是多种多样的。实践的基本形式有三种：物质生产劳动实践、处理社会关系的实践和科学实验。物质生产劳动实践是指人们为了获得物质生活资料而进行的改造自然界的活动，它以协调人与自然的关系、解决人与自然的矛盾为目的。它是人类最基本的实践活动，是人类一切活动的基础。处理社会关系的实践又叫作社会交往实践，是协调和改造社会关系和人际关系的活动。其内容和成效主要体现在两个方面：一是改变旧的社会制度和社会规范，建立新的社会制度和社会规范；二是调适主体所需要的社会秩序和人际关系。在阶级社会里，处理社会关系的实践还具有阶级性，阶级斗争是这一实践的特殊形式。科学实验又叫作科学文化实践，它不仅包括自然科学的实践活动，还包括人文社会科学的实践活动。这是一项认识自然、社会和人自身，寻求世界与人生意义，创造精神产品的活动，其目的是提高社会成员的智力水平和思想道德境界。科学实验既以物质生产劳动实践和处理社会关系的实践为基础，同时又对这两种实践具有主导作用。

实践是人存在的特有方式，对人具有决定性意义。第一，实践是人与动物区别开来

① 《马克思恩格斯选集》，3版，第1卷，165页。

的基础。动物的生存是完全依附于自然的，食物资源枯竭之日就是它们迁徙或灭种之时，自然的界限就是动物的生存界限。人则要“通过他所作出的改变来使自然界为自己的目的服务，来**支配**自然界。这便是人同其他动物的最终的本质的差别”①。第二，实践是人的自觉能动性的集中表现。人的能动性既包括认识世界和改造世界，也包括认识自我和改造自我，它是人的本质力量的体现，从一定意义上说，人类社会发展史就是人们认识世界和改造世界、认识自我和改造自我的历史，是人的本质力量发展和完善的历史。所有这些都是在实践中实现的，人在实践中进步，文明在人的实践中发展。第三，实践是人的现实社会关系的基础。社会是一个关系网络，联结人们的是血缘关系、政治关系、经济关系、思想关系和文化关系等。人的社会关系都是在实践过程中建立的。实践使人们以集体的协作克服了个体的有限性，实现了个人无法实现的社会目的；人在实践中交换个人的劳动成果，弥补了个体的非自足性；人在实践中的交往关系不断被交往伙伴相互认可，形成共同遵守的制度、规范等行为准则，从而使社会秩序得到保障。

> 人的本质不是单个人所固有的抽象物，在其现实性上，它是一切社会关系的总和。
>
> （《马克思恩格斯选集》，3版，第1卷，135页）

如何理解社会的本质，是历史观的核心问题，也是各派历史哲学争论的焦点之一。在马克思创立唯物史观之前，人们对社会本质的认识最终都陷入唯心史观。人类社会的本质不是被神秘化，就是被主观化或自然化。这些历史观的根本错误在于，它们不理解实践及其在社会历史中的地位和作用。马克思主义提出“全部社会生活在本质上是实践的”科学论断，深刻揭示了人类社会的实践本质。

> 全部社会生活在本质上是**实践的**。凡是把理论引向神秘主义的神秘东西，都能在人的实践中以及对这种实践的理解中得到合理的解决。
>
> （《马克思恩格斯选集》，3版，第1卷，135～136页）

实践构成了社会关系的发源地。实践首先是人以自身的活动来引起、调整和控制人与自然之间物质变换的过程。在这个过程中，人们不仅同自然界发生联系和关系，而且人与人之间也必然互换其活动并结成一定的关系。人与自然的关系和人与人的关系相互制约，共生于生产实践中。同时，实践结束时得到的结果，在这个过程开始时就已经在实践者头脑中作为目的以观念的形式存在着，这个目的是他知道的，是作为规律决定着他的方式和方法的，他必须使他的意志服从于这个目的。可见，人与其意识的关系也生成于实践活动中。这就是说，实践内在地包含三重关系，即人与自然的关系、人与人的关系以及人与其意识的关系，而这些关系又构成了基本的社会关系，即物质的社会关系和思想的社会关系。实践构成了社会关系的发源地，并以浓缩的形式包含着基本的社会关系。

实践构成了社会生活的基本领域。人类的社会生活领域和社会结构，都是人的不同

---

① 《马克思恩格斯选集》，3版，第3卷，997～998页。

实践活动及其结果构成的。物质生产实践创造着人类生存和发展所必需的物质生活资料，它创造和积累着社会的物质财富，构成人类社会的物质生活领域和社会经济结构。处理社会关系的实践也就是处理人与人之间的社会关系，积累着社会的制度文明，构成人的政治生活和社会生活领域，形成社会政治结构。科学实验创造着社会的精神文明，构成社会的精神生活领域和社会观念结构。物质生活是人类社会生活的基础，它制约着政治生活、精神生活和社会生活，社会的经济结构制约着社会的政治结构和观念结构，物质生产实践是其他实践的基础。

实践是社会发展的动力。人类社会的发展是一个由物质生产实践引起的合乎规律的辩证发展过程。社会发展的动力绝不会产生于人的实践活动之外，它只能形成于人的实践活动之中。从社会有机体的内部结构上来说，社会的变化发展是一个由物质生产活动引起社会经济结构变化，由此引起政治结构和观念结构变化的过程。从社会发展的历史过程上来看，正是社会物质实践的方式，即生产方式的变化和发展，决定着人类社会从低级阶段发展到高级阶段，从低级形态发展到高级形态。因此，人的实践活动构成了社会发展的动力之源。

马克思主义关于“全部社会生活在本质上是实践的”科学论断，要求人们用实践的观点把握社会的本质和规律，防止用单纯自然原因或单纯精神原因看待社会，解释社会规律。

3. 实践的主体与客体

实践是一种对象性活动，这表明，在实践活动中，人把自身之外的存在变成了自己活动的对象，变成了客体，同时也就使自己成为主体性的存在。从对象性活动的视角去考察人与世界的关系，就凸显出主体和客体这两个范畴。所谓主体，是指从事实践和认识活动的人。所谓客体，是指实践和认识活动所指向的对象。主体和客体是表示活动者和活动对象之间特定关系的哲学范畴。

实践的主体是实践活动中自主性和能动性的因素，是实践活动的发动者、主导者、运作者、调控者。实践主体担负着提出实践目的、操纵实践工具、改造实践客体，从而驾驭和控制实践过程的多种任务。实践的主体，不是旧唯物主义所理解的生物学意义上的自然存在物，也不是唯心主义所主张的那种纯粹的先验的自我意识。实践的主体具有复杂的能力结构，是包括体力与智力、物质与精神、情感与意志等多种因素的有机统一体。从总体上看，主体能力结构包含三个基本因素：

第一，“人本身的自然力”是实践主体能力结构中的物质基础。人本身具有与自然物相适应的自然力，因而可以与其进行直接的物质交换，能以一种现实的、感性的力量同自己的对象发生相互作用。当然，人作为实践主体的物质性，不同于一般自然物的物质性。人的物质力量是精神支配下的力量，所以人不仅能积极地适应自然，而且可以能动地改造自然，创造出自然界本身不可能自动生成的客观对象。

第二，进入主体实践活动领域为主体所实际掌握、运用的知识与经验，是实践主体能力结构中的智力条件。在实践活动中，作为主体能力的知识要素主要是指为实践主体所消化、吸收的知识和经验，它作为主体改造客体的目的和方法而发生作用。知识就是力量，实践主体掌握了有关主体自身、实践手段和客观对象等方面的知识，就能正确提出实践目的，探索实践途径，发现实现实践目的的最好方法。主体对实践活动的有关知识掌握得愈深刻、愈全面，他从事实践活动的自觉性也就愈高。

第三，情感和意志是实践主体能力结构中的精神因素。实践主体是知、情、意相统一的有机整体，实践主体的能力的发挥主要取决于知识的主导作用，但人的活动总是与主体对客体的情感体验和意志有关。积极的情绪、情感，尤其是顽强的意志，的确可以激发主体释放自己的潜能，克服困难，百折不挠，实现实践的目的。“激情、热情是人强烈追求自己的对象的本质力量。”[①]

主体能力在本质上是一种社会力量，因而实践主体有自己的社会结构。从社会构成来看，实践主体可以划分为个人主体、集团主体、社会主体和人类主体四种形式。社会存在的前提无疑是个人的存在。个人是社会的细胞，个人有其相对独立的实践范围和形式。在这个意义上，个人成为独立的主体，即个人主体。集团主体是指以一定的集体、团体、群体形式进行实践活动的主体。在阶级社会，阶级是集团主体的一种重要形式。社会主体是指一定地域的人所组成的社会整体。在阶级对抗的时代，尽管社会中存在着利益不同的阶级，但只要这种社会内部对抗还没有发展为外部冲突，他们就会在一定的意义和程度上使自己以整体形式从事某些实践活动。人类主体是实践主体的最高形式，它指的是发展着的人类整体。迄今为止，由于自然原因和社会原因，特别是在国际上还存在阶级对立的条件下，人类只能在有限方面，在一定条件下，共同以人类主体的身份从事改造世界的实践活动。只有将来消灭了阶级，自由自觉的人类主体才能真正形成。

在实践活动中，客体是进入主体活动的领域同主体发生功能性关系或为主体活动所指向的客观事物。对于实践的客体要从两个方面去理解：一方面，客体是一种不以主体的主观意志为转移的客观存在，不仅客观事物在成为客体之前就具有客观性，而且进入主体和客体的关系结构之后，这种客观性也仍然保持着；另一方面，客体不是与客观事物相等同的概念，一个客观事物能否成为实践的客体，不仅取决于客观事物的自在本性，还取决于人类的实践水平能否利用客观事物的这些性质。也就是说，客观事物只有被纳入主体的活动范围内，作为主体活动所指向并与主体相对立的东西时才成为客体。

客体同主体一样是一个历史范畴。被纳入主体活动范围的客体随着历史的发展，总是不断地扩大、变化和发展。从总体上看，客体主要有三种形式，即自然形式的客体、社会形式的客体和精神形式的客体。自然形式的客体既包括同人的对象性活动发生关系的自然物，也包括人们用某种方式改造或制造出的人工自然物，还包括人自身的自然即人体。社会形式的客体是指已经对象化了的现实的社会结构，如经济制度、政治制度等，同时也包括体现在物上的社会关系。精神形式的客体指以物的形式存在的人类精神生产的结果。精神形式的客体都有自己的“物化”形式，例如计算机软件和以书籍为载体的各种理论、学说等，英国哲学家卡尔·波普尔称之为“客观知识”。但是，人们注重的不是它们的物质形式，而是这些物质形式所体现或携带的精神内容。

---

① 《马克思恩格斯文集》，第1卷，211页。

主体和客体是实践活动的两极，但仅仅有主体和客体还不能形成二者之间的相互作用。在主体和客体之间还有一个将这二者现实地连接起来的中介，这就是各种形式的工具、手段以及运用、操作这些工具、手段的程序和方法。实践的工具、手段是为适应主体和客体相互作用的方式和特点而产生、发展起来的。实践活动就是一个以主体、中介和客体为基本框架的动态的发展系统。其中，实践的主体是自主性和能动性因素，实践的客体是制约性因素，实践的工具、手段是把主体与客体连接起来，使二者之间的相互作用得以实现的条件和中介。

主体与客体的相互作用具有物质性，但又不能归结为物质性。实践的主体和客体都是物质实体，二者的相互作用是物质实体之间的相互作用，但又不同于一般的物质实体之间的相互作用。除人之外，一切物与物之间的相互作用都是无意识的、盲目的，都不可能以主体和客体相互作用的形式出现。人的实践活动造成了主体和客体的分化，同时也形成了一种与一般物质实体相互作用不同的崭新的关系，这就是目的与手段、创造者与被创造者、能动者与受动者之间的关系。在这种相互作用过程中，主体的主导地位和中心地位被确定下来，客体则成为“为我之物”。主体与客体的相互作用及其特点表明，一方面，主体受到客体的限定和制约；另一方面，主体又能不断地发展自己的能力和需求，以能动的活动不断地打破客体的限定，超越客体。主体和客体之间的这种限定和超越或限定中的超越关系，就是主体和客体之间相互作用的实质。

实践的主体和客体相互作用的内容和结果是通过主体客体化与客体主体化的双向运动来实现的。所谓主体客体化，是指人通过实践使自己的本质力量转化为对象物。这种对象物是人的体力和智力的物化形式，是主体把自己的本质力量通过活动物化在客体对象中。这也就是主体的对象化即“外化”，人类一切实践活动的结果都是主体对象化的结果。所谓客体主体化即“内化”，是指客体从客观对象的存在形式转化为主体生命结构的因素或主体本质力量的因素，失去对象化的形式，变成主体的一部分。主体客体化和客体主体化互为前提、互为媒介。主体客体化或对象化表现了主体的能动性、超越性，客体主体化或非对象化说明客体的受动性和制约性。实践活动的这种能动性和受动性、超越性和制约性所形成的矛盾运动，或者说客体对主体的制约性和主体对客体的超越性的双向运动，构成了人类实践活动的本质内容。

三、 生产力与物质世界的发展

人类为了求得自身的生存和发展，就必须进行物质生产活动，使自然界中的物质存在形态发生有利于人类需要的改变。生产力就是人们在物质生产实践中表现出来的实际力量，标志着人类物质生产实践的发展水平。

1. 生产力体现人与自然之间的现实关系

生产力是人们积极地改造自然、获得物质生活资料的能力，是解决人和自然界的矛盾的社会物质力量。生产力的状况标志着人类利用、控制和改造自然的广度和深度。生产力是在物质生产活动即劳动中形成的。劳动对象、劳动资料和劳动者构成了生产力的基本要素。

劳动资料亦称劳动手段，是人们用以改造、作用劳动对象的各种物质的、能量的、信息的体系，是人们在劳动过程中改变或影响劳动对象的一切物质资料和物质条件。生产工具是劳动资料的主要部分。除生产工具以外，劳动资料还包括发动生产工具进行生产的动力系统、能源系统，以及进行物质生产所必需的运输系统、储存系统、包装设备、各种容器。现代化大生产中的自动控制系统、信息传递系统等也属于劳动资料。随着物质生产实践的发展和科学技术的进步，劳动资料不断扩展，并且日益复杂化、精密化、高技术化。劳动资料特别是生产工具，是生产力作为改造自然的现实物质力量的集中表现。生产工具是社会生产力发展水平的客观标志，是人类征服自然能力的尺度。马克思指出："各种经济时代的区别，不在于生产什么，而在于怎样生产，用什么劳动资料生产。劳动资料不仅是人类劳动力发展的测量器，而且是劳动借以进行的社会关系的指示器。"①

劳动对象是指人们通过自身劳动对之进行加工，使之成为具有使用价值以满足社会需要的那一部分物质资料，包括未经加工的自然物和已经加工的物体。一方面，劳动对象是使生产活动得以进行的基本前提，没有劳动对象，便不可能进行物质生产。劳动只有同劳动对象相结合，才是物质财富的源泉，才能构成现实的生产力。另一方面，劳动对象又是人们征服自然的程度和生产力发展状况的一种标志，不同的生产力状况有不同的劳动对象．劳动对象的质与量直接制约着生产力的发展水平。

劳动者是指具有一定生产经验、劳动技能和知识、智力的人，也就是具有一定劳动能力的人。劳动者是人，但并非所有的人都是劳动者。只有那些有劳动能力、具有一定生产经验和劳动技能，使用生产工具从事生产活动的人，才是生产力中的劳动者。具有劳动能力是劳动者的本质特征。

在生产力的三个基本要素中，一般地说，人是主导的要素。因为生产工具的使用、改造和创造都要靠劳动者来实现，生产资料要凭借劳动者的活动才能发挥其应有的作用。作为生产力要素的劳动者，包括体力劳动者和直接参与生产过程的脑力劳动者。现代生产力发展的总趋势是：社会生产技术水平日益提高，机械化、自动化、信息化的程度日益提高，特别是自动控制、人工智能日益推广；体力劳动和脑力劳动日益紧密结合，单纯从事体力劳动的劳动者日益减少，工农群众越来越多地变成有文化有科学技术知识的人，生产日益科学化，劳动日益智力化。在这种情况下，人的主导作用不是降低了，而是提高了，而这种主导作用总是以一定物质技术条件为基础的。

生产力是由多种要素构成的有机整体，其中，与上述三个基本要素相联系的，还包括教育、科学、管理等，这些要素通常被称为智能性因素，它们都在不同程度上影响着生产力的发展，但是它们都不是独立地或直接地起作用的因素，而是通过一定方式渗透在三个基本要素里，转化为三个基本要素，或者是与三个基本要素紧密结合而发挥作用的。

---

① 《马克思恩格斯文集》，第5卷，210页。

在当代，科学技术决定着生产力发展的方向、速度和规模。如果说在蒸汽机时代，科学技术对生产力的发展产生的是“加数效应”，在电气化时代，科学技术对生产力的发展产生的是“乘数效应”，那么，在信息化时代，科学技术对生产力的发展产生的就是“幂数效应”。据统计，在发达国家，科学技术的贡献率，20世纪初为5%～20%，20世纪中叶为50%，而到20世纪末已经上升到了75%以上。

科学技术是生产力。马克思明确指出，生产力包括科学在内。劳动生产力是随着科学和技术的不断进步而不断发展的。科学技术是生产力，这是指它们能够渗透到生产力诸基本要素之中，转化为现实的生产力，促进劳动生产率的不断提高。历史上的科学技术一旦创立和发展，迟早都会被劳动者掌握和物化为生产资料，被应用于物质生产过程。而科学技术一旦在生产中应用，就会引起劳动方式、劳动技能的变革，促进生产工具和工艺流程的革新，产品结构的改变，能源消耗的下降，原材料的扩充与更新，劳动对象的开拓，劳动生产率的显著提高。邓小平进一步指出，科学技术是第一生产力。这是因为，科学技术一旦渗透到生产力诸要素中去，就会引起生产力要素的显著变化，引起劳动生产率的迅速而巨大的增长，甚至引起生产力的质变。近代以来的历史事实表明，科学技术的革命引起了劳动方式、生产技术设备以及生产体系组织结构和经济结构的巨大变革（产业革命），引起了社会生产力的飞跃，引起了人类社会经济时代的更替。

从生产力的构成可以看出，生产力是人们实现自己与自然之间物质变换的能力。这个变换过程，一方面是人的“自然力”和本质力量不断对象化，自然不断被“人化”的过程，另一方面又是外部自然力被同化为人的体力、自然规律被同化为人的智力的过程。二者相互依存、相互制约，形成了人类的生产力，构成了生产力的本质。

生产力是具体的现实的物质力量。在各个历史发展阶段中，人们所面临的生产力都是一种既得的力量，都是人们不能自由选择的。人们所面临的生产力的状况如何，取决于他们所处的条件，取决于先前的生产力水平，取决于由前一代人创立的社会形式。生产力是生产中各种物质力量的总和，生产力的发展决不能脱离它的现实的物质基础，也决不以人们的意志为转移。但是，生产力的物质性并不否定人们在创造新的生产力中的主观能动性。人们在既得的生产力的基础上，运用各种科学知识，掌握各种规律，就可以充分发挥生产力诸要素的作用，对社会生产力的发展产生重大作用。

2. 生产力的内在矛盾及其历史演变

已经得到满足的第一个需要本身、满足需要的活动和已经获得的为满足需要而用的工具又引起新的需要，而这种新的需要的产生是第一个历史活动。

（《马克思恩格斯选集》，3版，第1卷，159页）

生产力表现的是人为满足自身的需要，同自然界之间进行的物质和能量的交换关系。人和自然之间的物质能量交换活动是一个矛盾不断产生又不断解决的过程。人要生存，就必须使自己的需要得到满足，而自然并不能以其自在形态满足人的需要。正是人类对满足需要的追求，以及自然对人需要的否定关系所形成的矛盾的不断产生和解决，推动了生产力的不断运动和发展。

所谓需要，是指人为了生存和发展而对物质和文化资料的占有欲求。一切有生命活动的存在都有其基本的需要，而人的需要作为人的生命活动的内在规定和存在方式，大大超越了人的动物性的自然需要，而生成和升华为人的社会性的需要。对于人来说，第一个需要确定的具体事实就是这些个人的肉体组织，以及受肉体组织制约的他们与自然界的关系，因此，人首先需要满足的是维持其肉体组织的自然需要。但是，人的这种生物学上的需要已不纯粹是动物性的需要，它在人类的社会实践中已经被社会化了。人也有“饮食男女”之类的需要，这种需要仍然有动物性的一面，然而在人类的社会生活中，这些需要已经以扬弃的形式包含在人的社会性的需要之中了。人的需要的社会性决定了需要的多样性。一般来说，可以把人的需要区分为物质需要和精神需要。物质需要是指对维持人的生存的最基本生活资料的需要，满足人的这些最基本的需要，是人的生命活动乃至整个人类社会得以存在的前提和基础，只有在这一基础之上，才能产生人的其他方面的需要。精神需要是指人对情感、交往、名誉、教育、审美、成就感和价值实现以及从事政治和文化艺术活动的需要。精神需要是人超出动物本能的特有的需要，是在物质需要基础上产生的更高层次的需要，同时又渗透于物质需要之中。随着实践的发展和社会的进步，物质需要和精神需要的水平将不断提高，特别是精神需要在人的需要中将占有更加重要的地位。

人的需要并不是一个不变的常量，而是随着物质生产的发展、人类社会的进步而不断变化的。旧的需要通过生产得到了满足，生产的发展又使人产生新的需要。因此，人和自然的矛盾总是不断解决又不断产生的。

在人的不断增长的需要的推动下，人的生产能力也是不断提高的。人类不同于动物，动物活动的能力完全取决于由其生物结构所限定的“体内器官”的状况，是后天无法改变的；人则是依靠工具——“体外器官”并通过劳动来满足自己的需要的，因而人的生产能力具有无限发展的可能性。首先，从质上来看，“体外器官”具有超个体性特点。人只要根据不同对象制造出相应的工具，就具有了改造这种对象的能力。人没有翅膀，但制造了飞机等飞行器，同样能在天空飞翔。因此，人的对象是开放性的，就其可能性来说，任何自然物都能成为人的对象。工具的超个体性使人的能力超越了生理功能的限制，具备了无限多样的能力。其次，工具的使用使人的能力在量上也具有了无限发展的可能性。由于人的能力和力量主要取决于其“体外器官”，因而人主要的不是运用体内力量，而是运用外部自然力去征服自然。外部自然力是无限的。人类不断征服外部自然力，并把它变成自己征服自然的手段。外部自然力的无限性决定了其可利用性也是无限的。劳动工具的制造和使用，也决定了生产力进化的特殊方式。工具把人类的“过去劳动”和“后来劳动”联结起来，每一代人都可以通过工具的中介把以往人类生产方式的总和纳入自己的活动之中，这就使生产力的进化不再像动物那样简单地重复上一代的能力和力量，而是在以往人类能力的基础上进一步地向上发展。

生产力的发展大体经历了三个历史形态，即手工生产、大机器生产和自动化生产。这三个历史形态既有本质区别，又有内在联系。生产力形态演变的历史必然性，根源于人的天然器官功能的有限性与生产力发展要求的无限性的矛盾。人只有摆脱天然器官功能的有限性，才能解决这个矛盾，这里的关键就是创造和改进工具。生产力的历史演变过程，就表现为在物质生产中不断由人的“体外器官”代替“体内器官”的劳动功能的过程。

在资本主义以前的人类历史中，物质生产基本上属于手工生产。手工生产的根本特点是：工具的运动由人手操纵，由此决定了工具运动的动力主要依赖于人的体力，产品的质量和数量取决于人的“体内器官”的运动。在这种生产中，生产力的发展为“体内器官”的功能所限制，因而是缓慢的、非常有限的。人在实践中发明了机械的装置即大机器，逐步消除了人的天然器官（手）的生理功能的局限性。大机器的本质特征不是代替了手工工具，而是代替了人的手。正如马克思所说：“这种机械装置所代替的不是某种特殊工具，而是人的手本身。”①

大机器生产中机械代替人手的操作功能，也就要求由外部自然力代替人的体力。这是生产力的动力功能的转换。在手工生产中，由于工具的运动由人手操作，外部自然力的应用不仅仅是不必要的，而且也是不可能的。而在大机器生产中，天然器官操纵工具的功能已被“体外器官”代替，这时外部动力的应用就不仅是可能的，而且是必要的了。这样，随着手工工具向大机器的转变，动力功能上的革命便不可避免。人类通过艰巨的创造性活动，制造出与大机械相适应的蒸汽机、电动机，从而完成了这一转变，这就是近代的工业革命。

大机器生产的出现和动力上的革命，解决了生产力无限发展的要求与人的天然器官在操作功能和动力功能上的有限性的矛盾，从而使生产力得到了飞速发展。但是，大机器生产并没有代替人的身体器官的全部功能，对机器的控制和管理的功能还要由人的天然器官——人脑来承担。这里仍然存在着“体内器官”（人脑）的控制和管理功能的有限性与生产力发展无限性的矛盾。在庞大的机器体系中，不仅机器的数目繁多，而且运转迅速；各部分之间的连接不仅复杂，而且在时间上也要求越来越精确。人脑是无法承担这样的功能的，必须用一种新的装置代替人脑对机器体系进行控制与管理。这种装置在人类的长期实践中被创造了出来，这就是电脑。与此相适应，生产力的发展也由大机器生产形态进入了自动化生产形态。自动化生产的实质，就是在由大机器生产所完成的对人的“体内器官”的操作和动力功能的替换基础上，所发生的由电脑代替人脑的控制和管理功能的过程。这里所说的电脑代替人脑的功能，只是指在直接生产过程中由电脑代替人脑对机器进行控制和管理的功能，而不是指在整个社会中由电脑代替人脑的全部思维。

生产力发展中“手工生产—大机器生产—自动化生产”这一历史形态的演变过程，是一个必然的、不以人的意志为转移的过程。某些国家和地区可以借助其他国家和地区的力量，使其中某种形态的转变时间缩短，但是，人们不可能凭借主观愿望跳过其中任何发展阶段，也不可能随意颠倒它们的演化顺序。由物质生产的本性及其内在矛盾的发展所决定，物质生产所具有的管理控制、动力、操作这三种功能之间的历史联系必然是：只有用外部自然力代替了人的操作工具的功能，才有必要和可能使外部自然力代替人的动力功能；而在这两种功能全部被自然力代替之后，才能提出用自然力代替人的管理控制功能的要求。

---

① 《马克思恩格斯文集》，第5卷，442页。

本章小结

劳动是实现从自然界向人类社会飞跃的客观基础和根本动力。劳动创造了人和人类社会。物质生产是社会历史的发源地，生产方式构成人类社会发展的决定力量。人类社会的进步与自然的进化成为一个不可分割的过程。

分工源于生产力的发展，同时又是推动生产力发展和社会进步的重要力量。在未来高度发展的共产主义社会中，强制性的分工将被打破，人将根据自己的意愿自由地选择和更换自己的职业，实现自发分工向自觉分工的过渡。

实践是人们有目的地探索和改造世界的物质活动。实践是人存在的特有方式。社会生活在本质上是实践的。客体对主体的制约性和主体对客体的超越性的双向运动，构成了人类实践活动的本质内容。

生产力是人们积极地改造自然、获得物质生活资料的能力，是解决人和自然界的矛盾的社会物质力量。生产力的状况标志着人类利用、控制和改造自然的广度和深度。人类对满足需要的追求，以及自然对人需要的否定关系所形成的矛盾的不断产生和解决，推动了生产力的不断运动和发展。

阅读书目

1. 恩格斯．劳动在从猿到人的转变中的作用．见：马克思恩格斯选集．3版．第3卷．北京：人民出版社，2012

2. 马克思．关于费尔巴哈的提纲．见：马克思恩格斯选集．3版．第1卷．北京：人民出版社，2012

3. 马克思，恩格斯．德意志意识形态（节选）．见：马克思恩格斯选集．3版．第1卷．北京：人民出版社，2012

4. 马克思．哲学的贫困（节选）．见：马克思恩格斯选集．3版．第1卷．北京：人民出版社，2012

思考题

1. 分析材料并回答问题：

材料1 热带民族的怯懦常常使这些民族成为奴隶，而寒冷气候的民族的勇敢使他们能够维护自己的自由。这是自然的原因所产生的后果。居住在山地的人坚决主张要平民政治，平原的人则选择由一些上层人物领导的政体，近海的人则希望一种由二者混合的政体。

材料2 但是我们不要过分陶醉于我们人类对自然界的胜利。对于每一次这样的胜利，自然界都对我们进行报复。每一次胜利，起初确实取得了我们预期的结果，但是往后和再往后却发生完全不同的、出乎预料的影响，常常把最初的结果又消除了。美索不达米亚、希腊、小亚细亚以及其他各地的居民，为了得到耕地，毁灭了森林，但是他们做梦也想不到，这些地方今天竟因此而成为不毛之地……

材料 3 我国人口约占世界人口的20%，而耕地只占世界耕地的7%。由于多方面原因，我国耕地面积逐年减少。尽管2022年全国耕地面积止减回增，但总体上耕地面积在世界耕地面积中所占比例较低。据有关部门测算，目前受水土流失危害的耕地占耕地总面积的1/3；过去10年沙化土地占国土面积的15.9%；由于过度采伐，现有森林覆盖面积占全国总面积的13.4%；由于水资源短缺，部分城市缺水严重。在全国500个城市中，有300多个大城市缺水，其中40多个城市严重缺水。在资源相对不足的情况下，又存在着大量的使用浪费，而且对资源的再生利用不重视，废钢铁废金属回收利用率只有30%，大大低于经济发达国家60%～80%的水平。

请回答：

（1）对材料1中的观点加以评析。

（2）谈谈你对材料2中关于“我们不要过分陶醉于我们人类对自然界的胜利”的理解。

（3）根据材料3说明实现人类社会与自然界协调发展的重要意义。

2. 怎样理解物质生产劳动在人和人类社会的产生、形成和发展中的作用？

3. 与动物的本能活动相比，人的实践活动的本质特征是什么？

4. 如何理解生产力发展的内在矛盾及其历史演变？

第三章
人与社会的关系

要点提示

● 社会是一个具有特定的结构、功能、发展规律的有机开放系统，是活动和发展着的社会有机体。

● 社会有机体的发展是自然历史过程。

● 社会结构是人类社会交往关系的制度形态。

● 社会结构与社会文明具有本质上的一致性，社会结构的演进表现为人类社会文明的发展。

● 生产关系是人们在物质生产过程中形成的不以人的意志为转移的经济关系。

● 生产关系是最基本的社会关系，政治关系、法律关系、家庭关系、伦理关系、宗教关系等其他社会关系都受生产关系的制约和支配。

● 生产力与生产关系的矛盾运动是社会发展的根本动力。

关键词

社会　社会有机体　社会结构　生产关系　社会文明

一、 社会有机体及其发展

社会是一个具有特定的结构、功能、发展规律的有机开放系统，是活动和发展着的社会有机体。社会系统的基本结构包括经济结构、政治结构和文化结构，社会有机体具有适应、协调和自组织功能，它能够调节社会系统内部诸要素之间以及社会系统与环境之间的关系。社会有机体的发展具有其内在的规律性。社会结构与社会文明具有本质上的一致性，社会生产力的发展和社会结构的演进表现为人类社会文明的发展。

1. 社会有机体

社会有机体，或称社会机体，即社会的有机构成、有机系统，是社会系统的总结，它表明人类社会是一个完整统一的整体。马克思、恩格斯从创立唯物史观时起，就把人类社会作为一个有机系统来把握，反对脱离社会整体孤立地观察、理解和解释个别社会现象。在1847年的《哲学的贫困》中，马克思批判了蒲鲁东的唯心史观和形而上学的研究方法，强调社会是“一切关系在其中同时存在而又互相依存的社会机体”①。在1859年的《〈政治经济学批判〉序言》中，马克思以经典的语言表述了历史唯物主义的基本原理，特别是社会结构的理论和社会有机体的思想。在马克思看来，人类社会是一个由经济结构、政治结构和文化结构构成的相互联系的有机系统；人类生活包括物质生活、政治生活、精神生活和社会生活；生产力与生产关系、经济基础与上层建筑的矛盾运动是人类社会的发展动力；经济因素是社会历史发展的基础，经济基础决定上层建筑，但是政治和思想的上层建筑对于经济基础也具有能动的反作用。马克思《资本论》的科学价值，就在于它深刻揭示了资本主义社会机体的特征和本质，深入探讨了资本主义社会系统内部自我调节和发展的过程，以及必然为另一更高社会形态代替的规律。列宁也曾经指出：“马克思和恩格斯称之为辩证方法（它与形而上学方法相反）的，不是别的，正是社会学中的科学方法，这个方法把社会看做处在不断发展中的活的机体（而不是机械地结合起来因而可以把各种社会要素随便配搭起来的一种什么东西）”，“辩证方法要我们把社会看做活动着和发展着的活的机体”②。

> 事情是这样的：以一定的方式进行生产活动的一定的个人，发生一定的社会关系和政治关系。经验的观察在任何情况下都应当根据经验来揭示社会结构和政治结构同生产的联系，而不应当带有任何神秘和思辨的色彩。
>
> （《马克思恩格斯选集》，3版，第1卷，151页）

“有机体”这一概念，只是一个形象的比喻，旨在用这一术语形象地描述人类社会的最一般特征，即社会的系统性、整体性和有机性。

在历史上，英国社会学家、哲学家斯宾塞等人也提出过社会有机论，他们拒斥神学历史观，把社会视为完整的有机系统，宣传达尔文的进化论，是有积极意义的。但是，这种理论把社会有机体与生物有机体作简单的、机械的类比，将生物学规律简单地搬运到社会历史领域，将高级的、复杂的社会运动简单地还原为低级的生物运动，从而抹杀了人类社会与自然界的本质区别，是错误的。这一理论进而强调进化和量变，否认发展和质变，这种形而上学的观点，在实践上是为资本主义作辩护的，它赋予资本主义制度“天然的”和“永恒的”性质。所以，我们必须与之划清界限。

2. 社会有机体的发展

社会有机体的发展是一个自然历史过程。在《资本论》第1卷第1版序言中，马克思指出：“一个社会即使探索到了本身运动的自然规律——本书的最终目的就是揭示现代社会的经济运动规律——，它还是既不能跳过也不能用法令取消自然的发展阶段。但是它能缩短和减轻分娩的痛苦。”“我的观点是把经济的社会形态的发展理解为一种自然史的过程。不管个人在主观上怎样超脱各种关系，他在社会意义上总是这些关系的产物。”③所谓社会有机体的发展是自然历史过程，就是指人类社会与自然界一样，既是一个不以

① 《马克思恩格斯选集》，3版，第1卷，223页。
② 《列宁选集》，3版修订版，第1卷，32、55页，北京，人民出版社，2012。
③ 《马克思恩格斯选集》，3版，第2卷，83、84页。

人的主观意志为转移的客观的物质发展过程，也是一个有规律的、辩证的历史发展过程，即社会有机体具有客观物质性和发展规律性。

第一，社会有机体具有客观物质性。人类社会是物质世界的一个有机组成部分，是在物质生产实践的基础上产生、存在和发展的。社会有机体在本质上是物质的。从根本上说，它是由物质资料的生产方式决定的，是在物质生产劳动的基础上产生、展开、形成和发展起来的。社会生产从广义上说虽然包括物质资料的生产、人自身的生产和精神生产，但是，物质资料的生产制约着人自身生产的形式、结构和发展状况，决定着精神生产的性质和内容。物质资料的生产是整个社会生产的基础。社会有机体的客观物质性主要是指根源于生产力的那种不以人的意志为转移的客观的物质关系，诸如生产关系、交换关系以及各个发展阶段的经济关系等。

第二，社会有机体具有发展规律性。社会有机系统是具有规律性的、动态发展的过程的集合体。社会有机系统由于其内在的矛盾以及系统与环境的矛盾而处于不断发展变化之中，是一个合乎规律的辩证发展过程。

全部社会生活，包括它的一切有时使人感到荒谬的事件，并不是偶然现象的杂乱堆积，而是从属于一定的运动和发展规律的有秩序、有组织的体系。马克思说："现在的社会不是坚实的结晶体，而是一个能够变化并且经常处于变化过程中的有机体。"① "历史进程是受内在的一般规律支配的"②，"现代唯物主义把历史看做人类的发展过程，而它的任务就在于发现这个过程的运动规律"③。恩格斯曾经做过一个形象的比喻，他说，世界历史是一位极其伟大的诗人，她不是随意地，而是合乎规律地创作出美和丑、悲和喜。没有社会规律，人们的任何生活都是不可想象的。列宁在批评那种把社会关系视为只是这些或那些现象的简单的机械的联结的形而上学观点时，强调指出："按照马克思的理论，每一种这样的生产关系体系都是特殊的社会机体，它有自己的产生、活动和向更高形式过渡即转化为另一种社会机体的特殊规律。"④

在人类思想史上，近代资产阶级学者及空想社会主义者对社会发展规律和动力进行过探索，也提出过一些有价值的思想，但是从根本上说仍然是"按照行动的动机来判断一切，……在历史领域内自己背叛了自己，因为它认为在历史领域中起作用的精神的动力是最终原因，而不去研究隐藏在这些动力后面的是什么，这些动力的动力是什么。不彻底的地方并不在于承认**精神的**动力，而在于不从这些动力进一步追溯到它的动因"⑤。

马克思主义创始人充分肯定了黑格尔关于社会历史规律的贡献。恩格斯指出："黑格尔第一次——这是他的伟大功绩——把整个自然的、历史的和精神的世界描写为一个过程，即把它描写为处在不断的运动、变化、转变和发展中，并企图揭示这种运动和发展的内在联系。"⑥ 但是，黑格尔又把绝对理念看作历史的真正发源地，把社会历史的必然性、规律性归结为超历史的"绝对计划""绝对精神"，归结为绝对精神的"狡计"，犯了

---

① 《马克思恩格斯选集》，3 版，第 2 卷，84 页。
② 《马克思恩格斯选集》，3 版，第 4 卷，254 页。
③ 《马克思恩格斯选集》，3 版，第 3 卷，400 页。
④ 《列宁全集》，中文 2 版，第 1 卷，372 页，北京，人民出版社，1984。
⑤ 《马克思恩格斯选集》，3 版，第 4 卷，255 页。
⑥ 《马克思恩格斯选集》，3 版，第 3 卷，398 页。

从社会历史外面把必然性、规律性输入历史的客观唯心主义的错误。

剥去黑格尔客观唯心主义的神秘外衣，从社会历史的真正主体——人的实践活动中亦即从社会本身去揭示社会历史的规律性，便是唯物史观的真正任务。

二、社会结构及其基本构成

> 社会——不管其形式如何——是什么呢？是人们交互活动的产物。
>
> （《马克思恩格斯选集》，3版，第4卷，408页）

社会结构是指社会要素之间相互联系和结合的方式，其本质内容是人与人之间的社会关系。人们之间的社会关系是在社会交往的基础上形成和发展起来的，正是人们之间的相互交往才形成了各种社会关系，亦即形成了所谓社会。

人们之间的社会交往是一种客观的、有意识的自觉活动，它是在物质资料生产的基础上和过程中进行的。按照人们社会交往活动的领域和社会交往的价值目标不同，可以把人们的社会交往活动划分为经济的社会交往、政治的社会交往和文化的社会交往。经济的社会交往是与物质生产劳动密切相关的交往形式，其本质内容是不同的生产资料所有者之间的经济交换关系。经济的社会交往关系是个体之间的经济利益关系，其价值目标是实现交往主体经济利益或者经济效益的最大化。经济的社会交往关系是构成政治的和文化的社会交往关系的物质基础。

政治是经济的集中体现，是协调社会全局利益关系的公共管理活动。政治的社会交往直接围绕着经济交往的目标来进行，并且保证经济交往目标的实现，因而它具有比经济的社会交往更高的自觉性。活跃于社会交往政治层面上的是具有共同的或者相同的利益的社会集团及其政治代表人物，人们在政治交往中所谋求的是某种具有根本性或整体性的利益的政治保证，因而政治的社会交往必然会在比直接的经济交往更为广泛的范围内进行，以至形成整个民族、国家范围内的统一行动。

文化的社会交往是比较远离直接物质生产过程的社会交往形式。它在很大程度上超越了直接的物质生产过程和经济利益关系，其价值目标是实现人们之间不同的认知心理、价值观念、思维方式、宗教信仰和风俗习惯的传播、认识和理解，实现不同文明与文化之间的交流、交融和对话，从而丰富和提升人们的精神文化和精神境界，为物质生产劳动提供智力支持和精神动力。文化自信是一个国家、一个民族发展中更基本、更深沉、更持久的力量。

各个领域和层面的社会交往关系都植根于物质生产活动，并且构成物质生产活动的社会条件。社会交往关系的系统化、规范化、制度化，就形成一定的社会结构。社会结构是人类社会交往关系的制度形态。

与社会交往活动的领域相对应，社会交往关系的系统化、规范化、制度化也表现为诸种形式，因而形成各种社会结构。经济的社会交往制度化形成一定的社会经济制度，即社会经济结构；政治的社会交往制度化形成一定的社会政治制度，即社会政治结构；文化的或者精神的社会交往制度化形成一定的社会文化制度，即社会文化结构。

1. 社会经济结构

在社会结构中，经济结构是基础性的结构，它决定社会的政治结构和文化结构。马克思和恩格斯指出，“每一历史时代主要的经济生产方式和交换方式以及必然由此产生的社会结构，是该时代政治的和精神的历史所赖以确立的基础，并且只有从这一基础出发，这一历史才能得到说明”①。所以，理解社会的有机结构及其活动，必须从考察社会经济结构出发，考察这一结构同政治的和文化的结构之间内在的相互关系。

社会经济结构是指同生产力发展的一定阶段相适应的生产关系的总和。经济结构从本质上说反映的是生产关系、经济关系，体现为一定的社会经济制度。社会经济结构是社会机体的骨骼系统，是全部社会关系的基础。

社会经济结构体现了人们在物质生产和再生产过程中所结成的经济关系，这种关系在本质上是一种物质关系，具有客观性。这是因为：第一，任何一种生产关系的产生、存在和发展变化，都有其客观规律性，都是不以人们的意志为转移的。在一定的历史条件下和一定的生产力基础上，人们只能结成某种生产关系，而不能是别的生产关系，并且某种生产关系的发展只能转变为另一种特定的生产关系，这些都是历史的必然。第二，一切生产关系都体现了人与人之间的物质利益关系。正如恩格斯所指出的：“每一既定社会的经济关系首先表现为**利益**。”② 正是人们的物质利益，使社会成员相互依赖、彼此联系起来，使彼此利益根本对立的社会集团既联系又斗争。这种物质利益关系是在生产、分配、交换、消费过程中形成的经济利益关系，因而也是不以人们的意志为转移的。第三，生产关系又是一种矛盾关系。它表现为生产、分配、交换、消费过程中人们之间，或一个社会集团与另一个社会集团之间的矛盾关系。在阶级社会里，生产关系主要表现为阶级之间的矛盾关系。当消灭了剥削制度，剥削阶级不再存在时，生产关系就不再表现为阶级之间的对抗关系，而是表现为人民内部的非对抗关系。但是，不论是对抗性矛盾还是非对抗性矛盾，都是客观的，都是不以人们的意志为转移的。

> 在一切社会形式中都有一种一定的生产决定其他一切生产的地位和影响，因而它的关系也决定其他一切关系的地位和影响。这是一种普照的光，它掩盖了一切其他色彩，改变着它们的特点。
>
> （《马克思恩格斯选集》，3版，第2卷，707页）

从历史上看，一种生产关系往往可以在不同的社会形态中分别以萌芽状态、统治状态和残余状态存在；从现实来看，在一个社会中，往往是多种生产关系同时并存。在这种情况下，经济结构作为生产关系的总和，应当是指该社会中各种生产关系的总和，而不是仅仅指其中的某一种生产关系。这也就是马克思所说的“这些生产关系的总和构成社会的经济结构”的道理。对“生产关系的总和”的这种理解，并没有也不会模糊某种特定的社会经济结构以及整个社会形态的性质。这是因为，在现实的社会中，虽然有多种生产关系存在，它们相互影响、相互作用，但是它们的地位和作用又是各不相同的，其中必然有一种生产关系占据统治地位，起着主导作用。正是这种占据统治地位、起着主导作用

① 《马克思恩格斯选集》，3版，第1卷，385页。
② 《马克思恩格斯文集》，第3卷，320页，北京，人民出版社，2009。

的生产关系，决定了该社会经济结构以及整个社会形态的性质。

> 在马克思主义经典著作中，多处使用文明一词，并且文明的含义各异。一般而言，主要应从三个方面去理解文明的概念：第一，人类社会发展的历史阶段。这种意义上的文明是与野蛮、未开化、原始、兽性相对的，往往与文化、教育、艺术等的发达相联系。第二，人类改造自然和改造社会的积极成果。这种文明标示着人类社会物质、精神等的不断发展和进步状态。第三，一个民族、一个国家、一个地域或具有共同精神信仰的群体的文化遗产、精神财富和物质财富的总和。

由此可见，社会经济结构是该社会中各种生产关系的总和，同时占据统治地位的生产关系又决定了经济结构的性质，表明了社会经济结构的复杂性。我们只有既看到现实社会生活中生产关系性质的多样性，又看到占据统治地位的生产关系在经济结构中的主导性，才能在整体上和本质上把握复杂多样的社会经济关系和全部社会生活。

文明是人类社会进步的程度和开化状态的标志。社会的进步和发展状态即为社会文明，社会文明包括物质文明、政治文明、精神文明、社会文明和生态文明。社会的经济结构与物质文明具有本质上的一致性，社会生产力的发展和经济结构的演进表现为社会物质文明的发展。

物质文明是人类在改造自然界的实践活动过程中所取得的物质成果和物质关系发展的总和，它表现为物质生产的进步和物质生活的改善。具体包括以生产工具为主的劳动资料的创新、生产规模和范围的扩大、社会物质财富的增长以及人们物质生活资料需要满足程度的提高、社会生产关系的发展和经济制度的进步等。在社会的物质文明中，以生产工具为标志的劳动资料是人类与自然界进行物质、能量和信息交换的主要手段，是推动社会生产发展的强大杠杆，也是决定社会经济形态发展和更替的物质基础。所以，一定的物质文明总是同一定的生产方式的发展水平相联系的，是生产方式发展状况的现实表现。

2. 社会政治结构

社会政治结构是指社会的政治上层建筑。上层建筑是建立在经济基础之上的社会意识形态以及与之相适应的制度和设施的总和。上层建筑由两部分组成：一部分是政治法律制度与设施，一部分是与经济基础相适应的社会意识形态。前一部分我们称之为社会的政治上层建筑，即社会的政治结构；后一部分我们称之为思想上层建筑，即与特定的经济基础相对应的社会意识结构或文化结构。二者密不可分，构成庞大的上层建筑体系，是社会有机体的“血肉”系统。社会政治结构的特征主要有：

第一，强制性。社会政治结构是一种超经济的强制力量。政治法律制度作为人们行为的规范，限制着人们的政治行为，把人们的政治活动限定在一个不得任意超越的范围内，这种限制本质上就是一种强制。这种强制性的一个突出特点是，它既不像经济制度那样靠物质利益关系引导，也不像意识形态那样靠思想说服或感化影响，而是直接依赖暴力。各种政治法律制度都有与其相应的机构和设施，如国家政权、军队、警察、法庭、监狱等，这些都是有组织的暴力。凭借着这些暴力，就可以以强迫的方式使人们服从特定的社会政治制度。

第二，阶级性。在阶级存在的社会里，社会政治结构以暴力为后盾的强制性，是同它的阶级性密切联系的。人们之间的政治斗争实质上是阶级斗争。恩格斯指出，在现代历史中至少已经证明，一切政治斗争都是阶级斗争，而一切争取解放的阶级斗争，尽管它必然地具有政治的形式，归根到底都是围绕着经济解放进行的。这就是说，基于物质利益的阶级斗争和政治斗争，是一个问题的两个方面。在阶级社会里，政治就是各阶级之间的斗争，阶级之间的社会矛盾和对抗是一切政治斗争的基础。以国家政权为核心的政治上层建筑，则是阶级斗争和阶级统治的工具。

第三，相对独立性。社会的政治结构是适应一定的经济结构的要求建立的，它根源于经济基础。但是，它作为一种超经济的力量，又超越于一定的经济基础。一种新的社会政治结构建立之后，就与经济结构有一种离异的趋势，具有自己独特的发展规律，就是说，具有相对独立性的特点。它首先表现在，经济基础对上层建筑的决定作用，是从归根到底的意义上讲的，不能简单地、机械地理解为特定的经济基础一旦产生之后，上层建筑领域中的一切都要从头开始。事实上，任何一种社会政治结构的建立，都具有一定的历史继承性，总要从先前的政治结构中吸收一些对自己有用的东西。当然，继承什么和摈弃什么，归根到底又都是适应经济基础的需要进行的。其次，经济基础决定上层建筑的性质，是就决定其根本性质而言的。事实上，在不同的国家、民族、地区中，由基本相同的经济基础所决定的上层建筑具有各自民族的特点，并非只有一个一成不变的模式。当然，上层建筑无论采取什么模式，归根到底也总是由一定的经济基础所决定的。最后，要辩证地理解经济基础的发展变化决定上层建筑的发展变化。也就是说，经济基础的改变决定上层建筑的改变并不是亦步亦趋、如影随形的，而是有早有迟、参差不齐的。

社会政治结构的内容主要是：根据一定的意识形态制定的政治制度、法律制度，以及相应的各种具体制度；与一定的意识形态和制度相适应的各种设施，包括各种组织机构和物质附属物，如政党、政府、军队、警察、法院、监狱等及其物质附属物。

政治上层建筑与思想上层建筑相互依存、相互制约，浑然一体。正是由于上层建筑整个体系是以一定的理论、思想观点为起点、为指导建立起来的，所以列宁曾把全部社会上层建筑称为建立在物质关系（经济基础）之上的思想关系。相对于作为经济基础的物质关系而言，作为上层建筑的思想关系是第二性的、派生的关系。在上层建筑的整个体系中，政治和经济的联系是最直接的，对上层建筑的其他部分起着主导作用，集中体现了一定的上层建筑的性质。所以，政治上层建筑是上层建筑中最重要的部分，特别是国家政权，它是整个上层建筑体系的核心。

国家不是从来就有的。它既不像“君权神授论”者所宣扬的那样，是按照神的意志产生的；也不像“社会契约论”者所宣扬的那样，是根据人们订立的契约形成的，“国家这种强制人的特殊机构，只是在社会划分为阶级，即划分为这样一些集团，其中一些集团能够经常占有另一些集团的劳动的地方和时候，只是在人剥削人的地方，才产生出来的”①，“国家是阶级矛盾**不可调和**的产物和表现”②。国家的实质在于它是一个阶级统治

① 《列宁选集》，3版修订版，第4卷，28页，北京，人民出版社，2012。
② 《列宁选集》，3版修订版，第3卷，114页，北京，人民出版社，2012。

另一个阶级的工具，不是对各阶级一视同仁地来管理社会公共事务的机构，它只是为统治阶级服务，保证它们能对社会进行政治统治的机构。历史上每一个国家的具体性质，依据这个国家中的各个阶级居于什么地位，特别是什么阶级占据支配地位这一点来决定，这就是国体。统治阶级采取什么方式组织自己的政权和行使自己的权力则是国家形式或政体。国体是国家的阶级内容，政体是国家的组织形式。历史上曾经出现过的国体，有奴隶主阶级专政、地主阶级专政、资产阶级专政、无产阶级专政（在中国叫人民民主专政）。在特定的历史条件下，也会出现某些阶级联合专政的国家。同一种类型的国体，可以有不同的政权形式。在同一阶级本质的国家的不同历史阶段，统治阶级可以根据自己的需要和阶级斗争形势的变化，变换其国家政权的组织形式。国家作为阶级统治的工具，还具体表现在国家的职能上。任何国家都是通过其基本职能来发挥它对社会的作用的。国家对内、对外两种职能是相互联系的，其中对内职能是主要的、起决定作用的。

阶级和国家都是一种历史现象。阶级消灭和国家消亡在社会历史发展中是同一过程的两个方面，阶级消灭是国家消亡的前提，国家消亡是阶级消灭的必然结果。随着阶级的消灭，国家也不可避免地消亡。资产阶级国家是不会自行消亡的，只有通过无产阶级革命才能消亡。而无产阶级国家则不同，它是人类历史发展的最后一种国家形式，它将随着阶级的消灭而逐渐失去作用，自行消亡。为了达到这一长远目标，在一定时期和一定条件下，必须维护和巩固而不是削弱无产阶级专政的国家，为将来的国家消亡创造条件，这是历史辩证法的生动体现。

社会政治结构与政治文明具有本质上的一致性，社会政治结构的演进表现为社会政治文明的发展。政治文明作为整个社会文明的有机组成部分，是人类自进入文明社会以来，在改造社会、实现自身完善和提高的过程中，创造和积累的所有积极的政治成果和与社会生产力发展需要相适应的政治进步状态。从静态角度看，它是人类社会政治进程中取得的全部进步的政治成果；从动态角度看，它是人类社会政治发展的具体过程。社会的政治文明包括政治意识文明、政治制度文明和政治行为文明三个基本层面，是三者构成的有机统一的整体。

政治意识文明本质上属于精神文明，它属于社会意识范畴。把政治意识文明列入政治文明范畴，主要是从它的具体特征、它与经济基础的关系、它在社会政治领域中的重要地位和作用来看的。政治意识作为政治领域的精神现象，是政治生活和政治活动的反映，是人们在特定的社会条件下形成的政治态度、政治认识、政治信仰、政治道德、政治习惯等，是政治的隐性结构。与一般的社会意识一样，从主体角度看，可以将政治意识区分为个体的政治意识和群体的政治意识；从不同层次看，可以将政治意识区分为政治心理和政治意识形式。政治意识的社会功能在于左右政治主体的行为，影响社会的政治面貌，促进或制约政治实践和政治发展。所以政治意识的积极的精神成果是政治文明的重要组成部分。

政治制度文明是政治文明的核心内容。政治主体在社会政治关系领域所进行的政治实践活动，都是按照一定的政治制度进行的。建立和巩固特定的政治制度是一切政治主体进行政治活动的出发点和归宿。一个国家最根本的政治制度体现了国家的阶级本质和政治方向，政治制度对整个社会的影响和作用，无论是在广度、深度上还是在强度上，都是其他规范所无法比拟的。其他社会制度与社会规范必须服从和服务于政治制度的内在要求，在政治制度允许的范围内发挥作用。从这个意义上说，政治制度文明在整个政治文明中是基础、核心和标志。

政治行为文明是政治文明的实践层次。政治主体在一定的政治意识和政治思想的指导下，按照一定政治制度规范的要求所从事的政治实践活动，体现为政治行为。政治行为是实现政治统治和政治管理的重要途径和方法。作为社会成员，人们通过政治行为参与政治过程，对政治生活施加影响。凡是能够推动政治进步和发展的政治行为，就是积极的、进步的，就是一种文明行为。这种政治文明行为说到底是要能够代表社会中绝大多数人的利益，代表社会前进发展的方向。

政治文明作为人类改造社会所获得的政治成果的总和，一般表现为人们在一定的社会形态中民主、自由、平等、解放的实现程度。民主是衡量政治文明进步程度的根本尺度。主要表现在：第一，民主参与，即要能够在最大限度上发挥人民群众的政治积极性和政治参与性，使更多的人参与国家政治生活；第二，民主表达，即为了实现共同的政治目标，要最大限度地使人们有充分的机会表达自己的意见，畅所欲言，使一切有利于社会进步的意见和倡议都能够发挥作用；第三，民主氛围，即在维护社会公共秩序和制度安排中，要能够最大限度地保护人们的正当权利和利益，使绝大多数人都能精神愉快、心情舒畅；第四，民主作风，即社会成员尤其是政治领导者要能够表现出民主的政治作风和良好的政治品德，能够自觉地维护人民的利益，严格遵守公共道德和规范，具有舍己为人的奉献精神。

政治文明具有阶级性、民族性、继承性、动态性、开放性等特点。社会主义政治文明还具有突出的人民性特点，“以人民为中心”是社会主义政治文明的本质特征和最大优势。

3. 社会文化结构

尽管国内外学者对于文化的定义各不相同，但概括起来可以分为广义的文化和狭义的文化。广义的文化是指人类改造自然、社会和主体自身的一切活动和成果的总和，它包括物质文化、制度文化和精神文化三个层面的内容。物质文化通常被称为“文化的表层结构”，它变动不居、交流方便，是文化各个层面中极易变化的部分；制度文化通常被称为“文化的中层结构”，它是文化中最权威的因素，介于物质文化与精神文化之间，规定着文化整体的性质；精神文化通常被称为“文化的深层结构”，它最为保守，是文化各个层面中极难变化的部分，是文化成为类型的灵魂。物质层面的文化更富时代性，变化快；精神层面的文化更富民族性，变化慢。狭义的文化主要是指精神文化，它包括风俗习惯、学术思想、文学艺术、伦理道德、认知心理、价值观念、审美意识、思维方式、宗教信仰和哲学思想等。精神文化属于文化的心理层面，或曰“心的部分”。我们这里所讲的社会文化结构是从狭义的角度来理解和阐释文化的。

所谓社会文化结构即社会意识结构，指的是建立在特定社会的经济基础之上的思想上层建筑，它是由社会意识形态构成的，而非一般意义上的社会意识。意识形态属于社会意识范畴，但是它与社会意识既有联系又有区别。

社会意识是与社会存在相对应的哲学范畴，意识形态则是建立在特定经济基础之上的社会意识形式。社会意识作为社会生活的精神方面，是指全部社会精神现象的总和，包括社会的政治法律意识、伦理道德、文学艺术、科学、宗教、哲学等意识形式，以及风俗、习惯等社会心理现象。社会意识形式作为系统的、自觉的、定型了的社会意识，从它与社会的经济基础即经济结构的关系来看，可以区分为两种不同的类型：一类是属于社会上层建筑的社会意识形式，它是系统地反映和自觉地服务于一定经济基础的思想体系，通常称之为意识形态，即观念形态；另一类是不属于社会上层建筑的社会意识形式，主要是指自然科学、思维科学和某些社会科学（例如语言学、修辞学、逻辑学等）的知识系统，它与特定的经济基础并没有直接联系，不构成特定的社会形态的上层建筑成分，可称之为社会意识形式中的非意识形态部分。构成社会意识结构的是前者，而不是后者。

> 统治阶级的思想在每一时代都是占统治地位的思想。这就是说，一个阶级是社会上占统治地位的**物质**力量，同时也是社会上占统治地位的**精神**力量。支配着物质生产资料的阶级，同时也支配着精神生产资料，因此，那些没有精神生产资料的人的思想，一般地是隶属于这个阶级的。占统治地位的思想不过是占统治地位的物质关系在观念上的表现，不过是以思想的形式表现出来的占统治地位的物质关系；因而，这就是那些使某一个阶级成为统治阶级的关系在观念上的表现，因而这也就是这个阶级的统治的思想。
>
> （《马克思恩格斯选集》，3 版，第 1 卷，178 页）

从社会意识与意识形态既有联系又有区别的关系来看，社会意识形态既有作为社会意识的一般特征，又有自己的显著特征。

第一，社会意识形态同整个社会意识一样，依赖于社会存在。社会存在决定社会意识，社会意识的内容归根到底来源于社会存在。一切社会意识都是对社会存在的反映，这是社会意识的本质。社会意识形态的多种形式，是对社会存在的多种形态的反映。社会的物质生产方式是最基本的社会存在，因而是社会意识形态的根源。包括意识形态在内的社会意识，不过是以观念体系形式反映出来的社会存在，并不是与社会存在无关的独立实体。社会意识既然是社会存在的反映，那必然要随着社会存在的变化而变化，因而是具体的和历史的，具有具体历史性的特点。马克思、恩格斯指出，“人们的观念、观点和概念，一句话，人们的意识，随着人们的生活条件、人们的社会关系、人们的社会存在的改变而改变”①。社会意识形态是历史的产物，同样具有具体历史性的特点。

第二，社会意识形态具有鲜明的阶级性。社会意识形态是随着阶级的产生而产生的，它在历史上也是随着阶级关系的演变而演变的。任何意识形态都只能是阶级的意识形态。

① 《马克思恩格斯选集》，3 版，第 1 卷，419～420 页。

在有阶级存在的社会内，超阶级的意识形态是不存在的。

强调意识形态的阶级性，并不必然地排斥科学性。意识形态性与科学性的关系是复杂的。一种意识形态是否具有科学性，取决于这种意识形态所反映的社会集团的利益是否与历史发展的客观规律和趋势相一致。一般来说，其利益与历史发展的客观规律和趋势相一致的、进步的社会集团的意识形态，是与科学性相容的；而其利益与历史发展的客观规律和趋势不相一致的、反动的社会集团的意识形态，则是与科学性不相容的。在人类历史上，无产阶级是最进步、最革命、最大公无私的阶级，因而作为其意识形态的马克思主义，也就是意识形态性与科学性高度统一的理论体系。

第三，社会意识形态同整个社会意识一样，具有相对独立性。社会意识虽然根源于社会存在并以社会存在为内容，但它却是以自身固有的观念形式，并依自身固有的观念运行的逻辑去反映社会存在的。所以，它一经产生和形成，便作为一种超越社会存在的现象和力量而存在，在它反映社会存在的同时，自成系统，具有自己特殊的发展形式和发展规律，它同社会存在的变化发展并不总是保持一致和平衡，并对社会存在和社会发展产生巨大的能动作用，从这个意义上说，它是具有独立性的。但是，这种独立性又是相对的，因为社会意识的这种独立性，是发生在对社会存在归根到底的依赖关系之中的独立性。

包括意识形态在内的社会意识具有相对独立性，主要表现在：

第一，社会意识和社会存在发展变化的不完全同步性。社会意识和社会存在之间的发展变化不一致有两种情况：第一种情况是，社会意识落后于社会存在，某一种社会思想观点，当它赖以存在的物质条件改变以后，不会立即随之消灭，还会继续存在一段时间；第二种情况是，先进的社会意识具有超前性、预见性，它能科学预见社会未来发展的趋势，从而成为人们社会实践的向导。当然，社会意识的落后与超前都是相对的，归根到底都要以社会存在的发展变化为转移。

第二，社会意识发展水平同社会经济发展水平的不平衡性。一般说来，经济发展和文化昌盛大体上是一致的。但历史上也有一些经济较为落后的国家，其社会意识的发展却比较先进。正如恩格斯所说的那样，经济落后的国家在哲学上仍然能够“演奏第一提琴”，18 世纪的法国对英国来说是如此，后来的德国对英法两国来说也是如此。但是，不论是在法国还是在德国，哲学和那个时代的文学的普遍繁荣一样，都是经济高涨的结果。这就是说，这种独立性是相对的，归根到底依赖于社会存在的发展状况。

第三，社会意识发展具有历史继承性。每一种社会意识形式都有其特殊的研究对象，在自身的发展中积累了大量的思想材料，因而都有其相对独立的历史发展线索。一定时代的社会意识，既是前一代人思想成果的继承和发展，又是下一代人思想发展的基础。社会意识的这种历史继承性也是相对的，因为对文化遗产的继承并不是无条件地原封不动地全盘接受，而是批判地继承、有取有舍，归根到底是由社会的经济基础所决定的。

第四，社会意识的各种形式之间是相互作用、相互影响的。社会意识的各种形式有自己独特的发展规律，同时它们之间又相互作用、相互影响。在各种社会意识形式中，政治思想对其他意识形态的影响最大，因为政治思想和经济基础的联系最紧密、最直接，在阶级社会里，它集中反映着一定阶级的根本利益，并力图把一定阶级的利益贯彻到其他社会意识形式之中。这也说明社会意识各种形式的相互作用归根结底是取决于社会存在的。社会意识的各种形式之间的相互作用，还表现在不同民族文化传统的相互影响上。每一个民族的文化都有其历史传统，同时也会受到其他民族文化的影响。一个民族既要继承本民族的优良传统，又要善于吸取其他民族的长处，从而使自己的民族文化有一个新的发展。

第五，社会意识对社会存在具有能动的反作用，这是社会意识相对独立性的突出表现。先进的社会意识对社会的发展起促进作用，落后的或者反动的社会意识对社会的发展起阻碍作用。先进的社会意识对社会存在反映得越准确、越深刻，越为广大群众所掌握，对社会的促进作用也就越大。腐朽落后的社会意识越是为人民群众所识破，其社会影响作用就会越小。社会意识反作用的大小，最后都取决于社会存在的状况，取决于群众掌握的程度。

社会意识及其意识形态的作用即社会功能是多方面的。就其主要方面来说，它表现为反映与创造的统一、规范与评价的统一和控制与教育的统一。这些都是社会意识对社会存在的反作用的集中体现。

第一，反映与创造的统一。列宁说过："人的意识不仅反映客观世界，并且创造客观世界。"[①] 反映世界和创造世界，即认识世界和改变世界，是社会意识及其社会意识形态的显著功能。人们在反映世界的过程中创造世界，在创造世界的过程中更深刻地反映世界，二者相辅相成、相得益彰，是人类实践活动发展的一般规律。

第二，规范与评价的统一。社会意识形态是特定阶级的精神生活的规范化，是人们的思想和行为的圭臬。社会意识形态的规范功能在于：它以其特有的各种形式，将人们各种内容、各种目的、各种方式的活动整合起来，构成社会整体活动；将人们各种性质、各种类型、各种形态的关系联结起来，构成社会整体关系；从而也将作为社会原子的个人联系和组织在一起，构成生活共同体；对于个人来说，它提供给人们一套行为模式，使个人的各种需要得到满足，是个人社会化的重要标准和条件；等等。

但是，在阶级社会中，作为特定的阶级为社会提供什么样的行为规范，这里就有一个评价问题即价值取向问题。肯定什么和否定什么，赞成什么和反对什么，归根到底总是从特定的阶级利益和需要出发的。各个阶级总是从自己的阶级利益和需要出发，选择和推行自己的规范准则，影响以至支配社会生活。从这个意义上说，社会意识形态的规范功能与评价功能又是统一的。当然，某种社会规范是好的还是坏的，对社会有益还是有害，或者说合理不合理，关键是看它是否有利于社会的进步和文明的发展，是否有利于社会生产力的发展。

第三，控制与教育的统一。人类社会与动物社会的不同，就在于人具有自觉性，人类社会能够自己控制自己。社会控制主要有两种方式和手段，一种是靠强力即暴力进行强制性的控制，一种是靠舆论宣传和思想教育进行意识形态方面的引导，即进行非强制性的控制。对社会进行强制性的控制是必要的。但是还必须有思想道德和文化方面的宣

① 《列宁全集》，中文2版，第55卷，182页，北京，人民出版社，1990。

传教育，运用意识形态进行非强制性的控制，才能真正达到控制的目的，使社会保持在秩序之内。大量的历史事实说明，这种非强制性的控制往往更有效，甚至超过强制性的控制的社会效果。在我国，有一个家喻户晓的认识，即封建纲常礼教是杀人不见血的软刀子，就充分说明了这个道理。

当然，意识形态有先进与落后之分。今天，在建设中国特色社会主义的伟大事业中，我们必须自觉地抵制和反对落后的、腐朽的封建主义和资本主义的意识形态，大力弘扬社会主义先进文化，倡导以马克思主义为指导的社会主义意识形态，积极培育和践行社会主义核心价值观，努力做到以科学的理论武装人，以正确的舆论引导人，以高尚的精神塑造人，以优秀的作品鼓舞人，增强社会主义意识形态的强大凝聚力和引领力，不断培养和造就一代又一代有理想、有道德、有文化、有纪律的社会主义新人。

社会文化结构与精神文明具有本质上的一致性，社会文化结构的演进表现为社会精神文明的发展。人们在改造客观世界的同时，主观世界也得到改造，社会的精神生产和精神生活得到发展，这方面的成果就是精神文明，它表现为科学、文化知识的发展和人的思想、道德水平的提高。精神文明中的思想道德部分是指社会的政治思想、道德面貌、社会风尚，人们的世界观、人生观、价值观以及理想信念、思想觉悟、道德情操、组织性和纪律性等方面的状况。精神文明中的科学文化部分包括社会的文化、知识、智慧状况，人们在科学、教育、文学、艺术、卫生、体育等方面的素养和达到的水平，也包括与此有关的物质设施、机构的规模与水平，如学校、卫生保健设施、文化体育活动场所、图书馆、博物馆、展览馆、宣传设施和机构、学术团体以及出版物等的数量和质量。

在精神文明的构成部分中，科学文化的发展虽然也会在不同程度上受到社会经济政治制度的制约和影响，但是它与生产力发展的关系更为密切，通常更直接地受到生产力的影响和制约，并且也以直接方式反作用于生产力的发展。而思想道德方面的精神文明，作为社会上层建筑的重要部分，直接地受到社会的经济政治制度的制约和影响，而同生产力发展之间的关系则较为间接，二者之间的联系通常要以社会经济政治制度作为中介环节。精神文明的这两个部分是相互作用、相互影响并且相互渗透的。先进的政治思想和高尚的道德情操能够保证科学文化向着有利于人类进步的方向健康发展，而发达的科学文化基础也有利于人们树立和实现先进的社会政治思想，促进人们道德素质的提高。

在人类的文明体系中，物质文明、政治文明、精神文明、社会文明、生态文明是相辅相成、辩证统一的。物质文明是精神文明的基础，政治文明规定精神文明发展的政治方向，精神文明对物质文明和政治文明具有能动的反作用，这种反作用主要体现在为物质文明和政治文明提供思想理论先导、舆论支持和思想保证，社会文明为物质文明、政治文明、精神文明、生态文明的发展提供社会条件和社群支持，生态文明为物质文明、政治文明、精神文明提供自然物质前提。总之，物质文明是基础，政治文明是保证，精神文明是灵魂，社会文明是条件，生态文明是前提。

三、 生产关系与社会的发展

人们在物质资料的生产活动和过程中，必然要与自然界打交道，运用手中的工具改造自然界，从而形成人与自然的关系，这就是生产力；同时，物质资料的生产活动一开始就是社会性的活动，面对人与自然的矛盾以及个人的软弱无力，人们必须联合起来，进行必要的社会分工和社会交往，结成一定的社会关系进行共同劳动，用群体的力量来弥补个体力量的不足，因此，在物质资料的生产过程中，人与人之间也必然要打交道，从而形成人与人之间的关系。人们在物质资料生产活动和过程中所结成的人与人之间的社会关系，就是生产关系。

1. 生产关系的构成、特征和类型

生产关系是人们在物质生产过程中形成的不以人的意志为转移的经济关系。正如马克思所指出的："为了进行生产，人们相互之间便发生一定的联系和关系；只有在这些社会联系和社会关系的范围内，才会有他们对自然界的影响，才会有生产。"① 生产关系是社会中最基本的社会关系，政治关系、法律关系、家庭关系、伦理关系、宗教关系等其他社会关系都受生产关系的制约和支配。

对于生产关系的构成，马克思和斯大林从不同的方面进行了科学的分析。马克思在《〈政治经济学批判〉导言》中，从物质资料的生产和再生产过程的角度，把生产关系分为生产、分配、交换、消费四个基本环节，认为"它们构成一个总体的各个环节，一个统一体内部的差别"②。斯大林则从静态角度分析构成生产关系的诸基本要素，把生产关系划分为三个基本方面："（一）生产资料的所有制形式；（二）由此产生的各种社会集团在生产中的地位以及他们的相互关系，或如马克思所说的，'互相交换其活动'；（三）完全以它们为转移的产品分配形式。"③

从马克思和斯大林对生产关系的分析中，我们可以看出：生产关系是在社会生产总过程的生产、分配、交换和消费四个环节中所形成的人们相互之间的关系。它包括生产资料所有制形式、人们在生产中的地位和相互关系，以及产品分配方式这三个方面的基本内容，生产关系就是这些内容所构成的有机整体。其中生产资料所有制形式是生产关系的最根本的、决定性的内容和基础。因为生产资料所有制形式贯穿于和决定着生产总过程的各个环节，决定着生产关系的其他两个方面的内容。生产资料所有制形式不同，其他方面的关系的性质也就随之不同。生产资料所有制形式决定着生产关系的本质和基本特征，同时也是人类社会发展过程中各种经济结构、经济形态的基础和主要标志。而人们在生产中的地位和相互关系，以及产品分配方式，又反过来制约和影响着生产资料所有制形式的巩固和发展，它们相互作用、不可分割。

生产关系作为一种社会关系，具有其自身的特征。

第一，生产关系形成于人类的生产实践活动之中，是人们的物质生产活动以及个体活动所借以实现的形式，实际上是人的本质力量的社会实现形式。作为生产活动和过程中的人与人的关系，生产关系不是物，"可是这些关系总是**同物结合着**，并且**作为物出现**"④。生产关系是以物的形式体现出来的人与人之间的关系。例如，资本的直接表现形

---

① 《马克思恩格斯选集》，3版，第1卷，340页。
② 《马克思恩格斯选集》，3版，第2卷，699页。
③ 《斯大林文集（1934—1952年）》，655页，北京，人民出版社，1985。
④ 《马克思恩格斯选集》，3版，第2卷，15页。

态是生产中物的要素，但它实质上是一种生产关系。所以马克思说："资本不是物，而是一定的、社会的、属于一定历史社会形态的生产关系，后者体现在一个物上，并赋予这个物以独特的社会性质。"①

第二，生产关系是生产力的社会存在形式，具有相对稳定性。在社会的生产方式中，生产关系随着生产力的发展而变化。但是，这种变化并不是同生产力亦步亦趋的，作为生产力的社会存在形式，生产关系为生产力的运动提供一个现实的空间和可能的发展余地。在基本适合生产力发展的条件下，生产关系的基本性质具有相对稳定性。所以，马克思曾经指出："无论哪一个社会形态，在它所能容纳的全部生产力发挥出来以前，是决不会灭亡的；而新的更高的生产关系，在它的物质存在条件在旧社会的胎胞里成熟以前，是决不会出现的。"②

第三，生产关系是一种客观的经济关系，具有客观性。生产关系不是人们可以任意选择的，也不是按照人们的主观意志任意构成的，而是由生产力的发展状况以及人们之间客观的、历史的地位和条件决定的，其中生产力的状况是生产关系产生、形成和发展变化的客观前提和物质基础。

人类社会经历了两种基本类型的生产关系：一种是以生产资料公有制为基础的生产关系；另一种是以生产资料私有制为基础，以人剥削人的制度为主要特征的生产关系。生产关系的表现形式是具体的、多种多样的，每一基本类型的生产关系又区分为几种不同质的生产关系。以生产资料私有制为基础的生产关系，可以区分为奴隶制生产关系、封建主义生产关系和资本主义生产关系；以生产资料公有制为基础的生产关系，可以区分为原始公有制生产关系、社会主义生产关系和共产主义高级阶段的生产关系。每一种性质的生产关系又有不同的具体形式，如社会主义生产关系有全民所有制、集体所有制等形式。

2. 生产方式的内在矛盾与社会的发展

一定生产力和生产关系的有机结合和辩证统一构成特定社会的生产方式，其中生产力是生产方式的物质内容，生产关系是生产方式的社会形式。生产方式的内在矛盾，即生产力与生产关系的矛盾运动是社会发展的根本动力，其中生产力的发展是社会发展的最终动力。

在物质资料生产方式中，生产力是矛盾的主要方面，它居于支配地位、起主要的决定性作用。首先，生产力的状况决定生产关系的性质。有什么样的生产力，就会有什么样的生产关系。历史上的各种生产关系都是适应当时的生产力状况和需要而产生的。"手推磨产生的是封建主的社会，蒸汽磨产生的是工业资本家的社会。"③ 其次，生产力的发展变化决定生产关系的变革。在物质资料生产方式中，生产力既是决定性因素，又是最活跃、最能动、最革命的因素，而生产关系则是相对稳定的。随着生产力的发展，原来的生产关系便由生产力发展的适合形式变成生产力发展的桎梏，由适合生产力的发展变成阻碍生产力的发展。"为了不致失掉文明的果实，人们在他们的交往［commerce］方

---

① 《马克思恩格斯全集》，中文2版，第46卷，922页，北京，人民出版社，2003。
② 《马克思恩格斯选集》，3版，第2卷，3页。
③ 《马克思恩格斯选集》，3版，第1卷，222页。

式不再适合于既得的生产力时，就不得不改变他们继承下来的一切社会形式。”① 因此，当生产关系不适合生产力发展状况时，人们就要变革旧的生产关系，建立新的生产关系，以适应生产力的发展。

在物质资料生产方式中，生产关系居于被支配地位，对生产力起着反作用。当生产关系适合生产力发展状况和客观要求时，它就为生产力的发展提供广阔的发展前景和空间，从而对生产力的发展起推动作用。当生产关系不适合生产力发展状况和客观要求时，就会阻碍生产力的发展。一般而言，新的生产关系总体上基本适合生产力的发展，但并不排除它的某些环节或方面不适合生产力状况而阻碍其发展；旧的生产关系总体上基本不适合生产力的发展，但也不排除它的某些环节或方面的调整和改变，能够暂时地、局部地对生产力发展有一定的刺激作用。生产关系落后于生产力会阻碍其发展，但是，由于人为的原因使某种生产关系“超越”生产力水平，这种“拔高”了的生产关系也会阻碍生产力的发展。在一定条件下，生产关系对生产力的发展的反作用尤为突出。“当着不变更生产关系，生产力就不能发展的时候，生产关系的变更就起了主要的决定的作用。”②

生产力与生产关系的相互作用表现为二者的矛盾运动。生产关系对于生产力总是从基本适合到基本不适合，再到基本适合；与此相适应，生产关系也总是从相对稳定到新旧更替，再到相对稳定。生产力和生产关系的这种矛盾运动循环往复、不断发展，推动社会生产发展，进而推动整个社会逐步走向高级阶段。

本章小结

社会是一个具有特定的结构、功能、发展规律的有机开放系统。社会的经济结构、政治结构和文化结构构成了社会的基本结构，其中经济结构是构成社会结构的基础。社会有机体的发展是自然历史过程。

社会经济结构是同生产力发展的一定阶段相适应的生产关系的总和。生产力是人类改造自然、获得物质生活资料的能力。生产关系是人们在物质生产过程中形成的不以人的意志为转移的经济关系。

社会政治结构是一定社会的政治上层建筑及其结合方式。国家政权是政治结构的核心。社会政治结构具有强制性、阶级性、相对独立性等特征。

社会文化结构是一定的思想上层建筑，是由经济上占统治地位的阶级的意识形态构成的。社会意识对社会存在具有依赖性和相对独立性。

文明是人类社会的进步程度和开化状态。生产力的发展和社会结构的演进表现为社会文明的发展。社会文明包括物质文明、政治文明、精神文明、社会文明、生态文明，其中物质文明是基础，政治文明是保证，精神文明是灵魂，社会文明是条件，生态文明是前提。

---

① 《马克思恩格斯选集》，3版，第4卷，409页。
② 《毛泽东选集》，2版，第1卷，325～326页。

生产关系是人们在物质资料生产活动和过程中形成的不以人的意志为转移的经济关系。生产关系是人的本质力量的社会实现形式，具有相对稳定性和客观性。生产力决定生产关系，生产关系反作用于生产力。生产力与生产关系的矛盾运动，推动社会生产发展，进而推动人类社会的发展。

阅读书目

1. 马克思，恩格斯．德意志意识形态（节选）．见：马克思恩格斯选集．3版．第1卷．北京：人民出版社，2012

2. 马克思．《政治经济学批判》序言．见：马克思恩格斯选集．3版．第2卷．北京：人民出版社，2012

3. 列宁．什么是“人民之友”以及他们如何攻击社会民主党人？（节选）．见：列宁选集．3版修订版．第1卷．北京：人民出版社，2012

思考题

1. 分析材料并回答问题：

材料1　人们在自己生活的社会生产中发生一定的、必然的、不以他们的意志为转移的关系，即同他们的物质生产力的一定发展阶段相适合的生产关系。这些生产关系的总和构成社会的经济结构，即有法律的和政治的上层建筑竖立其上并有一定的社会意识形式与之相适应的现实基础。物质生活的生产方式制约着整个社会生活、政治生活和精神生活的过程。不是人们的意识决定人们的存在，相反，是人们的社会存在决定人们的意识。社会的物质生产力发展到一定阶段，便同它们一直在其中运动的现存生产关系或财产关系（这只是生产关系的法律用语）发生矛盾。于是这些关系便由生产力的发展形式变成生产力的桎梏。那时社会革命的时代就到来了。随着经济基础的变更，全部庞大的上层建筑也或慢或快地发生变革。

资料来源：《马克思恩格斯选集》，3版，第2卷，2～3页。

材料2　一个民族、一个国家，如果没有自己的精神支柱，就等于没有灵魂，就会失去凝聚力和生命力。有没有高昂的民族精神，是衡量一个国家综合国力强弱的一个重要尺度。综合国力，主要是经济实力、技术实力，这种物质力量是基础，但也离不开民族精神、民族凝聚力，精神力量也是综合国力的重要组成部分。按照马克思主义的唯物辩证法观点，在一定条件下，精神可以变物质，精神的力量可以转化为物质的力量。强大的精神力量不仅可以促进物质技术力量的发展，而且可以使一定的物质技术力量发挥出更好更大的作用。中华民族有着自己的伟大民族精神。

资料来源：中共中央文献研究室：《江泽民论有中国特色社会主义（专题摘编）》，395页，北京，中央文献出版社，2002。

材料3　构建社会主义和谐社会，同建设社会主义物质文明、政治文明、精神文明是有机统一的……要通过发展社会主义社会的生产力来不断增强和谐社会建设的物质基础，通过发展社会主义民主政治来不断加强和谐社会建设的政治保障，通过发展社会主义先进文化来不断巩固和谐社会建设的精神支撑，同时又通过和谐社会建设来为社会主义物质文明、政治文明、精神文明建设创造有利的社会条件。

资料来源：《胡锦涛文选》，第2卷，286页，北京：人民出版社，2016。

材料 4 全面建成社会主义现代化强国，总的战略安排是分两步走：从二〇二〇年到二〇三五年基本实现社会主义现代化；从二〇三五年到本世纪中叶把我国建成富强民主文明和谐美丽的社会主义现代化强国。

资料来源：习近平：《高举中国特色社会主义伟大旗帜 为全面建设社会主义现代化国家而团结奋斗——在中国共产党第二十次全国代表大会上的报告》，24 页。

请回答：

（1）如何理解社会有机体的发展是一个自然历史过程？

（2）如何正确理解社会结构各层次之间的相互作用？

（3）运用社会意识一般特点的原理，说明弘扬和培育中华民族精神、提高国家文化软实力的重要意义。

（4）如何理解社会主义物质文明、政治文明、精神文明、社会文明、生态文明之间的辩证关系？为什么说构建社会主义和谐社会同建设社会主义物质文明、政治文明、精神文明、社会文明、生态文明是有机统一的？

（5）如何理解中国特色社会主义“五位一体”总体布局？

2. 如何理解生产力与生产关系的矛盾运动是人类社会发展的根本动力？

第四章
认识世界和改造世界

要点提示

- 实践是认识的基础。
- 认识的本质是主体在实践基础上对客体的能动反映。
- 认识运动是一个循环往复和无限发展的辩证过程。
- 认识世界和改造世界的真理原则与价值原则是辩证统一的。

关键词

实践　认识　能动反映　真理　价值　认识世界　改造世界

认识世界和改造世界是人类处理主体与客体关系的两种基本活动，认识世界是通过实践揭示事物的本质和发展规律，把握真理；改造世界是根据人类生存和发展的需要改变事物的现存形式，实现自己的目的和价值。认识世界不仅是为了解释世界，更重要的是为了改造世界；而要有效地改造世界，满足人们的需要，又必须正确地认识世界。二者是相互依赖、相互制约、相辅相成的辩证过程，体现了认识与实践、真理与价值、自然与社会的统一。马克思主义认识论深刻揭示了认识的本质和发展规律，为人类正确地认识世界和改造世界提供了理论基础。

一、 认识的基础和本质

揭示认识的基础是解决认识问题的前提，揭示认识的本质是解决认识问题的关键。马克思主义把实践观点作为认识论首要的和基本的观点，科学地回答了认识的本质和基础的问题，阐明了实践在认识世界和改造世界中的决定作用。

1. 认识的基础

马克思主义产生之前，不同的哲学流派对认识的基础问题有不同的解释。唯心主义先验论者认为认识的基础或者是超越现实、抽象普遍的理念，或者是来自上帝的、清晰明确的天赋观念，或者是人心中先天的良知良能。西方近代怀疑论者承认认识源于经验，但认为确定的认识对象只是经验提供的印象或观念，至于它们是否来自客观事物则超出了人类的认识能力；客观事物本身是不可知的，任何关于客观事物的判断和知识都是可疑的。旧唯物主义者认为客观事物是认识的基础，但他们把客观事物看作自在自为、始终如一、与人类活动无关的东西。

发疯的钢琴

18 世纪英国著名的主观唯心论者贝克莱认为，人类认识的对象或者是实实在在由感官印入的观念，或者是由于人心的各种情感作用而感知的观念，或者是借助记忆和想象而形成的观念。因此，人类所能知道的只是观念，观念的来源是心灵而不是事物。可感事物只能存在于观念之中，它们的存在依赖于人们的感知。所以，物质实体没有自身存在的理由，即使它存在，人们也不可能知道；而它不存在，也不影响人们对观念的认识。当时的法国唯物主义者狄德罗把贝克莱的观点比作一架发疯的钢琴，在发疯的时刻，以为自己是世界上唯一的钢琴，宇宙的全部和谐都发生在它身上。但由于旧唯物主义的局限性，他认为这种体系虽然荒谬之至，但最难驳倒。

马克思主义坚持唯物主义的可知论，认为思维与存在具有同一性，人类的思维能够认识现实世界，在关于现实世界的表象和概念中正确地反映现实。更为重要的是，马克思主义从科学的实践观点出发，驳斥了唯心主义的种种谬论，并且克服了旧唯物主义的局限，强调实践是认识的来源和认识发展的动力。

第一，就认识的内容而言，实践是人类的存在方式，是决定其他一切活动的最基本的活动，是认识的根本来源。一切知识最终都来自直接经验，人们只有亲身参加社会实践，直接接触客观对象，获得相关事物的表象，才能进一步揭示它们的本质，取得正确认识。

人的正确思想是从哪里来的？是从天上掉下来的吗？不是。是自己头脑里固有的吗？不是。人的正确思想，只能从社会实践中来，只能从社会的生产斗争、阶级斗争和科学实验这三项实践中来。

（《毛泽东文集》，第 8 卷，320 页，北京，人民出版社，1999）

社会实践的范围和形式是广泛的、多维度的、多层次的，其基本形式包括生产实践、处理社会关系的实践和科学实验。物质生产是人类最早的、最基本的实践活动，它通过人与自然之间的物质、能量和信息的交换，处理人与自然之间的关系，是人类关于物质世界的认识的主要来源。生产实践决定了人与人之间社会关系的形成和发展。处理社会关系的实践是人类关于社会的认识的主要来源。在阶级社会中，社会关系主要表现为阶级关系，处理社会关系的实践也主要表现为阶级斗争。科学实验是自觉地遵循一定的科学理论，依据严格的方法和程序，利用相关仪器和设备等手段探索和揭示客观事物的本质和规律的实践活动。它是在生产实践的基础上产生的，随着近代科学的发展成为一种独立的实践形式，并且与生产实践日益紧密地联系在一起，是人类的科学认识和理论的主要来源。实践的三种基本形式以生产实践为中心，紧密联系、相辅相成，成为人类认识的根本来源，决定了认识内容的客观性、广泛性、丰富性、多样性。

第二，就认识发展的过程而言，实践是认识发展的动力。首先，实践产生了认识的需要。人类最初的认识活动是通过为了生存而进行的物质生活资料的生产实践产生的。在认识发展过程中，一定历史阶段的具体认识活动总是围绕社会实践的特定需要展开的，科学研究也是由各个时代社会实践的发展推动的。现代科学虽然具有较大的相对独立性，但归根结底还是由经济发展和社会实践的需要决定的。实践的发展不断给人类提出新的问题，推动人类加以解决以满足实践的需要，成为认识发展的直接动力。其次，实践提供了使认识的发展成为可能的物质条件和手段。人类认识所需要的仪器、设备、工具等条件最终都来自实践，使系统的实验科学成为可能的条件也是由近代工业的巨大发展提供的。

> 如果像您所说的，技术在很大程度上依赖于科学状况，那么，科学则在更大得多的程度上依赖于技术的**状况**和**需要**。社会一旦有技术上的需要，这种需要就会比十所大学更能把科学推向前进。
>
> （《马克思恩格斯选集》，3版，第4卷，648页）

现代科学对世界的认识已经扩展到空前的广度和深度，这也是现代工业和生产实践发展的结果，离开现代工业所提供的实验条件、手段和工具，现代科学研究将成为无米之炊，不可能顺利地开展。

> 从十字军征讨以来，工业有了巨大的发展，并随之出现许多新的事实，有力学上的（纺织、钟表制造、磨坊），有化学上的（染色、冶金、酿酒），也有物理学上的（眼镜），这些事实不但提供了大量可供观察的材料，而且自身也提供了和以往完全不同的实验手段，并使**新的**工具的设计成为可能。可以说，真正系统的实验科学这时才成为可能。
>
> （《马克思恩格斯选集》，3版，第3卷，865～866页）

因此，实践决定了认识的来源及基本内容，提供了认识发展的动力，是认识的基础。认识依赖于实践，服务于实践，人类的认识问题归根结底只能通过实践来解决。

2. 认识的本质

马克思主义把实践观点引入认识论，指出人与世界的关系首先是改造与被改造的实践关系，然后在此基础上产生反映与被反映的认识关系。人在自觉能动地改造世界的过程中认识世界，认识活动是随着实践的发展而变化发展的辩证运动过程。因此，认识的本质是主体在实践基础上对客体的能动反映。主体是认识活动的发动者和执行者，其本质属性是主体性，即主体在与客体相互作用的认识过程和实践过程中形成的自主性和能动性，具体表现为实践性、自觉能动性和社会历史性。

实践性是主体最基本的特性，因为认识的主体首先是实践的主体，没有改造世界的实践活动，人便没有认识，也就不成为主体，主体的认识能力和认识对象都是在实践中形成的，实践性和主体的存在是同一的。

自觉能动性也是主体的基本特性。主体具有自觉意识，是知、情、意的统一体，知是指主体意识中的理性因素，情和意是指情感、意志、欲望、冲动等非理性因素。理性因素在主体的认识活动中发挥主导作用，非理性因素通过影响、调控理性因素参与到认识过程中，对认识活动发生作用。因此，主体的认识活动具有目的性和能动性，不仅能意识到外在的客观世界，自觉地认识和改造客体，满足主体的需要；而且能够意识到内在的精神世界，自觉地认识和改造自身，真正成为自己的主人。

主体还具有社会历史性。具体主体的认识活动和实践活动从一开始就是在一定的社会关系中进行的，受一定的社会实践条件制约，随着历史的发展而变化，因此所有主体都是具体的、历史的。具体的主体不仅同一定的客体发生相互作用，而且主体和主体之间也相互依存、相互影响，结成一定的社会关系，进行社会交往。具体主体的认识活动和实践活动受社会历史条件和其他主体的制约和影响，同时又以自身的能动活动对社会历史发展产生不同程度的影响。

笛卡儿的先验主体

17 世纪法国哲学家笛卡儿提出“我思故我在”的命题，认为“自我”是认识的主体，也是确定的实体。“自我”的本质或本性只是思想，因此“我思”是该实体的本质，“我在”是该实体的存在，“自我”是一切认识的可靠基础。笛卡儿的主体是一个纯粹的思想实体，一个脱离人类历史和社会实践的绝对的个别，它固守在“我”之中，迈不出自我。它对物质存在、世界存在的认识需要借助关于上帝存在的论证，认为上帝把关于事物本质的明确观念赋予自我，使认识得以可能。这样，笛卡儿最终要通过上帝搭起主体和客体之间的桥梁。

客体是进入主体的认识和实践领域的一切事物。客体的基本特性是客观性和对象性。客观性是客体最一般的规定性，无论主体的认识能力如何发展，无论客体在主体的作用下发生多大的变化，客观世界作为主体认识和实践活动物质前提的地位总是绝对不变的。认识客体首先必须是客观存在，然后才可能进入主体的认识和实践范围；成为认识客体之后，它仍然保持着自己内在的规定性和本质联系即独立于主体的客观实在性，按照自身的规律运动、变化、发展，而且制约着主体的能动性。唯心主义认识论的根本错误，就在于否认客体的客观实在性。

对象性是客体最本质的规定性。客体之所以成为客体，就在于它是与主体的认识活动和实践活动相联系的客观世界的一部分，是人的本质力量对象化的体现。客体是客观存在中进入主体认识和实践领域之内的部分，现实的客体都被打上人的实践活动的印记，并且受一定的社会历史条件的制约。随着社会实践的发展，客体范畴所涵盖的内容不断扩大，不可避免地具有社会历史性的特征。因此要把客体当作人的感性活动的对象，从实践、从主体方面去理解客体的对象性本质，认识的客体包括物质形式的客体、社会形式的客体和精神形式的客体三种基本类型。物质形式的客体既包括进入主体认识和实践范围的自然物，也包括人类实践改造或制造的物质产品。社会形式的客体主要包括社会的经济结构、政治结构和人与人之间的社会关系。精神形式的客体主要包括对象化的社会文化结构和其他社会意识形式。

在认识和实践过程中，特别是在科学活动中，主体对客体的认识和改造，往往要借助于一定的手段或工具，这构成认识活动的中介。主体通过一定的中介实现自己的目的和计划，认识的中介也体现了相应的活动方式和认识水平。

认识作为主体对客体的能动反映，具有两个基本特点：一是摹写性即反映性，是指认识要以客观事物为原型，形成事物的真实影像，忠实地再现事物的本来面貌。认识的摹写性强调认识反映的内容来源于客观存在，坚持认识的摹写性就是坚持认识的客观性。二是创造性即能动性，认识对客观事物不是简单直接的摹写、反映，而是一种能动的创造性活动。主体与客体之间的相互作用包含着能动与受动、创造者与被创造者的关系，主体一方面不可避免地受到客体的限定和制约，另一方面又能够以自觉能动的活动创造必要的条件，不断超越现实客体。因此主体不仅能够反映事物的现象，而且能够深入事物的本质，在揭示事物本质和规律的基础上预见事物的发展趋势；不仅能够反映现实，而且能够在科学理论的指导下构造出体现主体需要的理想客体。选择、建构、重构、虚拟等认识机制都是反映的创造性的体现，它们都建立在反映的基础上，从属于和服务于反映。

20世纪瑞士心理学家皮亚杰在他的发生认识论中提出认识的建构问题。他通过一系列实验，揭示了儿童的认识发生过程是以主体为中心的运演活动的内化和外化的“双重建构”过程。“内化建构”是指儿童主体把运演活动内化为思维的认知结构以取得知识；“外化建构”是指儿童主体运用内化的认知结构去同化客体的信息，从而取得新的知识。儿童通过这种双重建构而形成认识。皮亚杰的“建构论”对于进一步揭示认识的复杂性和辩证性具有重要参考意义。但是，他所说的运演活动并非社会实践活动，而是逻辑认知活动，他把认识中的建构机制同反映对立起来，不能全面而深刻地说明认识的来源和本质。

认识的摹写性（反映性）和创造性（能动性）在实践基础上达到内在的、有机的统一，构成认识的本质。脱离认识的摹写性而片面地强调创造性，必然导致唯心主义抽象能动性的错误；忽视认识的创造性而片面地强调摹写性，就会犯旧唯物主义消极直观反映论的错误。

二、 认识的辩证运动过程

马克思主义把辩证法贯彻于反映论，认为主体和客体的相互作用是通过主体客体化和客体主体化的双向运动实现的。主体客体化是指主体的体力、智力等本质力量通过改造世界的活动向客体转化，按照自己的目的和需要改造原有的事物或创造出自然界原来没有的对象物。客体主体化是指在改造世界的活动中，客体的本质和规律性被主体所把握，转化为主体的认识内容，提高了主体的认识能力。因此，认识活动是主体和客体的矛盾充分展开的辩证运动过程，包括从感性认识到理性认识，再从理性认识到实践的两次飞跃，以及实践、认识、再实践、再认识，循环往复以至无穷的认识发展总过程。

1. 从感性认识到理性认识

认识的辩证运动过程包括从实践到认识和从认识到实践两个基本环节，首先要经过感性认识和理性认识两个阶段，实现从感性认识到理性认识的飞跃。

感性认识是主体对于事物的现象、事物的表面和外部联系的认识。感性认识来源于主体的直接经验，而直接经验是改造世界的实践的产物。主体只有通过实践使自己的感觉器官直接同客体相接触，才能使客体的各种现象反映到头脑中来，形成一定的直接经验。感性认识包括感觉、知觉和表象三种形式。感觉是主体的感觉器官对客体的个别属性和特征的直接反映。知觉是在感觉基础上形成的对客体属性和特征的整体印象。表象是对过去感觉和知觉的回忆、再现或重组。感性认识是认识的初级阶段，具有直接性、形象性的特点，用具体生动的形象直接反映客观事物，它需要上升到理性认识才能揭示事物的本质。

理性认识是主体对于事物的全体、事物的本质和内部联系的认识。理性认识具有间接性和抽象性的特点，包括概念、判断、推理三种形式。概念是对同类事物的共性和本质属性的概括，是最基本的理性认识形式。判断是对事物之间的内在联系的反映，在形式上表现为概念与概念之间的联系。推理是运用逻辑方法，由事物之间已知的联系推导出未知的联系，在形式上表现为判断与判断之间的关系。概念、判断和推理不是相互孤立的，可以合乎逻辑地有机联系在一起，形成完整的体系，这就是理论。理论是主体通过观念概括地反映和把握客体的系统形式，它把事物的全体、本质和内部联系在思维中全面地再现出来，是理性认识的高级形式，正确的理论对实践发挥着重要的指导作用。

感性认识和理性认识是认识过程中的两个不同阶段和形式，但二者不是互相分离的，而是在实践基础上辩证统一的。首先，理性认识依赖于感性认识，必须以感性认识为基础，对通过实践获得的丰富可靠的感性材料进行抽象才能形成。其次，感性认识必须上升到理性认识，才能把握事物的本质和规律，满足实践的需要。最后，在具体的认识过程中，感性认识和理性认识交织在一起，相互渗透、相互包含、相互制约，不存在纯粹的、孤立的感性认识和理性认识。总之，认识开始于感觉经验，理性认识依赖于感性认识，这是认识论的唯物论；感性认识有待于深化为理性认识，认识的感性阶段有待于发展到理性阶段，这是认识论的辩证法。如果割裂二者的辩证统一关系，就会走向否认感性认识的可靠性、只相信理性认识的唯理论，或者否认理性认识的可能性、只相信感觉经验的经验论，在实际工作中就会犯教条主义或经验主义的错误。

> 要完全地反映整个的事物，反映事物的本质，反映事物的内部规律性，就必须经过思考作用，将丰富的感觉材料加以去粗取精、去伪存真、由此及彼、由表及里的改造制作工夫，造成概念和理论的系统，就必须从感性认识跃进到理性认识。
>
> （《毛泽东选集》，2版，第1卷，291页）

从感性认识到理性认识的上升或者飞跃是认识矛盾发展的内在要求和必然结果。要实现这一飞跃，必须具备两个基本条件：一是在实践基础上获取十分丰富和合乎实际的感性材料，这是实现由感性认识到理性认识飞跃的基础。二是经过理性思考，将丰富的感性材料加以去粗取精、去伪存真、由此及彼、由表及里的改造，上升为理性认识，这是实现飞跃的关键。

在从感性认识到理性认识的飞跃过程中，人的抽象思维活动和归纳与演绎、分析与综合、抽象与具体等逻辑思维方法发挥了重要的作用。归纳是从个别性事实上升到一般性结论的思维方法，对经验材料的整理和研究具有重要作用。演绎是从一般性原则推导出个别结论的思维方法，在构造科学理论的理论思维中具有重要作用。归纳和演绎相互依赖、相互补充，从感性认识中概括出事物的共性和本质属性。

分析是在思维中把对象的整体分解为各个部分、方面、要素以便分别加以研究的思维方法。综合是在分析的基础上，把对象的各个部分、方面、要素按其内在联系有机地结合成统一整体的思维方法。分析是综合的基础，综合是分析的完成，二者辩证结合在一起，构成完整的、科学的认识。

抽象与具体是辩证思维的高级形式。抽象是通过思维抽取出对象的必然的、本质的因素，而暂时舍弃其他属性和因素的思维方法。具体有两重含义：一是感性的具体，是人通过感觉器官获得的具体而生动的感觉材料；二是思维的具体，是通过思维把反映事物本质的多种规定性综合起来，形成对事物的全面而总体的认识。人们的认识是从感性的具体出发，经过抽象活动获得抽象规定，又从抽象规定上升到思维的具体，形成对事物整体的、本质的认识。

丰富和合乎实际的感性材料为实现向理性认识的飞跃提供了可能性，但感性材料往往是精粗混杂、真伪并存、表里未辨的，主体运用科学的思维方法对感性材料的改造和加工使这种飞跃成为现实。“去粗取精”“去伪存真”就是归纳、分析、从具体到抽象的过程，“由此及彼”“由表及里”就是演绎、综合、从抽象到具体的过程，因此，理论思维和科学方法对提高主体的理性认识能力非常重要。

18世纪的德国哲学家康德认为人的认识来源于经验，一切知识都始于感觉，但感官不能思维，只能提供杂多、混乱、无序的感觉材料，必须经过人类先天具有的普遍必然的直观形式——时间和空间才能形成现象；人的理智也不能感知，但可以运用先天具有的范畴整理感性认识提供的现象形成普遍必然的知识。他割裂了感性认识和理性认识的内在统一性，认为感性认识不可能发展为理性认识，只能由两者外在结合才能形成科学知识。

2. 从理性认识到实践

通过从感性认识到理性认识的飞跃，人们的认识从生动的直观上升到抽象的思维，获得理论性的认识成果，但认识过程还没有完成。认识的能动作用不仅在于从感性认识到理性认识的飞跃，更重要的在于从理性认识到实践的飞跃，需要从理性认识再回到实践中去，和实践相结合。理性认识向实践飞跃的主要原因在于：

首先，理性认识结果的正确性、可靠性不能依赖理性和精神活动本身来证明，只有将获得的理性认识运用到实践中去，才能检验其正确与否，才能纠正、推翻错误的认识，补充、丰富正确的认识，推动科学认识的发展。否则，对事物的认识过程就没有最终完成。

对这些以及其他一切哲学上的怪论的最令人信服的驳斥是实践，即实验和工业。既然我们自己能够制造出某一自然过程，按照它的条件把它生产出来，并使它为我们的目的服务，从而证明我们对这一过程的理解是正确的，那么康德的不可捉摸的“自在之物”就完结了。

（《马克思恩格斯选集》，3版，第4卷，232页）

其次，认识世界归根到底是为了能动地改造世界，理性认识只有回到实践中去，发挥指导实践的作用，为群众所掌握，才会变成巨大的物质力量，真正实现对客观世界的改造。因此，从理性认识到实践的飞跃，既是理论指导实践的过程，也是在实践中检验和发展理论的过程，这个飞跃比第一个飞跃意义更重大。

格竹致知

明代著名思想家王阳明年轻时熟读儒家经典，为了体会《大学》里所讲的“格物致知”的道理，决定以庭院中所种的竹子为对象观察和思维，揭示竹子里蕴藏的道理。他和一位朋友坐在竹子前的亭子里，全神贯注地体会关于竹子的道理。到了第三天，他的朋友累得病倒了，王阳明依然坚持静坐格竹。到了第七天，他也病倒了，但关于竹子的道理还是一无所获。后来王阳明总结教训，提出了“知行合一”的观点。虽然他所谓的“行”是以先验良知为基础的道德行为，但也从一个侧面说明理性认识脱离了实践是空洞无物的。

实现由理论向实践的飞跃需要一定的条件：首先，要坚持一切从实际出发、理论和实践相结合的原则。从实际出发需要有正确的理论指导，否则可能会陷入片面性、表面性和盲目性；而理论只有深入实际，才能获得生命，不断丰富和发展，如果脱离实际就会成为空中楼阁。其次，要尊重群众、依靠群众，使理论能够说服群众，被群众理解和掌握，转化成强大的物质力量。最后，要善于运用正确的方法或程序，借助科学的手段和工具，实现从精神活动向物质活动的转化。

3. 认识辩证运动的总过程

从理论上说，经过从实践向认识和从认识向实践两次飞跃，获得对客体基本正确的认识，一个具体的认识过程就相对完成了。但在实际认识活动中，人们对事物的认识往往要经过多次反复，并且对同一个对象的认识完全有可能在反复的过程中不断提高，这就是认识的反复性、无限性和上升性。造成这种现象的原因在于：在客观上，物质世界及其发展是无限的，客观事物的表现是多方面的；在主观上，人的认识能力要受客观条件和具体的实践水平的制约。实践的发展推动认识手段的不断改进和认识范围的不断扩大，需要经过实践和认识的多次反复才能达到对客体全面深入的认识，对于复杂事物或过程的认识尤其如此。客观世界的运动变化是永恒的，人类的认识运动也是无限发展、永无止境的。从实践到认识，再从认识到实践，如此实践、认识、再实践、再认识，循环往复以至无穷，一步步地深化和提高，这就是认识辩证运动的总过程。

> 从感性认识而能动地发展到理性认识，又从理性认识而能动地指导革命实践，改造主观世界和客观世界。实践、认识、再实践、再认识，这种形式，循环往复以至无穷，而实践和认识之每一循环的内容，都比较地进到了高一级的程度。这就是辩证唯物论的全部认识论，这就是辩证唯物论的知行统一观。
>
> （《毛泽东选集》，2版，第1卷，296～297页）

认识的辩证运动过程是主体与客体、认识与实践的内在矛盾充分展开的结果，在形式上表现为认识和实践的反复循环。但这种循环不是简单的封闭式循环，因为在内容上，每一循环相比前一循环都发展到了高一级的阶段。每一次再认识和再实践仿佛是向原来出发点的回复，但这是在更高阶段的回复，是扬弃的结果，是联系和发展的环节。它使认识运动呈现出周期性，上一个周期和下一个周期的无限交替，表现为一个无限地近似于一串圆圈的螺旋式上升、曲折前进的发展过程。认识的辩证运动过程是辩证法的普遍规律在人的思维和认识活动中的体现，落实到实际工作中就是无产阶级政党的“从群众中来，到群众中去”的群众路线。马克思主义对认识的本质及辩证运动过程的揭示，充分体现了唯物主义辩证法、认识论和历史观的统一。毛泽东思想、中国特色社会主义理论体系、习近平新时代中国特色社会主义思想都是中国共产党坚持马克思主义认识路线，将马克思主义基本原理与中国革命和建设实践相结合形成的科学成果。

人工智能（Artificial Intelligence）的发展显示出人类认识能力无限上升的可能性。人工智能是一种研究和开发用于模拟、延伸和扩展人的智能的理论、方法及应用系统的技术科学。1956 年美国达特茅斯电脑大会正式确立了人工智能研究领域。1958 年麻省理工学院发明了一种人工智能语言。1969 年斯坦福大学研制出一种集运动、理解和解决问题能力于一身的机器人。1997 年国际商业机器公司制造的电脑“深蓝”击败国际象棋冠军加里·卡斯帕罗夫。2016 年 3 月人工智能程序“阿尔法狗”（AlphaGo）挑战韩国围棋九段棋手李世石，最终以总比分 4 比 1 战胜李世石，展现了人工智能的强大功能。

三、 真理及其与价值的关系

认识是主体在实践中能动地反映客观对象的过程。认识最终是为了改造世界，满足人类生存和发展的需要，创造一定的价值。为了实现改造世界的目的，首先需要通过认识活动获得真理以指导实践。真理与价值统一于人类的实践活动，是认识世界和改造世界的两个基本原则。

1. 认识世界与改造世界的真理原则

人们认识世界是为了获得真理。真理是标志主观与客观相符合的范畴，是人们对客观事物及其规律的正确认识。如果在认识世界的过程中违背客观实际及其规律，就会产生谬误，在改造世界的活动中就会出现失误。因此，追求真理、坚持真理是人类认识和实践活动必须遵循的基本原则，是由真理的属性和真理的检验标准决定的。

第一，真理的属性。就真理的存在本身而言，真理具有客观性，这是真理问题上的唯物论；就真理的发展过程而言，真理又具有绝对性和相对性，这是真理问题上的辩证法。

客观性是真理的本质属性，真理客观性的主要依据在于：虽然真理的表现形式是主观的，但它包含着不以人的意志为转移的客观内容。因为真理所反映的对象是客观的，真理最根本的特征是正确揭示客观事物的本质和规律，与客观事物及其发展规律相符合。真理的客观性决定了真理的一元性，就某个特定的认识对象和问题而言，真理只有一个，即与认识对象的本质和规律相一致的认识，它不因主体的认识角度和方法等方面的差异和变化而改变。

真理的客观性原理是唯物主义从物到感觉和思想的认识路线在真理问题上的贯彻。它坚持世界的物质统一性原则和唯物主义反映论的立场，强调人们的思维能够认识现实世界，能够在关于现实世界的表象和概念中正确地反映现实，与客观对象符合、一致，从而把握真理。坚持真理的客观性原则，既要避免把真理内容的客观性等同于客观对象的实在性的机械论，又要反对否认客观真理的唯心主义主观真理论。

克尔恺郭尔的主观真理论

19世纪丹麦哲学家、存在主义哲学的先驱克尔恺郭尔认为：人生真正重要的问题是如何成为一个存在的个人，即自我参与、自我选择、自我实现自己生活过程的人。这个问题不可能被思想和理性解决，只能通过人的自由选择和信仰解决。自由选择是置身于一些极端的心理状态和主观体验中的选择，不是根据理性或道德的准则做出的，而是主观的、不确定的。信仰是个人与上帝的直接交往，是充满悖论的非理性的主观体验，但这些主观体验是解决认识问题的根本途径，它们就是真理，因此，真理都是主观的。这是一种否定真理客观性的典型的主观真理论。

真理的绝对性或绝对真理是指真理的无条件性、无限性。首先，任何真理都标志着主观与客观的符合，都包含着与客观对象一致的客观内容，与谬误有本质的差别和原则的界限，这一点是绝对的、无条件的。在这个意义上，真理的客观性就是它的绝对性。其次，世界是可知的，人类的认识能力有无限发展的可能性，能够正确认识无限发展着的物质世界，认识的每一次进步，都是对无限发展着的物质世界的接近，这一点也是绝对的、无条件的。

真理的相对性或相对真理是指真理的条件性、有限性。首先，客观世界是无限的，人类对事物的客观过程及发展规律的认识受人类实践水平和认识能力的制约，只能是对无限的物质世界的某一方面、某一层次及发展的某一阶段、某一环节的认识，因此，真理所反映的对象的广度是有条件的、有限的。其次，真理对特定事物或对象反映的深度也是有条件的、有限的，只是对该对象一定方面、一定程度、一定层次的正确反映，在认识的深刻程度和精确程度上都是有限的或者是近似性的，对认识对象的反映只能是相对正确的。最后，在绝对的总的宇宙发展过程中，各个具体过程的发展都是相对的，真理是人们对于宇宙一定发展阶段的具体过程的认识，因此具有相对性。

绝对真理和相对真理不是两种真理，而是同一真理的两种不同属性，是辩证统一的。首先，绝对真理和相对真理相互渗透和相互包含。相对真理之中包含着绝对真理的因素，绝对真理通过相对真理表现出来。任何真理性的认识都是在一定条件下、一定范围内和一定程度上对特定对象的认识，所以是相对的、有条件的；但在这种条件和限度内，真理对客观事物的本质和规律的反映是客观真实、确定无疑的，主观和客观的符合与一致是绝对的、无条件的。其次，从真理的发展来看，相对真理和绝对真理又是相互转化的。真理是人的认识无限地接近客观世界的历史发展过程，人类对绝对真理的追求和探索是无止境的。人们通过实践活动和科学实验，不断突破既有条件的限制，达到对客观事物更加全面和深刻的认识，接近绝对真理。无数相对真理的总和构成绝对真理。人类已经发现的每一个真理，都是由相对真理向绝对真理转化的一个中间环节，真理永远处在由相对向绝对的转化和发展中，是一个具体的历史的过程。

正确理解和把握真理的绝对性和相对性的辩证关系，对于我们正确对待马克思主义基本原理具有重要意义。马克思主义基本原理揭示了自然、社会和思维的本质及发展的普遍规律，并被自然科学和社会实践的发展所证实，是具有绝对性的真理；但是马克思主义基本原理不是一个穷尽人类所有知识的封闭体系，而是科学的世界观和方法论，随着人类历史的发展，它的某些结论又具有相对性。马克思主义基本原理本身就是绝对真理和相对真理的辩证统一，在实际工作中坚持和发展马克思主义基本原理必须采取科学的态度，一方面要避免忽视真理相对性的绝对主义和教条主义，另一方面要反对否定真理绝对性的相对主义和虚无主义。

第二，真理的检验标准。真理作为主体对客体的本质及发展规律的正确反映，它的本性在于主观和客观的符合与一致。所以，判断一种认识是不是真理，既不能单纯依靠主观的感觉、愿望或理论、逻辑，也不能单纯依靠客观事物。因为感性认识和理性认识都超不出主观的范围，不能检验自身的真理性，而纯粹自在的客观事物无法检验认识。只有实践才能把主观和客观联系起来加以比较，检验主观认识同客观实际是否相符合及其符合的程度。实践是沟通主观与客观的桥梁，也是检验真理的唯一标准。

实践能够成为检验真理的标准，主要在于它具有直接现实性的特点。实践作为主体改造世界的对象性活动，一方面与主观世界相关，是人们有意识、有目的的活动；另一方面又能够将人的本质力量通过物质工具和手段作用于客观世界，对象化为现实的成果，使主观见之于客观。这样，就可以把认识指导下获得的实践成果放到客观世界里进行考察和比较，从而验证认识是否具有真理性。所以，实践的直接现实性的特点是它成为检验真理标准的主要依据。

> 人的思维是否具有客观的［gegenständliche］真理性，这不是一个理论的问题，而是一个**实践的**问题。人应该在实践中证明自己思维的真理性，即自己思维的现实性和力量，自己思维的此岸性。关于思维——离开实践的思维——的现实性或非现实性的争论，是一个纯粹**经院哲学的**问题。
>
> （《马克思恩格斯选集》，3版，第1卷，134页）

实践是检验真理的唯一标准，除了实践再没有另外的标准。一方面，只有能够经得起实践的检验、被实践证实的、与客观对象的本质和规律相符合的认识才是真理，实践最终一定能鉴别出认识的真理性，这就是实践标准的绝对性和确定性。另一方面，实践对真理的检验是一个具体的、历史的过程，人们在实践中不断地发现真理，又通过实践检验自己认识的真理性，不断地证实真理和发展真理，这个过程是永恒发展的。具体的实践活动总要受社会历史条件的制约，因而对于真理的检验都具有一定的局限性，往往不能够一次完成，这就造成实践标准的相对性和不确定性。而实践一定能够在发展中不断突破这种局限性和不确定性，最终确定无疑地检验认识的真理性。

在实践检验真理的过程中，逻辑证明可以起到重要的补充作用。逻辑思维能够通过反思、抽象和概括活动，从具体的实践经验中发现普遍规律，揭示实践检验真理的理论依据，并给检验理论的特定实践提供理论指导，实现理论与实践的结合。但是逻辑证明不能代替实践标准，必须在实践检验的基础上进行，因为逻辑证明所使用的基本概念、原理、方法都是在实践中形成的，也需要经过实践的检验，并且在实践中不断丰富和发展，逻辑证明必须服从实践检验的最后结果。

1978年5月11日，《光明日报》以“本报特约评论员”的名义发表《实践是检验真理的唯一标准》一文，重申马克思主义实践观的基本原则，批判“两个凡是”错误观点。强调检验真理的标准不能到主观领域内去寻找，只能依靠社会实践。任何思想、理论即使已经在一定的实践阶段上证明是真理，在其发展过程中仍然要接受新的实践的检验而得到补充、丰富或纠正。1978年5月12日，《人民日报》《解放军报》《解放日报》《新华日报》等重要报刊全文转载该文，在全国引起强烈反响，揭开了真理标准问题讨论的序幕。

2. 认识世界与改造世界的价值原则

人类在认识世界和改造世界的过程中，不但要追求和服从真理，还要根据自己的需要去创造和实现价值，遵循价值原则。这里的价值范畴是揭示客体满足主体需要或主体需要被客体满足程度的关系范畴，它表现了客体的特定属性对于主体需要的意义。主体需要与客体之间的关系本质上是一种实践关系，主体首先必须通过积极的实践活动才能获得一定的外界物，从而满足生存与发展的需要。

马克思著作中的价值概念大多是在政治经济学研究中出现的，他在写于1879—1880年的遗稿《评阿·瓦格纳的“政治经济学教科书”》中揭示了价值概念的普遍意义，指出：**“价值”**这个普遍的概念是从人们对待满足他们需要的外界物的关系中产生的，因而，这也是**“价值”的种概念**，而价值的其他一切形态，如化学元素的原子价，只不过是这个概念的属概念。

（《马克思恩格斯全集》，中文1版，第19卷，406页，北京，人民出版社，1963）

第一，价值的基本属性。价值是在主体的需要和客体的特定属性之间发生的，价值存在的特点决定了它的基本属性是客观性、主体性和社会历史性。

价值的产生虽然与主体的需要有关，但必须以客体及其所具有的属性为现实基础。需要虽然形式上是主观的，但其内容是客观的，是对客体的存在及其有用属性的反映。需要的产生和内容不是主观随意的，而是具体的、历史的，处于变化和发展之中，受社会历史条件的制约；满足主体需要的对象的性质、属性具有客观性，需要的满足也不是由人们的主观愿望决定的，而是受客观物质条件和实践水平制约的。有些需要受具体条件限制暂时无法满足，最终要通过实践的发展才能实现，这一过程也是客观的。因此，离开了客观性，主体的需要就会成为幻想，价值就会成为空中楼阁。

价值作为人类活动特有的现象直接与主体相关，主体性是价值的特质。客观事物的属性只是形成价值的物质基础，但它本身还不是价值，只有当人发现和利用这种有用属性时，客观事物才成为价值客体。价值关系是以主体在历史发展中所形成的客观需要为基准的，主体的现实需要是衡量某物是否具有价值和价值大小的内在尺度。客体趋向主体，以主体为中心，因此，主客体之间的价值关系不是一种自然的、现成的关系，也不是一种偶然的关系，而是主体在实践基础上确立的一种创造性关系。事物具有多种多样的属性，但它们不会自动满足主体的需要，主体只有通过实践才能发现客体的潜在价值和掌握客体的方式，最终改造客体，满足自己的需要。价值实现的过程贯穿着主体的创造性活动，世间一切有价值的东西几乎都是主体创造的，主体投入的劳动越多，其价值也就越大，主体的创造性是价值主体性的鲜明体现。

价值关系的主体具有社会历史性，这决定了价值的社会历史性特点。价值具有因人而异的性质，同一客体对于不同主体的价值是不同的，只有满足社会大多数人的需要的客体才是最有价值的。主体价值需要的产生、内容和满足的方式、程度都是变化发展的，具有多维性和时效性。主体对客体的价值属性的发现、创造和利用是变化发展的，作为价值形成和实现的基础的社会实践也是变化发展的，因此价值并不是永恒不变的东西，而是随着人类认识世界和改造世界的活动而发展变化的。

价值的客观性和主体性是辩证统一的。价值的客观性强调主体需要与客体属性之间的客观关系是价值实现的前提和基础，价值的主体性强调主体的创造性活动对价值实现的特殊作用。二者统一于实践，实践是主体需要和客体属性统一的现实基础，也是确立人的主体地位并使客体趋向主体的根本动力。

人类对价值现象的深入思考很早就出现了，古希腊哲学家亚里士多德在其伦理学中探讨人们的经济交往（买卖、高利贷、抵押、借贷、出租等）和财物分配中的公正原则时，已涉及商品的价值问题。近代以来，价值概念随着政治经济学的发展成为一个基本的经济学范畴。作为哲学范畴的价值在德国古典哲学中已经出现，但并未形成系统的价值学说。19 世纪末，德国哲学家洛采指出，自然科学不能把握人生与人心的问题，这需要价值哲学来解决。他的学生文德尔班提出，价值问题是哲学研究的独特对象，哲学只有作为普遍有效的价值的科学才能继续存在，由此创立了现代价值哲学。

第二，价值认识与价值观。人们对价值现象的把握是通过一种不同于认知活动的评价性认识实现的，评价是价值认识的特殊形式。价值评价是把主体自身需要的内在尺度引进认识中，对主客体之间的价值关系做出的评判。评价也是一种反映活动，但它与认知活动在反映的对象、形式和目的等方面都有着质的区别。认知活动着眼于客体的属性、结构、本质和规律，以客体的物的尺度为标准，寻求事实性的认识，通过对象“是什么”“怎么样”的形式来表达。而评价着眼于主客体之间的效用关系，以主体需要的内在尺度为标准，寻求应然性的认识，往往以对象“有何用”“应怎样”的形式来表达。

获得科学的合理的价值认识需要两个基本条件：第一，主体要对客体的实际情况有正确的认识。通过分析考察，对客体的属性、功能、规律取得全面正确的认识，这是形成正确评价的基础和前提。第二，主体还要对自身的需要有正确的认识。主体的需要并不都是正当的、合理的或合乎实际的，有些需要有利于某些个人或集团，但却损害大多数人或人类的长远利益。那些既有利于社会和人类主体的生存和发展，又对个人和群体有意义的需要才是正确合理的需要。由于人民群众的需要和利益从根本上代表着人类主体的需要和利益，与历史发展的基本要求或趋势相一致，所以人民群众的根本利益是确定主体需要的最高尺度，也是进行价值评价的最高标准。

价值评价依赖于人们对主体和客体的本质、规律及其相互关系的正确认识，它不是一种主观随意性的认识活动，只有正确反映了价值关系的评价才是正确的。评价性的认识与认知性的认识一样，都是由人类改造客观世界的需要产生的，最终都是为取得实践成功的目的服务的，实践是检验评价结果的根本标准。同时，价值评价也对实践发挥激励、制约和导向作用，引导人们的实践活动避免盲目性和随意性，朝着更深入、全面、充分地满足物质和精神文化需要的方向发展。

价值观是理论化、系统化的价值认识，是一定时代和社会条件下人们关于价值评价原则、评价标准和评价方法的观念体系。正确的价值观反映了人民群众的需要，体现了历史发展和社会进步的要求，是推动人们不断创造积极价值的强大精神力量。在中国特色社会主义建设中，以“富强、民主、文明、和谐、自由、平等、公正、法治、爱国、敬业、诚信、友善”为主要内容的社会主义核心价值观是全国各族人民团结奋斗的思想基础和中华民族伟大复兴的精神动力。党的十九大强调，社会主义核心价值观是当代中国精神的集中体现，凝结着全体人民共同的价值追求。要以培养担当民族复兴大任的时代新人为着眼点，强化教育引导、实践养成、制度保障，发挥社会主义核心价值观对国民教育、精神文明创建、精神文化产品创作生产传播的引领作用，把社会主义核心价值观融入社会发展各方面，转化为人们的情感认同和行为习惯。党的二十大强调，坚持和发展马克思主义，必须同中华优秀传统文化相结合。只有植根本国、本民族历史文化沃土，马克思主义真理之树才能根深叶茂。中华优秀传统文化源远流长、博大精深，是中华文明的智慧结晶，其中蕴含的天下为公、民为邦本、为政以德、革故鼎新、任人唯贤、天人合一、自强不息、厚德载物、讲信修睦、亲仁善邻等，是中国人民在长期生产生活中积累的宇宙观、天下观、社会观、道德观的重要体现，同科学社会主义价值观主张具有高度契合性。我们必须坚定历史自信、文化自信，坚持古为今用、推陈出新，把马克思主义思想精髓同中华优秀传统文化精华贯通起来、同人民群众日用而不觉的共同价值观念融通起来，不断赋予科学理论鲜明的中国特色，不断夯实马克思主义中国化时代化的历史基础和群众基础，让马克思主义在中国牢牢扎根。

3. 真理原则与价值原则的辩证关系

人类在认识世界和改造世界的过程中既要追求真理，又要创造和实现价值，真理原则和价值原则是人类活动的两个普遍原则，二者既有区别又辩证统一，成为人类活动必须遵循的准则。

真理原则和价值原则的区别和差异体现在：第一，真理原则侧重于客体尺度或外在尺度，强调按客体的本性和规律去行动，避免主观随意性；而价值原则侧重于主体尺度或内在尺度，强调根据主体的利益和需要行动，不做徒劳无益和有害生存与发展的事情。第二，真理原则是人类活动的条件性原则，表明人的活动中的客观制约性，人们对客观真理的认识和掌握受客观条件与实践水平的制约；价值原则是人类活动的目的性原则，表明人的活动中的主观意图和目的。第三，真理原则是人类活动的统一性原则，任何活动都必须服从客观规律，否则就会在实践中失败。价值原则是人类活动中的多样化原则，价值主体及其需要是多样的、变化的，价值目标和价值关系也是多样的、变化的，不是单一的、固定不变的。真理原则和价值原则之间的区别和差异会给人类追求真理和创造价值的活动带来矛盾，而这种矛盾的解决又会推动人类认识世界和改造世界能力的发展。

克隆（clone）技术是一种通过无性生殖产生与原个体具有完全相同基因组织的后代的生物技术。1996 年 7 月，英国科学家用一个成年羊的体细胞成功克隆出一只与供体基因完全相同的小羊“多利”。2013 年 5 月，美国科学家使用克隆技术成功制造出人类干细胞。少数科学家和科学组织试图进行克隆人的实验。但克隆人技术可能给人类的婚姻家庭关系、道德法律观念、宗教信仰等带来严重冲击，世界大多数国家对此采取明令禁止或者严加限制的态度。

真理原则和价值原则从根本上又是统一的，主要体现在：第一，真理和价值相互贯通。真理和价值互为前提，追求真理是为了创造价值，首先要解决认识活动有无价值的问题，避免研究毫无价值的东西。创造价值又必须以掌握真理为前提，以对客观对象的真理性认识为基础，否则就不能形成正确的价值目标，不会有成功的实践。第二，真理和价值在发展中相互引导。一方面，真理的发现和运用必然创造新的价值。真理的发展影响价值发展的方向和程度，引导人们提出新的价值追求，人们获得的真理越多，提出的价值目标就会越多。价值的实现有赖于对相关真理的把握，真理的发展水平制约着价值实现的程度。另一方面，价值目标的确立引导人们加强科学研究，以便更好地认识和掌握真理，价值追求的指向规定真理探索的指向，价值在实践中被实现的状况也影响检验真理的过程。第三，真理原则与价值原则都体现了主观与客观相符合的原则，也就是实事求是的原则。实践既是检验真理的标准，也是检验价值的标准，而且是真理和价值统一的标准。任何成功的实践都必须既遵循真理原则，又符合价值原则，并将二者有机地统一起来，真理和价值统一于实践活动之中。实践总是具体的、历史的，真理和价值的统一也是具体的、历史的。

> 继续推进实践基础上的理论创新，首先要把握好新时代中国特色社会主义思想的世界观和方法论，坚持好、运用好贯穿其中的立场观点方法。
>
> （习近平：《高举中国特色社会主义伟大旗帜 为全面建设社会主义现代化国家而团结奋斗——在中国共产党第二十次全国代表大会上的报告》，18～19 页）

真理原则和价值原则的辩证统一在实践中体现为科学精神和人文精神的统一。在认识世界和改造世界的活动中，一方面要坚持以科学的实事求是精神揭示客观事物的本质和规律，指导实践活动；另一方面要把人民的利益看作一切认识和实践活动的出发点，坚持“以人民为中心”的原则，正确处理人与自然的关系，实现和谐发展。中国共产党科学总结中国特色社会主义建设过程中正反两方面的经验，确立了“五位一体”总体布局，把生态文明建设纳入中国特色社会主义事业。党的十九大强调坚持人与自然和谐共生的原则，把建设生态文明看作中华民族永续发展的千年大计，要求像对待生命一样对待生态环境。树立和践行绿水青山就是金山银山的理念，坚持节约资源和保护环境的基本国策，统筹山水林田湖草系统治理，实行最严格的生态环境保护制度，形成绿色发展方式和生活方式。坚定走生产发展、生活富裕、生态良好的文明发展道路，实现建设美丽中国的目标。为人民创造良好生产生活环境，为全球生态安全做出贡献。党的二十大进一步强调：中国式现代化是人与自然和谐共生的现代化。人与自然是生命共同体，无止境地向自然索取甚至破坏自然必然会遭到大自然的报复。我们坚持可持续发展，坚持节约优先、保护优先、自然恢复为主的方针，像保护眼睛一样保护自然和生态环境，坚定不移走生产发展、生活富裕、生态良好的文明发展道路，实现中华民族永续发展。

在实践基础上实现真理与价值的具体的、历史的统一是马克思主义认识世界和改造世界的基本原则。建设中国特色社会主义的伟大实践决定了对社会主义发展规律的真理性认识和社会主义价值目标的实现都是具体地、历史地发展着的。我们必须坚持马克思主义科学性与革命性的统一、实事求是与解放思想的统一、坚持真理与向人民负责的统一，夺取新时代中国特色社会主义伟大胜利，实现中华民族伟大复兴。

本章小结

马克思主义把实践观点引入认识论，把辩证法贯彻于反映论，创立了以实践为基础的能动的反映论，为人类认识世界和改造世界提供了理论基础。马克思主义认识论认为，实践是认识的基础，认识的本质是主体在实践基础上对客体的能动反映，是认识的摹写性（反映性）和创造性（能动性）的辩证统一。

人类的认识活动是无限发展、永无止境的辩证运动过程，要经历从感性认识到理性认识，再从理性认识到实践两次飞跃。对于复杂事物和过程的认识往往要经过从实践到认识，再从认识到实践的多次反复才能完成，表现为实践、认识、再实践、再认识的无限循环和由低级向高级不断上升的永无止境的发展运动。

人类在认识世界和改造世界的过程中，一方面必须与客观实际及其规律相符合，追求和把握真理；另一方面必须根据自己的需要去创造和实现价值。真理是对客观事物及其规律的正确认识，真理具有客观性，是绝对性和相对性的统一。价值是揭示客体以自身属性满足主体需要或主体需要被客体满足程度的关系范畴，价值具有客观性、主体性和社会历史性。真理原则和价值原则是人类认识世界和改造世界的两大基本原则，它们统一于人类的实践活动之中。

阅读书目

1. 马克思．关于费尔巴哈的提纲．见：马克思恩格斯选集．3版．第1卷．北京：人民出版社，2012

2. 恩格斯．路德维希·费尔巴哈和德国古典哲学的终结．见：马克思恩格斯选集．3版．第4卷．北京：人民出版社，2012

3. 列宁．唯物主义和经验批判主义（节选）．见：列宁选集．3版修订版．第2卷．

北京：人民出版社，2012
4. 毛泽东．实践论．见：毛泽东选集．2版．第1卷．北京：人民出版社，1991
5. 毛泽东．人的正确思想是从哪里来的？．见：毛泽东文集．第8卷．北京：人民出版社，1999

思考题

1. 对以下说法做出辨析：

(1) 认识的本质是主体对客体的能动建构。

(2) 在认识的辩证运动过程中，从理论到实践的飞跃就是从抽象到具体的过程。

(3) 客观事物及其属性被人们认识的过程就像空气通过口鼻和毛孔钻进人们体内一样。

(4) 检验一种认识是否是真理，主要是看它能否满足最大多数人的需要。

(5) 真理和价值的统一是具体的、历史的。

2. 18世纪的法国哲学家拉美特利认为，人体是一架会自己发动自己的完美机器，心灵的一切活动依赖于大脑和整个身体组织，就像提琴的一根弦或钢琴的一个键受到震动而发出声响一样，声浪所打击的脑弦也被激动起来，发出或重新发出那些感动它们的话语。请运用马克思主义认识论的基本原理对这种观点进行分析和讨论。

3. 分析材料并回答问题：

材料1　以德谟克里特为代表的古希腊自然哲学家提出：原子是世界的本原，是不可分割的最小物质微粒，原子的运动形成各种具体事物。1803年，英国化学家道尔顿提出现代原子论，认为化学元素由原子组成，原子是物质最终的、不可再分的单元。

材料2　1890—1897年，英国科学家汤姆生通过反复实验发现了电子，打破了原子不可分割的观念，原子的内部结构开始一步步被揭开。1919年，英国科学家卢瑟福以α粒子撞击氮核，发现质子。1932年，英国科学家查德维克发现中子，美国科学家安德森发现正电子。1964年，美国科学家盖尔曼提出夸克模型。1974年，华裔科学家丁肇中发现魅夸克。

材料3　1964年，毛泽东针对日本科学家坂田昌一论证基本粒子可分性的“坂田模型”指出：宇宙从大的方面讲是无限的，从小的方面讲也是无限的，不但原子可分，原子核也可分，电子也可分，而且可以无限地分下去，并引用中国古代哲学中“一尺之捶，日取其半，万世不竭”的命题说明这一论断，对物质无限可分性思想做了明确的阐述。1977年，在国际第七届粒子物理学讨论会上，诺贝尔奖获得者、美国科学家格拉肖建议把比基本粒子“夸克”更深层次的物质粒子命名为“毛粒子”。

请回答：

(1) 为什么实践是认识的来源和基础？

(2) 为什么主体对于客体的反映具有能动性和创造性？

(3) 联系人类对基本粒子探索的历程理解认识的辩证运动过程。

(4) 为什么实践是检验真理的唯一标准？

(5) 如何理解真理的绝对性与相对性？

第五章

人类社会的发展

要点提示

- 社会形态的发展是一个自然历史过程。
- 生产关系适应生产力状况的规律和上层建筑适应经济基础状况的规律是贯穿人类社会发展过程的基本规律。
- 社会基本矛盾是社会发展的根本动力。
- 阶级斗争和社会革命是阶级社会发展的直接动力。
- 改革是社会主义社会发展的直接动力。
- 科学技术是社会发展的重要动力。
- 人民群众是创造世界历史的动力。

关键词

社会形态　生产力　生产关系　经济基础　上层建筑　社会基本矛盾　人民群众

马克思主义将唯物论和辩证法贯彻到社会历史领域，正确解决了社会存在与社会意识的关系问题，创立了唯物史观，发现了人类社会发展的客观规律，揭示了社会发展的动力，使人类对社会发展的认识成为完整严密的科学。

一、 社会形态及其发展

社会生活在本质上是实践的，社会是人类实践的产物，并随着实践的发展不断发展，社会的发展和进步是通过社会形态的更替实现的。社会形态是社会发展的不同阶段、形式和类型的具体体现，是一定历史时代社会整体性特征的反映。人类社会的历史就是社会形态更替的历史，体现了人类社会由低级向高级发展的规律。

1. 社会形态的性质与类型

社会形态是与生产力发展一定阶段相适应的经济基础与上层建筑的统一体，由社会的经济形态、政治形态和意识形态组成。社会的经济形态即经济基础是社会形态的本质方面。经济基础是指由社会一定发展阶段的生产力所决定的生产关系的总和，包括生产资料所有制形式、不同的社会集团在生产中的地位和相互关系、产品分配方式三个方面的内容。现实社会中的生产关系是复杂的，在一定社会内部往往存在着多种时代、多种社会形态的生产关系；一种生产关系也往往跨越一定时代和社会形态，分别以萌芽状态、成熟状态和残余状态存在于依次出现的社会形态中。多种同时并存和相互影响的生产关系并不占有同样的地位、发挥同样的作用，其中只有占统治地位、发挥主导作用的生产关系才决定经济基础的性质。经济基础尤其是生产资料所有制形式对一定社会形态的性质具有决定作用，因而马克思、列宁经常在同一意义上使用“社会形态”与“经济的社会形态”两个范畴。

> 人们在自己生活的社会生产中发生一定的、必然的、不以他们的意志为转移的关系，即同他们的物质生产力的一定发展阶段相适合的生产关系。这些生产关系的总和构成社会的经济结构，即有法律的和政治的上层建筑竖立其上并有一定的社会意识形式与之相适应的现实基础。
>
> （《马克思恩格斯选集》，3版，第2卷，2页）

上层建筑是建立在一定经济基础之上的意识形态以及相应的政治法律制度和设施。上层建筑是社会形态不可分割的组成部分，由观念上层建筑和政治上层建筑两部分构成。观念上层建筑即社会的意识形态，包括体现统治阶级意志的政治、法律、道德、艺术、宗教、哲学等思想观点和体系。政治上层建筑即社会的政治形态，包括政治法律制度以及与之相关的国家政权机构、政党、军队、警察、法庭、监狱等政治组织和设施。社会政治形态和意识形态既相互区别，又相互依赖和相互转化。社会政治形态是在一定的意识形态指导下建立起来的，是统治阶级意志的产物，是意识形态的物质附属物；而社会政治形态一旦形成，就会成为一种强大的现实力量，反过来规定并制约着人们的思想观点和意识形态的发展。在整个上层建筑之中，社会政治形态居于主导地位，它是经济基础的集中体现并直接为经济基础服务，国家政权是社会政治形态的核心。

> 确切地说，国家是社会在一定发展阶段上的产物；国家是承认：这个社会陷入了不可解决的自我矛盾，分裂为不可调和的对立面而又无力摆脱这些对立面。而为了使这些对立面，这些经济利益互相冲突的阶级，不致在无谓的斗争中把自己和社会消灭，就需要有一种表面上凌驾于社会之上的力量，这种力量应当缓和冲突，把冲突保持在“秩序”的范围以内；这种从社会中产生但又自居于社会之上并且日益同社会相异化的力量，就是国家。
>
> （《马克思恩格斯选集》，3版，第4卷，186～187页）

国家是阶级矛盾不可调和的产物，国家的本质是阶级统治的工具，这通过政治统治和社会管理的职能表现出来。一方面，维护经济上占支配地位的阶级在政治上的统治地位，运用国家的强制性力量为经济基础服务；另一方面，执行组织管理社会公共事务的职能，化解社会矛盾，维持社会秩序。对外作为特定的社会主体参与国际政治经济生活，执行国际交往的职能。国体和政体是区分社会政治形态类型的主要标志。国体是指社会各阶级在国家中的地位，表明国家政权掌握在哪个阶级手里。政体是国家政权的构成形式，表明统治阶级采取什么形式组织和管理政权，实现自己的统治。国体决定政体，政体与国体相适应，服务于国体。

在一定的社会形态中，社会经济形态居于核心地位，它决定着社会政治形态和意识形态的产生及性质，经济形态中占统治地位的生产资料所有制形式是划分不同社会形态的根本标志。根据人类社会历史中生产关系的演进，可以把社会形态划分为五种基本类型或五个基本阶段，即原始社会、奴隶社会、封建社会、资本主义社会、共产主义社会（社会主义社会是其第一阶段）。

马克思在《1857—1858 年经济学手稿》中，依据作为社会主体的人的发展状况和社会经济形式的特点，把人类社会划分为三种形态，即以起初自然发生的人的依赖关系为基础的最初社会形态，以物的依赖性为基础并实现了人的独立性的第二大社会形态，以人的全面发展和社会生产能力成为共同的社会财富为基础并实现了人的自由个性的第三大社会形态。1859 年，马克思在《〈政治经济学批判〉序言》中指出，亚细亚的、古代的、封建的和现代资产阶级的生产方式是社会经济形态演进的几个时代，而资本主义社会必将被共产主义社会所代替，形成了五种社会形态划分理论。对社会形态的两种划分从不同角度揭示了人类社会发展的过程和阶段，是统一的、互补的。

2. 社会形态的发展

社会形态的发展是一个自然历史过程，人类社会的发展像自然界一样，是一个客观的辩证发展过程，具有不以人的意志为转移的客观规律。原始社会、奴隶社会、封建社会、资本主义社会和共产主义社会五种社会形态依次更替，是社会历史运动的一般过程，体现了人类社会由低级向高级发展的规律。

自然历史过程首先是一个客观的物质过程。人类社会是自然界长期发展的产物，是整个物质世界的组成部分。物质资料的生产方式是社会形态存在和发展的基础，决定着社会形态的性质和面貌，制约着人们的全部社会生活。人的全部社会关系是在生产实践基础上产生的，人的社会意识是对社会存在的反映，不能脱离社会存在独立地存在和发展。物质资料生产方式的变化发展决定社会形态的变化发展，生产力是人类改造自然的物质力量，生产关系是客观的物质关系，它们具有和自然存在一样的客观实在性。因此，社会形态的发展既不是由超自然的神秘力量决定的，也不是由主观的精神力量、客观观念或抽象的人性决定的，而是一个客观的物质过程。

自然历史过程还是一个辩证发展的过程。社会形态像自然存在物一样，不是孤立静止、一成不变的，而是一个发展与进化的过程。任何社会形态都要经过产生、成熟、衰落、灭亡的过程，只有经过一定的过程才能实现自身的发展。人类社会作为一个过程的集合体向前发展，像自然界一样处于由简单向复杂、由低级向高级进化的过程之中。一定的社会形态由于自身的矛盾，必然被新的更高级的社会形态所代替，人类社会的历史就是社会形态更替的辩证过程。社会形态的发展变化不是偶然的或主观随意的，而是像自然规律一样具有不以人的意志为转移的客观规律性。

但是，社会形态的发展不是自然界发展的重复，与自然界的发展有重要区别。自然规律是通过盲目的、无意识的自然事物之间的相互作用体现出来的，而社会形态发展的主体是人，人类有目的、有意识的实践活动创造了社会历史，形成了社会发展的规律。这就是社会形态发展过程的历史性和主体性。

但是，社会发展史却有一点是和自然发展史根本不相同的。在自然界中（如果我们把人对自然界的反作用撇开不谈）全是没有意识的、盲目的动力，这些动力彼此发生作用，而一般规律就表现在这些动力的相互作用中。在所发生的任何事情中，无论在外表上看得出的无数表面的偶然性中，或者在可以证实这些偶然性内部的规律性的最终结果中，都没有任何事情是作为预期的自觉的目的发生的。相反，在社会历史领域内进行活动的，是具有意识的、经过思虑或凭激情行动的、追求某种目的的人；任何事情的发生都不是没有自觉的意图，没有预期的目的的。

（《马克思恩格斯选集》，3版，第4卷，253页）

社会形态的发展作为一个自然历史过程，是合规律性与合目的性的统一。一方面，五种社会形态依次更替的过程和规律是客观的，其发展的基本趋势是确定的、必然的；另一方面，社会形态更替的规律是在人类的实践活动中形成的，一定的历史主体的能动性、选择性和目的性也会对社会形态发展规律的实现产生影响，但人们的历史选择的基础、范围和可能性空间都是由社会形态发展的客观必然趋势决定的。尽管一定社会形态发展进程的每个参与者都有自觉的目的性，但大多数情况下许多人的预期目的是相互干扰、彼此冲突的，这些目的或者缺乏实现的可能性，或者缺乏实现的手段，行动的实际后果与预期的目的并不完全一致。尽管人们通过追求自己预期目的的活动创造他们的历史，但社会发展不是由任何个人的意志决定的，而是由无数主客观因素相互作用形成的合力决定的。人民群众才是真正的历史主体，社会形态发展的合目的性最终体现为人民的意志和选择，人民群众在遵循社会发展客观规律的基础上，通过参与社会实践实现社会形态的变革。因此，社会形态发展从根本上是受内在的一般规律支配的客观进程，具体表现为社会形态更替的统一性和多样性、前进性和曲折性。

社会形态更替的统一性是人类历史中所有的国家和民族社会发展过程中的普遍性和共同性。各个国家和民族依其自然历史过程，一般都应从低级向高级发展，依次经历原始社会、奴隶社会、封建社会、资本主义社会和共产主义社会。处于同一社会形态中的不同国家和民族也具有大致相同的生产方式和上层建筑。

> 无论哪一个社会形态，在它所能容纳的全部生产力发挥出来以前，是决不会灭亡的；而新的更高的生产关系，在它的物质存在条件在旧社会的胎胞里成熟以前，是决不会出现的。
>
> （《马克思恩格斯选集》，3版，第2卷，3页）

社会形态更替的多样性是不同的国家和民族在社会发展的形式或顺序上表现出的特殊性。有的国家经历了几种社会形态依次更替的典型过程，有的国家由于特殊的历史条件，在发展中跨越了一个甚至几个社会形态；同一社会形态的不同国家具有的典型性有所不同；不同国家在社会形态更替过程中采取的形式和措施有各自的特点；等等。社会形态更替形式的统一性与多样性不是彼此孤立、相互排斥的，而是辩证统一的，统一性是多样性存在的依据，多样性是统一性的具体表现，二者之间的关系体现了社会形态发展中矛盾的普遍性与特殊性的辩证统一。

社会形态更替的前进性是指五种社会形态由低级向高级依次演进的前进的、上升的基本趋势。社会形态更替的曲折性是指由较低的社会形态向较高的社会形态转变的过程不是一帆风顺的，要经过曲折和反复才能实现。社会形态更替的前进性与曲折性是辩证统一的，使每一社会形态都表现为对前一社会形态的“扬弃”，成为联系与发展的环节，使整个社会形态更替过程呈现为螺旋式上升、波浪式前进的发展过程。

历史上每一个新的社会形态从诞生到最终确立都要经历一个曲折的发展过程，资本主义社会也是如此。14—15 世纪，在地中海沿岸就出现了资本主义生产关系的萌芽，16—17 世纪，资本主义性质的工场手工业在西欧迅速发展起来。尼德兰和英国的资产阶级革命宣告了资本主义社会的诞生，此后的法国大革命在世界范围内产生了广泛影响，但英法两国资本主义制度的确立并不是一帆风顺的。英国的资产阶级革命开始于 1640 年，经过 1660 年封建势力的复辟，直到 1688 年资本主义制度才最终确立。法国 1789 年革命后也发生过三次大的复辟斗争，到 19 世纪中叶才稳固了资本主义制度。这些曲折和反复并没有改变资本主义代替封建主义的趋势。

二、社会发展规律

马克思主义把社会形态的发展看作自然历史过程，从社会生活的各种领域中划分出经济领域，从一切社会关系中划分出生产关系，并把社会关系归结于生产关系，把生产关系归结于生产力的水平，揭示了纷繁复杂的社会现象中隐藏的社会发展规律，指出生产关系适应生产力状况的规律和上层建筑适应经济基础状况的规律是贯穿人类社会发展过程的基本规律，从根本上规定了社会形态更替的客观必然性。

唯心史观对待社会规律有两种基本倾向：一是把社会的个别现象或属性夸大化和绝对化，走向宿命论或机械决定论；二是完全否认客观规律的存在，陷入主观唯心论或虚无主义。20 世纪 20 年代，中国玄学派思想家张君劢借用法国唯心主义哲学家柏格森的自由意志论解释人类历史发展，认为自我的意志是绝对自由的生命之流或生之冲动，是非物质性的纯粹绵延，它创造了世界，也是人类历史发展的总动力，但这种发展是顷刻万变、过而不留的，故绝对不可量度，无因果可求。历史中只存在忽而君主、忽而民主、忽而资本主义、忽而社会主义的偶然性与随意性，一切历史现象之间没有任何因果联系，没有任何规律可循。这种观点是完全否认社会发展规律的典型。

1. 生产关系适应生产力状况的规律

物质资料生产方式是人类社会存在与发展的基础，是一定的生产力和生产关系的有机结合和统一，生产力是人类在生产实践中形成的改造和影响自然以使其适合社会需要的物质力量，生产关系是人们在物质生产过程中形成的不以人的意志为转移的经济关系。生产关系适应生产力状况的规律是人类社会发展最基本、最普遍的规律。

第一，生产力决定生产关系。生产力状况决定生产关系的性质，是生产关系形成的客观前提和物质基础。生产力的发展状况决定了社会分工和人们对生产资料的占有状况，从而决定了生产资料所有制的性质。生产力通过决定一定时代的社会分工和劳动组织，决定人与人之间在生产中的地位和相互关系，并且提供劳动产品分配的基础，最终决定分配的形式。因此，生产力决定生产关系的基本内容，有什么样的生产力，就会产生什么样的生产关系。生产力的发展和变化决定生产关系的改变。生产关系是生产力发展的产物，一种生产关系一旦形成，在一定历史时期内表现为相对稳定的形式，可以在一定限度内为生产力提供发展空间。当生产力的发展超过一定限度，原来的生产关系无法容纳时，就不能再继续保持其相对稳定的形式，而要进行部分的调整和改变以适应生产力发展的要求。当生产关系完全不能适应生产力继续发展的要求时，生产力就会突破旧的生产关系的束缚，发生全面的变革，建立新的生产关系。因此，生产力的发展必然引起生产关系的改变。

第二，生产关系反作用于生产力。生产关系不是完全消极被动地适应生产力，而是对生产力具有能动的反作用，主要表现为两种情形：当生产关系适应生产力发展的客观要求时，就会促进生产力的发展；当生产关系不适应生产力发展的客观要求时，就会阻碍生产力的发展。生产关系对生产力的适应或不适应指的是基本的适应或不适应，先进的生产关系总体上基本适应生产力的发展，但并不排除它的某些环节或方面不适应生产力的发展；落后的生产关系基本上不适应生产力的发展，但在它完全丧失存在的必然性之前，通过对某些环节或方面的调整和改变，能够暂时地、局部地适应生产力的发展要求，对生产力的发展起到一定的推动作用。

生产关系主要通过影响生产力诸要素的结合发挥对生产力的反作用。先进的生产关系能够为生产力诸要素的结合提供较好的形式，使各个要素的作用能够较为充分地发挥，较好地解决各个要素之间的矛盾，为充分发挥生产力的潜力提供较好的条件，为生产力的发展提供比较充分的空间。落后的生产关系则不能充分调动生产力中的积极因素，不能把潜在的、可能的生产力转化为现实的生产力，或者压抑、破坏了生产力诸要素的结合，使生产力陷于停滞或倒退。在一定条件下，生产关系对生产力发展的反作用尤为突出，特别是在新旧生产关系更替的过程中，当不变革旧的生产关系，生产力就不能发展的时候，生产关系对生产力巨大的反作用就充分显示出来。但在这种情况下，也不能说是生产关系的变革决定了生产力的发展，因为生产关系变革的客观要求来自生产力的发展，冲破旧的生产关系束缚的力量归根结底也来自生产力的发展，所以生产关系的变革及其所显示的巨大反作用最终是由生产力的发展决定的。

第三，生产力与生产关系之间的矛盾运动。生产力与生产关系的相互作用是一个过程，形成了生产方式的矛盾运动。一定的生产关系在产生和确立之初，基本适应生产力的发展要求，对生产力的发展产生积极的促进作用，虽然这时生产力和生产关系之间也存在矛盾，但生产关系不会对生产力的发展造成阻碍。随着生产力的不断发展，旧的生产关系逐渐不能适应生产力发展的要求，由基本适应变为基本不适应，阻碍生产力的发展，需要变革旧的生产关系，建立新的生产关系，与生产力的发展要求在新的基础上实现基本适应，在更高的水平上开始生产力与生产关系之间新的矛盾运动。生产关系对于生产力的发展要求总是从基本适应到基本不适应，经过矛盾的解决达到新的基本适应，这是一个循环往复、辩证发展的过程，由此不断推动社会生产由低级阶段向高级阶段的进步。这一发展过程中内在的、本质的、必然的联系，就是生产关系适应生产力状况的规律。

生产关系适应生产力状况的规律是唯物辩证法一般规律的体现。一定的生产力和与其相适应的生产关系在一定发展阶段保持质的同一性和稳定性，随着生产力的发展、生产工具和生产技术的革新，生产力会提升到新的阶段，具有新的质的规定性。当这种新的生产力积累到一定程度，在经济活动中占主导地位时，原来的生产关系已基本不适应它的发展，必须实现质的飞跃以适应新的生产力要求。因此，新的生产力质的形成和量的积累构成生产关系变革的物质前提和客观限度，生产力和生产关系在新的质的基础上实现统一，形成新的生产方式，开始新的量变过程。生产关系和生产力之间由基本适应到基本不适应，再到基本适应的过程不是简单直接、一帆风顺的，而是充满矛盾性和复杂性的，在总的量变过程中包含阶段性或局部性的质变，以及暂时的停顿或倒退，使生产方式的发展表现为波浪式前进、螺旋式上升的总趋势。新的生产方式继承了先前世代遗留的生产力、物质材料和资金，在此基础上继续发展，对原来的生产关系也不是彻底否定，而是批判地继承，既克服其消极因素又保留其积极因素。新的生产关系对生产力的基本适应是在更高水平上向原来出发点的回复，是“扬弃”的结果，使生产方式的发展呈现为连续性和间断性的统一，推动社会形态由低级阶段向高级阶段发展。

> 高质量发展是全面建设社会主义现代化国家的首要任务。发展是党执政兴国的第一要务。没有坚实的物质技术基础，就不可能全面建成社会主义现代化强国。
>
> （习近平：《高举中国特色社会主义伟大旗帜 为全面建设社会主义现代化国家而团结奋斗——在中国共产党第二十次全国代表大会上的报告》，28 页）

2. 上层建筑适应经济基础状况的规律

上层建筑适应经济基础状况的规律是人类社会发展的另一基本规律，包括经济基础决定上层建筑、上层建筑反作用于经济基础、经济基础与上层建筑之间的矛盾运动三方面基本内容。

第一，经济基础决定上层建筑。经济基础决定上层建筑的产生。以国家政权为核心的上层建筑不是从来就有的，是社会发展到一定历史阶段的产物。经济基础是上层建筑赖以产生、存在和发展的物质基础，任何上层建筑归根到底都是适应经济基础的需要而产生的，一切上层建筑现象都可以直接或间接地从经济基础中找到根源。但是上层建筑产生后又具有相对独立性和一定的历史继承性，尤其是思想上层建筑，可以在较长的历史时期内保持相对稳定，在不同的社会形态中分别以占主导地位的意识形态、旧意识形态的残余或新意识形态的萌芽的形式存在。

经济基础决定上层建筑的根本性质，有什么样的经济基础就必然有什么样的上层建筑与之相适应。在经济领域中居于统治地位的阶级在政治和思想领域中也居于统治地位，全部上层建筑的性质归根结底都要由经济基础来说明。

经济基础决定上层建筑的发展变化。一定的经济基础发生变化时，被其决定的上层建筑也要相应地发生变化。当经济基础发生根本变革时，旧的上层建筑也必然被新的上层建筑所代替，经济基础决定上层建筑根本性质的变化及其发展的方向。由于上层建筑各个组成部分的特点和相对独立的程度不同，它们随经济基础变化的特点也有所不同：政治上层建筑受经济基础变化发展的影响最直接、最明显，旧的政治上层建筑随着相应经济基础的灭亡而灭亡；思想上层建筑的相对独立性较大，变化相对较慢，一些旧的意识形态在新的社会形态中仍可以继续存在，但随着新的经济基础的巩固与发展，新的思想上层建筑最终会代替旧的思想上层建筑。

第二，上层建筑反作用于经济基础。上层建筑是经济基础得以巩固和发展的不可缺少的政治思想条件，上层建筑一经形成和确立，就对经济基础产生巨大的反作用，集中表现在反映并服务于自己的经济基础，维护经济基础的统治地位和根本利益。一定的上层建筑主要通过对社会生活的控制促进自己经济基础的巩固和完善，政治上层建筑以强制性的方式和手段把社会生活控制在既定的秩序之中，思想上层建筑通过对社会教育文化生活的影响引导人们的行动，它们共同促进社会经济活动的有效组织和运转。同时，通过国家政权和意识形态的力量，还可以排除上层建筑中有害于经济基础的势力及其思想：一方面，努力清除旧的经济基础和上层建筑残余的影响；另一方面，压制和消灭新的经济基础和上层建筑的萌芽。

上层建筑的反作用是巨大的，但这种反作用归根结底来自经济基础及其发展。上层建筑反作用的性质、表现形式和效果都是由其服务的经济基础决定的：当它为适合生产力发展要求的经济基础服务时，就会成为推动社会发展的积极进步力量；反之，当它维护不适应生产力发展要求的经济基础时，就会成为阻碍社会发展的消极力量。上层建筑的反作用始终要以经济基础的决定作用为前提，如果片面夸大上层建筑的反作用，就会陷入主张社会意识决定社会存在的唯心主义。

后马克思主义思想家拉克劳与墨菲提出以领导权（hegemony）为核心的社会主义策略，在一定程度上反映出当代资本主义社会中不同领域和不同社会群体中兴起的多元化的对抗现象，如反战运动、女权运动、生态主义运动等新社会、新权利运动。但他们并不是从唯物史观基本原则出发探讨社会和阶级的内在矛盾与斗争问题的，反而提出“超越社会的实证性”的口号，强调：“我们认为政治不是上层建筑，而主张它具有社会本体论的地位。”他们运用后现代哲学方法，把政治关系和思想关系当作根本的社会关系，把社会存在看作一个话语系统，用语言分析代替历史分析和阶级分析，试图通过对葛兰西领导权理论的后现代主义阐发构建一种政治本体论。

第三，经济基础与上层建筑之间的矛盾运动。经济基础与上层建筑之间的相互作用形成社会形态的矛盾运动，体现了经济基础与上层建筑之间内在的、本质的、必然的联系，即上层建筑适应经济基础状况的规律。当一定社会的经济基础适应生产力发展要求时，上层建筑与经济基础之间也基本适应，促进经济基础的巩固和发展，从而推动社会进步。这种基本适应的状况之中也存在矛盾，即上层建筑中有不完善的地方或者上层建筑不能及时反映和适应经济基础的变化，需要采取适当措施加以完善和改进，以充分发挥上层建筑对经济基础的积极作用。这种经济基础和上层建筑之间基本适应情况下的矛盾可以在社会形态内部解决。

随着生产力的发展，旧的经济基础不能适应生产力发展的要求，需要进行根本变革，而旧的上层建筑极力维护旧的经济基础，阻碍它的根本变革，与经济基础的变革要求之间形成根本矛盾，这时经济基础与上层建筑之间就由基本适应转变为基本不适应，需要通过社会革命建立新的经济基础和上层建筑。新的社会形态一旦确立，经济基础与上层建筑之间在新的水平上实现基本适应，开始新的矛盾运动。经济基础与上层建筑之间这种由基本适应到基本不适应，再到基本适应的过程是一个循环往复、不断发展的辩证过程，每一次循环都把人类社会形态推进到更高的阶段。

生产关系适应生产力状况的规律、上层建筑适应经济基础状况的规律是贯穿人类社会发展始终的基本规律，二者不是各自孤立地发挥作用，而是辩证统一的。生产力通过经济基础决定上层建筑的本质与发展变化，上层建筑通过对经济基础的反作用影响生产力的发展，二者有机结合构成社会发展的基本规律，为正确认识社会现象和历史发展提供了正确的观点和方法。同时也为马克思主义政党坚持生产力标准，深化经济体制改革，积极稳妥地推进上层建筑领域的改革，制定完善社会主义经济基础、解放和发展生产力的路线、方针和政策提供了理论依据。

三、 社会发展的动力

马克思主义认为，社会发展的动力来自社会的内在矛盾，生产力与生产关系的矛盾、经济基础与上层建筑的矛盾是社会发展的基本矛盾和基本动力，社会基本矛盾及其决定的阶级斗争、社会革命、社会改革等构成社会发展的动力系统，推动社会的发展变化。

1. 社会发展的根本动力

生产力是人类社会发展的最终决定力量，生产力决定生产关系的性质，并通过作为生产关系的经济基础对上层建筑发挥决定作用，生产力与生产关系、经济基础与上层建筑的矛盾相互联系、相互制约，贯穿于社会发展过程的始终，规定了社会发展过程的基本性质和基本趋势，形成对社会历史的发展起根本推动作用的社会基本矛盾。

在社会基本矛盾中，生产力与生产关系的矛盾是更为基本的矛盾，决定着经济基础和上层建筑矛盾的产生和发展。当生产关系适应生产力状况的时候，上层建筑也适应经济基础的发展要求；当旧的生产关系阻碍生产力发展的时候，生产力就必然要求改变或变革生产关系，上层建筑就与经济基础的变革要求之间产生尖锐矛盾；生产关系或经济基础发生根本变革后，旧的上层建筑的各个部分或快或慢地被新的上层建筑所代替，在新的水平上形成经济基础和上层建筑之间的矛盾。因此，生产力和生产关系之间的矛盾是一切历史冲突的根源，决定着经济基础与上层建筑的矛盾以及社会中其他矛盾的性质和状况。

> 社会的物质生产力发展到一定阶段，便同它们一直在其中运动的现存生产关系或财产关系（这只是生产关系的法律用语）发生矛盾。于是这些关系便由生产力的发展形式变成生产力的桎梏。那时社会革命的时代就到来了。随着经济基础的变更，全部庞大的上层建筑也或慢或快地发生变革。
>
> （《马克思恩格斯选集》，3版，第2卷，2～3页）

生产关系对生产力具有反作用，上层建筑对经济基础也具有反作用，因此经济基础和上层建筑的矛盾也影响和制约生产力和生产关系的矛盾，生产力和生产关系矛盾的最终解决有赖于经济基础和上层建筑矛盾的解决。当上层建筑适应经济基础状况时，就会促进生产力的发展和社会的进步。当旧的生产关系阻碍生产力的发展，上层建筑阻碍经济基础的变革要求时，只有解决了经济基础和上层建筑的矛盾，确立新的生产关系，才能解放生产力、发展生产力，解决生产力和生产关系的矛盾。

社会基本矛盾从根本上影响和推动了社会形态的变化和发展，决定了一定社会形态的基本面貌。一定社会的阶级斗争、社会革命、社会改革等都根源于社会基本矛盾，是社会基本矛盾的表现方式或解决方式。社会基本矛盾是无产阶级政党制定政策和策略、组织领导人民群众进行革命和建设的主要依据。1981年6月，中共十一届六中全会一致通过了《关于建国以来党的若干历史问题的决议》，总结了建国以来正反两方面的基本经验，依据对社会基本矛盾的科学考察，继承和发展了党的八大对社会主要矛盾的正确判断，重申在社会主义改造基本完成以后，我国所要解决的主要矛盾，是人民日益增长的物质文化需要同落后的社会生产之间的矛盾。党和国家的工作重点必须转移到以经济建设为中心的社会主义现代化建设上来，大力发展社会生产力，并在这个基础上逐步改善人民的物质文化生活。党的十九大报告正确地反映了中国特色社会主义进入新时代后社会基本矛盾的变化，指出我国社会主要矛盾已经转化为人民日益增长的美好生活需要和不平衡不充分的发展之间的矛盾。目前我国稳定解决了十几亿人的温饱问题，已全面建成小康社会，人民美好生活需要日益广泛，不仅对物质文化生活提出了更高要求，而且在民主、法治、公平、正义、安全、环境等方面的要求日益增长。同时，我国社会生产力水平总体上显著提高，社会生产能力在很多方面进入世界前列，更加突出的问题是发展不平衡不充分，这已经成为满足人民日益增长的美好生活需要的主要制约因素。我国社会主要矛盾的变化是关系全局的历史性变化，对党和国家工作提出了许多新要求。我们要在继续推动发展的基础上，着力解决好发展不平衡不充分的问题，大力提升发展质量和效益，更好满足人民在经济、政治、文化、社会、生态等方面日益增长的需要，更好推动人的全面发展、社会全面进步。党的二十大报告进一步强调要明确我国社会主要矛盾是人民日益增长的美好生活需要和不平衡不充分的发展之间的矛盾，并紧紧围绕这个社会主要矛盾推进各项工作，不断丰富和发展人类文明新形态。

20世纪20年代，国民党官方思想家戴季陶提出以“求生冲动”为基础的民生史观。他认为民生是历史的中心，因为生存是人类原始的目的，同时也是人类终极的目的。求生的冲动引导着人发出生存的欲望，是决定人们的生存活动以及一切社会历史活动的根本动力。社会文化越是进步，人类的关系越是复杂，由生存欲望派生出的差异也越繁多和明显。要实现民生的理想，使世界和人类得到真正的和平，必须继承从孔子一直延续到孙中山先生的以“仁民爱物”为核心的儒家道统，把一切科学的文化都建立在仁爱的道德基础之上。这是一种否定社会基本矛盾，用社会达尔文主义和道德先验论曲解孙中山先生民生思想的唯心史观。

2. 阶级社会发展的直接动力

人类社会以往的全部历史，除原始社会以外，都是阶级斗争的历史，社会基本矛盾主要通过一定社会的阶级矛盾表现出来。代表或拥护不同生产力、生产关系、政治法律制度的阶级之间的矛盾积累到一定程度就会引发阶级斗争甚至社会革命，阶级斗争和社会革命是社会基本矛盾在阶级社会中的直接表现，是阶级社会发展的直接动力。

所谓阶级，就是这样一些大的集团，这些集团在历史上一定的社会生产体系中所处的地位不同，同生产资料的关系（这种关系大部分是在法律上明文规定了的）不同，在社会劳动组织中所起的作用不同，因而取得归自己支配的那份社会财富的方式和多寡也不同。所谓阶级，就是这样一些集团，由于它们在一定社会经济结构中所处的地位不同，其中一个集团能够占有另一个集团的劳动。

（《列宁选集》，3版修订版，第4卷，11页）

阶级斗争是经济利益根本冲突的阶级之间的对立和斗争，一切阶级斗争归根结底都是围绕着经济利益展开的，社会发展的经济动因与阶级斗争紧密联系在一起。历史上一切统治阶级都凭借他们占有的生产资料和在生产体系中的统治地位，对被统治阶级进行残酷的经济剥削、政治压迫和思想控制。哪里有压迫，哪里就有反抗，被统治阶级为了摆脱受剥削、受压迫的地位，就不得不起来进行反抗。他们的斗争不同程度地打击了剥削阶级的统治，迫使统治阶级做出某些让步，调整某些经济关系和政策，使社会矛盾得到一定程度的缓和，从而或多或少地推动了生产力的发展和社会的进步。

阶级斗争对阶级社会发展的推动作用突出地表现在社会形态的更替中。当社会基本矛盾尖锐化时，旧的生产关系不适应生产力的发展要求，变成生产力发展的桎梏，维护旧的生产关系的反动阶级与代表生产力发展要求的先进阶级形成不可调和的矛盾。这时，只有通过先进阶级的革命斗争，推翻反动阶级的统治，才能建立新的社会形态，解放和发展生产力。因此社会革命是阶级斗争的最高表现，是先进阶级推翻反动阶级的政治统治的斗争，其根本问题是国家政权问题，国家政权从反动阶级手里转移到先进阶级手里，是社会革命的首要的基本的标志。社会革命根源于生产力与旧的生产关系、经济基础与旧的上层建筑之间的对抗性矛盾，它的爆发既要具备一定的客观条件，如被压迫阶级的贫困和灾难超乎寻常地加剧、统治阶级不可能照旧不变地维持自己的统治；又要具备一定的主观条件，如革命阶级的觉悟程度、组织程度和群众的发动程度都相当高等。

社会革命是解决阶级社会基本矛盾的主要方式，是推动社会形态更替和政治进步的强大推动力。社会革命在社会发展中的重要作用表现在：首先，社会革命是实现社会形态更替的重要手段和决定性环节。当旧的生产关系与生产力、旧的上层建筑与经济基础之间的矛盾不可调和时，必须通过社会革命清除历史前进的障碍，推动社会进步。其次，社会革命能够充分激发人民群众的革命热情和创造历史的积极性，还能够极大地教育和锻炼包括革命阶级在内的广大人民群众。最后，无产阶级革命将为消除阶级对抗，充分利用全人类的文明成果，促进社会的全面进步创造条件。

20 世纪 20 年代，以李璜等人为代表的国家主义派极力反对马克思主义的阶级斗争理论，他们认为马克思处处都从经济或物质出发考虑问题，把经济状况作为区分阶级的标准，实际并非如此，财产只是阶级的构成条件之一，另外许多关于情感、道德、习俗方面的条件也一样重要，阶级斗争并不是客观存在的，而是马克思主观构想出来的。人类先天就有一种“爱”的本性，这种天性或良能是独立存在的，是人们爱国、爱乡、组成社会的最终源头，造就了中国固有的文化和现代国民和善相处而无争斗的态度。因此资本家与工人本质上不存在矛盾和斗争，其实是团结协作的，尤其在涉及国家利益的问题上。这种观点实质上是一种以先验人性论为基础的阶级调和论。

阶级斗争和社会革命受社会历史条件的制约，它的作用是具体的、历史的，必须根据一定时代生产发展的状况和社会基本矛盾的状况加以全面、正确地把握。尤其对于社会主义初级阶段的社会现象，要严格区分阶级矛盾和人民内部矛盾、区分阶级对立和阶级差别、区分国际上的阶级斗争和国内的阶级斗争。社会主义初级阶段的阶级斗争具有特殊性，阶级矛盾已经不是社会的主要矛盾。从长远看，随着生产力的发展和社会的全面进步，阶级斗争会逐渐趋向缓和直至最终消亡。但由于国际国内敌对势力还存在，阶级斗争在一定范围内仍将长期存在，在某种条件下还可能激化。因此，对待社会主义初级阶段的阶级斗争要持客观、辩证的态度，既要注意区分不同性质的社会矛盾，正确处理人民内部矛盾，维护安定团结的局面，反对把阶级斗争扩大化的极左倾向；又要坚持四项基本原则，防止否定阶级斗争在一定范围客观存在的阶级斗争熄灭论和改良主义。党的十九大报告坚持和发展了唯物史观的基本观点，强调社会是在矛盾运动中前进的，有矛盾就会有斗争。实现伟大梦想，必须进行伟大斗争。我们党要团结带领人民有效应对重大挑战、抵御重大风险、克服重大阻力、解决重大矛盾，必须进行具有许多新的历史特点的伟大斗争，任何贪图享受、消极懈怠、回避矛盾的思想和行为都是错误的。报告指出全党要更加自觉地坚持党的领导和我国社会主义制度，坚决反对一切削弱、歪曲、否定党的领导和我国社会主义制度的言行；更加自觉地维护人民利益，坚决反对一切损害人民利益、脱离群众的行为；更加自觉地投身改革创新时代潮流，坚决破除一切顽瘴痼疾；更加自觉地维护我国主权、安全、发展利益，坚决反对一切分裂祖国、破坏民族团结和社会和谐稳定的行为；更加自觉地防范各种风险，坚决战胜一切在政治、经济、文化、社会等领域和自然界出现的困难和挑战。党的二十大强调，坚持发扬斗争精神。增强全党全国各族人民的志气、骨气、底气，不信邪、不怕鬼、不怕压，知难而进、迎难而上，统筹发展和安全，全力战胜前进道路上各种困难和挑战，依靠顽强斗争打开事业发展新天地。这是基于对新时代社会矛盾的正确认识和深刻把握做出的科学论断。

3. 社会主义社会发展的直接动力

社会基本矛盾的发展和解决途径不仅表现为社会革命，而且表现为社会改革。改革是指社会基本矛盾未激化到引起革命的程度时，统治阶级在不改变社会基本制度的前提下，对生产关系和上层建筑的某些方面和环节进行变革，实现社会的自我调整和局部改善，促进生产力发展和社会进步。

> 改革作为社会发展的重要动力在不同的社会形态中广泛存在。战国时期秦孝公为了富国强兵，重用商鞅变法图强，废除了井田制和世卿世禄制度，奖励耕战，确立了封建土地私有制，加强了中央集权，使秦国迅速崛起。17 世纪初，俄国沙皇彼得一世仿效西欧国家，在军事、行政、经济、文化教育、宗教等领域进行深入改革，促进了俄国政治、经济、文化的发展，加强了中央集权，巩固了封建农奴制，为俄国的近代化开辟了道路。19 世纪下半叶，日本开始明治维新，明治天皇政府积极效仿西方，在政治、经济和社会等方面进行根本性的改革，废除了封建制度，走上了发展资本主义的道路，使日本摆脱了民族危机并迅速跻身于世界强国之林。

改革对于社会主义社会具有更为重要的意义，是社会主义社会发展的直接动力，这是由社会主义社会基本矛盾的特点决定的。社会主义社会的基本矛盾仍然是生产力和生产关系、经济基础和上层建筑之间的矛盾，但是与以私有制为基础的阶级社会的基本矛盾相比具有根本不同的性质和情况。社会主义制度是由无产阶级根据社会发展的客观规律在夺取政权后自觉建立的，克服了以私有制为基础的阶级社会的根本矛盾，因而解放了生产力。社会主义的生产关系与生产力之间、上层建筑同经济基础之间是基本适应的。它们之间也存在矛盾，主要是作为生产关系与上层建筑的具体形式和运行机制的经济政治体制与生产力的发展要求在某些方面、环节不适应，但这是非基本和非对抗性的。改革就是解决这种矛盾的手段和方法，通过改革旧的体制和思想观念使受束缚的生产力获得解放，是社会主义制度的自我完善。社会主义社会的改革是包括经济改革、政治改革、文化改革在内的全面改革，实现了从旧体制到新体制的质的飞跃，就其对生产力的解放和引起社会变革的广度和深度来说也具有革命的意义，是第二次革命。

改革作为社会主义自我更新的第二次革命，与历史上的其他社会革命不同，也与无产阶级夺取政权建立社会主义社会的第一次革命不同，具有以下特点：

首先，革命的对象不同。旧的社会形态中社会基本矛盾集中表现为代表生产力发展要求的先进阶级同维护陈旧生产关系的反动统治阶级之间的根本对立，只有通过社会革命建立新的社会制度才能解决这种对抗性矛盾。无产阶级通过革命消灭了剥削制度和剥削阶级，建立在公有制为主体基础上的社会主义生产关系基本适应生产力的发展要求，无产阶级专政的国家制度和以马克思主义为指导的意识形态也基本适应社会主义的经济基础。改革的对象不是基本社会制度，而是在某些方面和环节不适应生产力发展要求的政治经济体制。

其次，革命性质不同。改革作为第二次革命，不是要消灭现存的基本经济政治制度，不是一个阶级推翻另一个阶级，而是政治经济体制的深刻变革。社会主义社会基本矛盾的非对抗性决定了社会主义制度具有在自身基础上自我完善的客观可能性，而改革则使这种可能性变成现实。阶级社会也有某种程度的自我调整，但其社会基本矛盾的对抗性质不可能在原有制度的范围内得到根本解决。改革则是社会主义社会基本矛盾运动的表现，是社会主义社会发展过程中局部性、阶段性的飞跃。

最后，革命的方式不同。一般的社会革命通常采取暴力革命的形式，改革则不同。社会主义改革是社会主义制度的自我完善和发展，必须在无产阶级政党和人民政府的领导下有步骤有秩序地进行，从实际出发，采取科学的方法，稳步推进。

1978 年 12 月，党的十一届三中全会做出了党和国家的工作重点转移到社会主义建设上来，改革一切与生产力发展不相适合的生产关系和上层建筑，改变一切不适应的管理方式、活动方式和思想方式的重大战略决策，实现了党的历史上具有深远意义的伟大转折，开创了中国特色社会主义道路。在中国特色社会主义进入新时代的关键时期，党的十九大重申坚持全面深化改革，强调只有社会主义才能救中国，只有改革开放才能发展中国、发展社会主义、发展马克思主义。必须坚持和完善中国特色社会主义制度，不断推进国家治理体系和治理能力现代化，坚决破除一切不合时宜的思想观念和体制机制弊端，突破利益固化的藩篱，吸收人类文明有益成果，构建系统完备、科学规范、运行有效的制度体系，充分发挥我国社会主义制度优越性。党的二十大强调，坚持深化改革开放。深入推进改革创新，坚定不移扩大开放，着力破解深层次体制机制障碍，不断彰显中国特色社会主义制度优势，不断增强社会主义现代化建设的动力和活力，把我国制度优势更好转化为国家治理效能。社会主义改革实践引起经济基础和上层建筑许多领域的广泛而深刻的变化，对固有模式、传统观念和习惯势力形成前所未有的冲击，取得了中国特色社会主义事业的伟大胜利，在实践中发展的社会主义改革理论也成为中国特色社会主义理论体系和习近平新时代中国特色社会主义思想的重要组成部分。社会主义改革还将继续深化和发展，在众多社会领域产生具有革命意义的深刻变化，推动中国特色社会主义事业不断走向新的胜利。

4. 社会发展的重要动力

科学技术作为先进生产力的重要标志，是在历史上起推动作用的革命力量，是社会发展的重要动力。科学和技术既相互区别又紧密相连，科学是揭示客观事物本质和规律的认识活动及其所形成的理论成果，技术是在科学理论指导下形成的改造世界的方法与手段。科学是技术的依据，技术是科学的应用，二者是辩证统一的整体。现代的科学活动与技术活动日益融为一体，科学技术的发展与生产的关系越来越密切，对于推动社会发展显示出越来越巨大的作用。

马克思曾指出：生产力中也包括科学。1975 年邓小平主持各条战线的整顿工作时，针对“文化大革命”中对经济和科技的破坏，就以马克思“生产力中也包括科学”的论述为依据，指出科学技术是生产力。1977 年邓小平复出以后提出“实现现代化，关键是科学技术要能上去”。1978 年在全国科学大会上，他重申“科学技术是生产力”这一马克思主义论点，并展开了由此而来的一系列理论和政策观点。1988 年他进一步做出了“科学技术是第一生产力”的论断，这是对当代科学技术的迅速发展及其对社会进步的巨大作用的精辟总结。

科学技术在当代之所以成为第一生产力，是因为新的科学技术革命使科学技术以空前的规模和速度广泛地应用于社会领域，引起生产方式、生活方式和思维方式的深刻变化，推动了社会的巨大进步。科技革命对社会生产方式产生了深刻影响，它凝结在生产力的诸要素中，引起生产条件的根本变更和劳动者素质的全面提高，从而改变了人们的劳动形式和社会的产业结构：使人们的劳动方式由机械自动化走向智能自动化、由局部自动化走向大系统管理和控制自动化；使第三产业在国民经济中所占的比重日益提高，科技人员和管理人员的比例日益增长；推动了生产规模的扩大，分工和协作的广泛发展，进一步提高了生产社会化的程度，最终必然会导致生产关系的变革。

科技革命深刻改变了人类的物质生活和精神生活条件，对人们的生活方式产生了巨大影响。现代化信息、交通、通信技术全面改变了人们的交往方式、学习方式、消费方式，为人们从事科学、艺术、文化、教育活动提供了更有效的手段，为人的自由而全面的发展创造了新的可能。生产方式与生活方式的深刻变化开阔了人们的视野，转变了人们的观念，对人的思维方式产生了重要影响，新的科学理论和技术手段引起思维主体、思维客体和思维工具的变革，使人们的思维方式具有系统性、开放性、综合性、创造性，能够运用新的理论工具和技术手段认识世界和改造世界。

> 教育、科技、人才是全面建设社会主义现代化国家的基础性、战略性支撑。必须坚持科技是第一生产力、人才是第一资源、创新是第一动力，深入实施科教兴国战略、人才强国战略、创新驱动发展战略，开辟发展新领域新赛道，不断塑造发展新动能新优势。
>
> （习近平：《高举中国特色社会主义伟大旗帜 为全面建设社会主义现代化国家而团结奋斗——在中国共产党第二十次全国代表大会上的报告》，33 页）

科学技术对社会发展的积极作用是主要的基本的方面，但是，科学技术作用的实现要受一定的主客观条件的制约，对自然规律认识不足或一定的社会制度和人们发展观念的局限等因素会导致对科学技术使用不当，可能会给人类的生存和发展带来消极后果。能源和资源枯竭、环境污染、生态失衡等一系列全球性问题提醒人们树立危机意识和全球观念，克服只顾眼前利益和局部利益的狭隘观念，用科学的自然观和发展观正确对待人与自然的关系，实现人类社会的可持续发展。

5. 创造世界历史的动力

唯物史观不仅从客体角度揭示了社会发展的动力，而且从主体角度揭示了人民群众和个人在社会发展中的作用，指出人民群众是世界历史的创造者，是推动社会发展的决定力量，因为社会基本矛盾的发展和解决最终要通过人民群众的实践活动来实现。

唯心史观一般都夸大个人对社会发展的作用，把英雄人物或孤立的个人看作历史的创造者，认为英雄人物的意志或个人的偶然行为是社会发展的决定因素。

德国哲学家尼采把世界和生命的本源归结为权力意志，认为凡有生命之处，便有向权力之意志。他把拥有权力意志的人称为超人，把缺乏权力意志的人称为末人或奴隶，认为超人是未来历史的创造者，是人类命运的主人，他把人类的希望寄托在超人身上，认为他们代表了人类的未来。这是一种典型的英雄史观，并成为 20 世纪法西斯主义的重要理论来源。

唯物史观把现实的人及其活动作为社会历史存在和发展的前提，现实的人即从事实践活动的、处于一定社会关系中的人，物质资料生产活动是第一个历史活动，是人类最基本的实践活动和存在方式。现实的人不是孤立的个体，而是由处于社会关系之中的无数个体构成的整体即人民群众，人民群众是一个具体的历史的范畴，是指占社会人口中大多数的一切对社会历史发展起推动作用的人。在社会历史发展过程中，人民群众起着决定性作用。

人民群众是社会物质财富的创造者。包括劳动知识分子在内的人民群众是物质资料生产活动的主体，是生产力的体现者，创造了人类生存所必需的生活资料和从事政治文化等活动所需的物质前提，推动社会生产力不断发展。随着生产过程的现代化和劳动形式的变化，知识分子的科学技术活动日益成为创造社会物质财富的不可缺少的条件，从事科学技术工作的广大知识分子在推动社会生产力进步、创造社会物质财富的过程中所起的作用日益突出。

人民，只有人民，才是创造世界历史的动力。

（《毛泽东选集》，2 版，第 3 卷，1031 页，北京，人民出版社，1991）

人民群众是社会精神财富的创造者。劳动人民通过物质生产实践为创造精神财富提供了必要的物质条件和设施。人民群众的生活、实践活动是一切精神财富和文化艺术产品形成和发展的源泉。人民群众还直接参加了社会精神财富的创造，从中产生了许多伟大的科学家、思想家和艺术家。

人民群众是社会变革的决定力量。生产关系的变革和社会形态的更替不会随生产力的发展自发地完成，必须通过人民群众的革命实践才能实现。尤其在社会形态更替过程中，人民群众是社会革命的主力军，对社会变革起决定作用。

人民群众创造历史的活动不是随心所欲的，而是要受一定社会历史条件的制约。一定历史阶段的经济条件是人民群众创造活动的物质基础和首要前提，政治和文化条件对人民群众的创造活动也具有直接影响，在不同的政治制度下，人民群众的政治地位和享受到的政治权利不同，受到思想文化传统和意识形态的影响不同，创造活动的形式和效果也不相同。

唯物史观从人民群众创造历史的基本立场出发，科学地揭示了个人在社会发展中的作用。所有的人都会在历史上留下自己的印记，离开了每一个个人的活动也不可能有人民群众的创造活动。但整体的社会历史发展过程并非个体活动的简单堆砌，而是无数个人不同的愿望及其对外部世界的各种作用形成的合力。社会历史的变化发展是社会领域中各种力量交互作用的结果，形成不以任何个人意志为转移的客观必然性。

> 历史是这样创造的：最终的结果总是从许多单个的意志的相互冲突中产生出来的，而其中每一个意志，又是由于许多特殊的生活条件，才成为它所成为的那样。这样就有无数互相交错的力量，有无数个力的平行四边形，由此就产生出一个合力，即历史结果，而这个结果又可以看做一个作为整体的、**不自觉地**和不自主地起着作用的力量的产物。因为任何一个人的愿望都会受到任何另一个人的妨碍，而最后出现的结果就是谁都没有希望过的事物。所以到目前为止的历史总是像一种自然过程一样地进行，而且实质上也是服从于同一运动规律的。
>
> （《马克思恩格斯选集》，3版，第4卷，605页）

社会发展是一个自然历史过程，是作为历史主体的人民群众的认识活动和实践活动的发展过程，任何个人或历史人物的作用都应当放到这一过程中加以考察。历史人物是在社会发展过程中产生过重大作用的个人，按其发挥作用的性质，可分为杰出人物和反面人物。历史人物对历史事件具有深刻影响，甚至有时能够决定个别历史事件，使历史过程发生某种重大变化。任何历史人物的出现都体现了必然性与偶然性的统一，归根到底是由社会历史发展的基本进程和趋势决定的，历史人物在历史上发挥的作用要受到社会发展客观规律的制约，他们的思想和行为只有符合社会发展规律和人民群众的意愿，才能起到推动社会前进的积极作用。

唯物史观关于人民群众是历史创造者的原理，是无阶级政党的群众观点和群众路线的理论基础。党的二十大强调，必须坚持人民至上。人民性是马克思主义的本质属性，党的理论是来自人民、为了人民、造福人民的理论，人民的创造性实践是理论创新的不竭源泉。一切脱离人民的理论都是苍白无力的，一切不为人民造福的理论都是没有生命力的。在夺取新时代中国特色社会主义伟大胜利，实现中华民族伟大复兴的过程中，我们要站稳人民立场、把握人民愿望、尊重人民创造、集中人民智慧，形成为人民所喜爱、所认同、所拥有的理论，使之成为指导人民认识世界和改造世界的强大思想武器。

本章小结

社会形态是与生产力发展一定阶段相适应的经济基础与上层建筑的统一体，社会的发展和进步是通过社会形态的更替实现的。社会形态的发展是一个自然历史过程，是合规律性与合目的性的统一，体现了人类社会由低级向高级发展的规律。

生产关系适应生产力状况的规律和上层建筑适应经济基础状况的规律是贯穿人类社会发展过程的基本规律。生产力通过经济基础决定上层建筑的本质及发展变化，上层建筑通过对经济基础的反作用影响生产力的发展，二者辩证统一、有机结合，构成社会发展的基本规律，从根本上规定了社会形态更替的客观必然性。生产力与生产关系、经济基础与上层建筑的矛盾相互联系、相互制约，贯穿于社会发展过程的始终，规定了社会发展过程的基本性质和基本趋势，形成对社会历史的发展起根本推动作用的社会基本矛盾。

阶级斗争和社会革命是社会基本矛盾在阶级社会中的直接表现，是阶级社会发展的直接动力。改革是在社会基本制度不变的前提下对旧的社会体制的变革，是实现社会的自我更新和自我改善的基本途径，改革是社会主义社会发展的直接动力。科学技术的发展与生产的关系越来越密切，成为第一生产力，是社会发展的重要动力。社会基本矛盾的发展和解决最终要通过人民群众的实践活动来实现，人民群众是创造世界历史的动力，是推动社会发展的决定力量。

阅读书目

1. 马克思，恩格斯．德意志意识形态（节选）．见：马克思恩格斯选集．3 版．第 1 卷．北京：人民出版社，2012

2. 马克思．《政治经济学批判》序言．见：马克思恩格斯选集．3 版．第 2 卷．北京：人民出版社，2012

3. 恩格斯．路德维希·费尔巴哈和德国古典哲学的终结．见：马克思恩格斯选集．3 版．第 4 卷．北京：人民出版社，2012

4. 列宁．国家与革命．见：列宁选集．3 版修订版．第 3 卷．北京：人民出版社，2012

5. 习近平．高举中国特色社会主义伟大旗帜 为全面建设社会主义现代化国家而团结奋斗——在中国共产党第二十次全国代表大会上的报告．北京：人民出版社，2022

思考题

1. 对以下说法做出辨析：

（1）社会形态的发展是一个自然历史过程，所以社会发展规律是自然规律的重复。

（2）社会发展的根本动力在于一定时代大多数人一致的选择和行动。

（3）科学发展观强调的“以人为本”中的“人”是指现实的人。

（4）资源枯竭、环境污染和生态失衡等全球性问题是现代科学技术的迅速发展和广泛应用造成的。

（5）在社会发展过程中，人民群众是“剧中人”，英雄人物是“剧作者”。

2. 20世纪初的德国哲学家尼采认为，权力意志是推动宇宙和人类永恒轮回的根本动力，能够充分体现权力意志力量的人是超人，他们是人类历史命运的主人，代表了人类的未来。请运用唯物史观基本原理对这种观点加以分析讨论。

3. 分析材料并回答问题：

材料1 1918年至1920年，中国近现代著名思想家梁启超到欧洲旅游考察，回国后出版《欧游心影录》一书，宣布第一次世界大战之后，西方的物质文明和科学万能论破产了，西方人精神空虚，生活失去了意义。他认为中国的传统文化能够避免西方精神文明的危机，具有挽救世界的意义和作用，西方人正等待着中国传统文化的拯救和超拔。

材料2 20世纪90年代，美国学者弗朗西斯·福山提出所谓“历史终结论”，认为西方的自由民主制度是唯一一个被人类普遍认同和不懈追求的政治理想，是意识形态发展的终点和人类的最后一种统治形态，因此造成了“历史的终结”。他认为自由民主制度的成功在于它是最能满足人类获得认可欲望的一种政治形式。人的本性要求自己作为一个具有价值和尊严的人被认可，这种意愿是历史发展的动力，引导着人们追求自由民主制度。

材料3 20世纪90年代，美国思想家塞缪尔·亨廷顿提出“文明冲突论”，认为文明的差异是人类各种差异之中最具根本性的，这种差异基本上是不可更改、不可消除的。21世纪人类分歧和冲突的根源将不是政治因素或经济因素，而是文化方面的差异。文明的冲突将主宰着全球政治，文明之间的差异将会成为未来的战线，基督教文明、儒教文明和伊斯兰文明的冲突决定新的世界格局。

请回答：

（1）上述材料中的观点有何共同之处？请运用唯物史观基本原理加以分析评价。

（2）意识形态在人类社会的发展中具有什么样的作用？

（3）人类社会发展的真正动力是什么？

（4）人类社会发展遵循什么样的规律？

第六章

资本主义生产关系及其实质

要点提示

● 使用价值与价值的矛盾、具体劳动与抽象劳动的矛盾、个别劳动时间与社会必要劳动时间的矛盾、私人劳动与社会劳动的矛盾是商品经济的内在矛盾。其中，私人劳动与社会劳动的矛盾是简单商品经济的基本矛盾。

● 商品与货币的矛盾是商品经济的外在矛盾。

● 价值规律是商品经济的基本规律。

● 深化对马克思劳动和劳动创造价值的研究和认识，必须结合新的实际。

● 资本主义生产关系的实质是以生产资料私有制为基础的雇佣劳动制度。

● 资本主义生产资料所有制是剩余价值生产的基础。

● 剩余价值的生产过程是劳动过程和价值增殖过程的统一。

● 根据资本不同部分在剩余价值生产中所起作用的不同，资本区分为不变资本和可变资本。

● 绝对剩余价值生产和相对剩余价值生产是剩余价值生产的基本方法。

● 剩余价值必然要经历向利润、平均利润转化的过程，当利润转化为平均利润以后，商品的价值就转化为生产价格。

● 剩余价值具有商业利润、利息、银行利润、资本主义地租等多种分配形式。

关键词

商品经济　商品　价值　货币　价格　社会必要劳动时间　价值规律　劳动力商品　资本　剩余价值　资本主义所有制　劳动过程　价值增殖过程　不变资本　可变资本　剩余价值率　资本有机构成　绝对剩余价值生产　相对剩余价值生产　利润　平均利润　生产价格　商业利润　利息　银行利润　资本主义地租

对商品经济矛盾的分析，既是根据时代发展的需要深化对劳动和劳动创造价值问题的认识的重要理论前提，也是我们认识资本主义生产关系及其实质的重要理论前提。资本主义生产是剩余价值的生产。货币转化为资本、剩余价值的生产和分配过程反映了资本主义生产关系的实质。

一、商品经济的矛盾

使用价值与价值的矛盾、具体劳动与抽象劳动的矛盾、个别劳动时间与社会必要劳动时间的矛盾、私人劳动与社会劳动的矛盾是商品经济的内在矛盾。其中，私人劳动与社会劳动的矛盾是商品经济内在矛盾的根源。商品与货币的矛盾是商品经济的外在矛盾。商品经济矛盾的运动是揭示资本主义生产关系及其实质的基础。

1. 商品经济的内在矛盾

商品经济是商品生产和商品交换的总和，是直接以交换为目的的社会经济形态。在人类社会发展中，商品经济取代自然经济是历史的巨大进步，推动了社会生产力的发展。商品经济的内在矛盾运动反映了商品经济的基本规定。

第一，商品是用来交换的劳动产品，是使用价值和价值的矛盾统一体。使用价值是商品能满足人类某种需要的属性，是商品的自然属性，反映了人与自然的关系。不论在什么社会形态下，使用价值总是构成社会财富的物质内容，是人类社会赖以生存和发展的基础。在商品经济条件下，商品的使用价值是通过交换来满足他人需要的，因而使用价值是商品的交换价值和价值的物质承担者。交换价值表现为一种使用价值同另一种使用价值相交换的量的关系或比例。两种根本不同的使用价值之所以能够交换，是由于它们存在着某种共同的东西，这种共同的东西就是在一切商品中都凝结着的一般人类劳动，即商品的价值。价值是商品所特有的本质属性和社会属性，体现了商品生产者之间相互交换劳动的社会经济关系。价值是交换价值的基础或内容，交换价值是价值的表现形式。

商品是使用价值和价值的矛盾统一体。(1) 使用价值和价值统一于商品之中，缺一就不成其为商品。使用价值是价值的物质承担者，没有使用价值的物品就没有价值，因而也就不是商品；价值是商品的本质属性，仅仅有使用价值而没有价值的物品，也不是商品。(2) 使用价值和价值又是相互排斥的。商品消费者购买某种商品是为了消费，他所需要的是使用价值；他要获取使用价值，就必须支付商品的价值。商品生产者和消费者都不能既占有商品的价值又占有商品的使用价值。只有通过商品交换，生产者让渡了商品的使用价值实现了价值，消费者支付了商品的价值获得了使用价值，商品中使用价值和价值的内在矛盾才能得到解决。

第二，商品的使用价值与价值的矛盾是由生产商品的具体劳动与抽象劳动的矛盾决定的。具体劳动是在一定具体形式下进行的劳动，具体劳动创造商品的使用价值，体现的是人与自然之间的关系，因而是不以任何社会形式为转移的人类生存的条件。生产不同使用价值的具体劳动在质上是不同的，因而在量上也是无法进行比较的。抽象劳动是撇开劳动的具体形式的一般人类劳动，抽象劳动形成商品价值，凝结在商品中的抽象劳动是价值实体，体现的是商品生产者之间的社会经济关系。抽象劳动对于生产任何商品的劳动来说都是相同的，只存在量的差别。

具体劳动与抽象劳动之间的矛盾表现在：（1）具体劳动和抽象劳动是统一的。商品生产者在从事具体劳动的同时，也就付出了抽象劳动。具体劳动和抽象劳动不是两次劳动，更不是两种劳动，而是生产商品的同一劳动过程的两个不同的方面。（2）具体劳动和抽象劳动存在着矛盾。具体劳动是从劳动的有用效果来看的，抽象劳动抽去了劳动的有用性；具体劳动在质上不同，因而在量上不能比较，而抽象劳动在质上相同，只有量的差别；具体劳动是一切社会形态都存在的永恒范畴，抽象劳动是商品经济特有的历史范畴；具体劳动不是使用价值的唯一源泉，抽象劳动是形成价值的唯一源泉。具体劳动与抽象劳动的矛盾和使用价值与价值的矛盾相联系。只有在交换过程中商品的使用价值被转让出去，商品的价值得到实现以后，生产商品的具体劳动才能为社会所承认，生产商品的抽象劳动才能被还原，具体劳动与抽象劳动的矛盾才能得到解决。

讨　论

（1）废品没有使用价值，也没有价值；（2）空气、阳光等非劳动产品，有使用价值却没有价值；（3）农户生产的供家庭成员自用的粮食，是劳动产品又有使用价值，但不是为满足他人需要，所以也没有价值；（4）农民向地主缴纳的实物地租，既是劳动产品，又有使用价值，并且是为满足他人需要，但不通过交换，所以也没有价值。你还能列举一些不属于商品的产品或物品吗？

第三，个别劳动时间与社会必要劳动时间的矛盾。商品的价值量不是由个别生产者生产某种商品耗费的个别劳动时间决定的，而是由生产商品的社会必要劳动时间决定的。社会必要劳动时间是指“在现有的社会正常的生产条件下，在社会平均的劳动熟练程度和劳动强度下制造某种使用价值所需要的劳动时间”①。由社会必要劳动时间所决定的价值量，是商品的社会价值。社会价值是在同一部门内部同类商品生产者之间的竞争中形成的，商品交换依据商品的社会价值进行。

讨　论

威廉·配第说：“土地为财富之母，而劳动则为财富之父。”应如何理解这一观点？

商品的价值量同简单劳动和复杂劳动有密切关系。简单劳动是指不需要经过专门训练和培养的一般劳动者都能胜任的劳动。复杂劳动是指需要经过专门训练和培养，具有一定文化知识和技术特长的劳动者才能从事的劳动。简单劳动和复杂劳动的区分是相对的。社会必要劳动时间是以简单劳动为尺度来计量的，复杂劳动可以换算成倍加的简单劳动。

社会必要劳动时间不是固定不变的，它会随着劳动生产率的变化而变化，从而使价值量发生相应变化。劳动生产率是指劳动者生产某种商品的使用价值的效率，它既可用单位时间内生产的产品数量表示，也可用生产单位商品所消耗的劳动时间表示。决定和影响劳动生产率的因素主要有：劳动者的平均熟练程度、生产过程的社会组织形式、科学技术发展及在生产中的应用、生产资料的质量和效能、自然条件等。劳动生产率的变化只涉及一定时间内所生产的商品数量的变化，而同一劳动在该时间内所创造的商品价值总量是不变的，因而社会劳动生产率提高了，单位时间内所生产的商品数量就会增多，

① 《马克思恩格斯文集》，第5卷，52页。

生产单位商品所耗费的社会必要劳动时间就会减少，从而单位商品中所包含的价值量也就会降低；反之，社会劳动生产率降低了，单位时间内所生产的商品数量就会减少，生产单位商品所耗费的社会必要劳动时间就会增加，从而单位商品中所包含的价值量也就会增加。所以，单位商品的价值量与包含在商品中的社会必要劳动量成正比，与生产该商品的劳动生产率成反比。

讨论

在现实生活中，个别企业由于提高劳动生产率而提高了产出与投入比，与同行业其他企业相比，单位时间内生产出更多的产品，从而形成更多的价值量，这是否同单位商品的价值量与生产该商品的劳动生产率成反比相矛盾呢？

第四，私人劳动与社会劳动的矛盾是简单商品经济的基本矛盾。简单商品经济是以生产资料私有制和社会分工为条件的。这两个条件决定了生产商品的劳动同时具有私人劳动和社会劳动两重性质。由于生产资料私有制，商品生产者的劳动具有私人性质，每个商品生产者生产什么、生产多少和怎样生产完全由他个人决定，劳动产品也归他自己占有和支配。由于社会分工，商品生产者的劳动又具有社会性质，各个商品生产者在社会分工体系中只从事某种生产。他们以不同的具体劳动，为他人创造使用价值，相互满足需要，他们的劳动互相联系、互相依存，成为社会总劳动的一部分。

> 凡是资产阶级经济学家看到物与物之间的关系（商品交换商品）的地方，马克思都揭示了**人与人之间的关系**。
>
> （《列宁选集》，3版修订版，第2卷，312页）

私人劳动和社会劳动之间存在着矛盾。生产商品的劳动的社会性质，要求劳动产品在数量和品种上能够符合社会的需要。但是，劳动的私人性质，却使得生产出的商品往往不能与社会需要直接相一致。因此，生产者的私人劳动只有通过商品交换才能得到社会承认，转化为社会劳动，成为社会劳动的组成部分。

私人劳动和社会劳动的矛盾，是以个体私有制为基础的简单商品经济的基本矛盾。这是因为：（1）私人劳动和社会劳动的矛盾是商品经济内在矛盾的根源。使用价值与价值的矛盾、具体劳动与抽象劳动的矛盾、个别劳动时间与社会必要劳动时间的矛盾，归根到底都来源于私人劳动和社会劳动的矛盾。（2）私人劳动和社会劳动的矛盾决定着商品经济产生和发展的全过程。私人劳动和社会劳动的矛盾的存在，决定了商品交换的必然性，导致了简单商品经济的产生。随着社会分工和私有制的发展，私人劳动和社会劳动的矛盾进一步发展为生产的社会化与生产资料的资本主义私人占有之间的矛盾，简单商品经济也就逐步发展为资本主义商品经济。（3）私人劳动和社会劳动的矛盾直接决定着商品生产者的命运。商品生产者的私人劳动能否转化为社会劳动，或者私人劳动在多大程度上转化为社会劳动，决定着商品生产者在竞争中的地位以及盈亏的程度，从而决定着商品生产者在贫富两极分化中的命运。

2. 商品与货币的矛盾

价值形式的发展过程反映了货币的起源和本质，揭示了商品经济的外在矛盾，即商品与货币的矛盾。商品经济的外在矛盾运动反映了商品经济的一般规律。价值规律是商品经济的基本规律。只要存在商品生产和商品交换，价值规律就必然存在并支配着商品经济的全过程。

第一，货币的形成及本质。从商品交换的发展历史看，价值形式的发展经历了四个阶段（见图 6－1）。第一阶段：简单的或偶然的价值形式，即一种商品的价值偶然地个别地表现在另一种商品上。图 6－1 中，等式左端的绵羊处于相对价值形式的地位，是价值被表现的商品，它的价值只能通过另一种商品相对地表现出来。等式右端的石斧处于等价形式的地位，被当作价值表现材料，即用自身的使用价值去表现与自己相交换的商品的价值。在这一价值形式中，商品内部的使用价值和价值的矛盾，开始表现为两个商品之间的外部对立。第二阶段：总和的或扩大的价值形式，即一种商品的价值表现在与它相交换的一系列商品上。由于处于相对价值形式一端的商品的价值，已经表现在一系列商品上，从而商品价值作为无差别的一般人类劳动的凝结，已经开始真正地得到表现；商品价值量由社会必要劳动时间决定已不再具有偶然性。第三阶段：一般价值形式，即一切商品的价值，都统一地表现在从商品世界中分离出来充当一般等价物的某一种商品上。在这里，价值是无差别的一般人类劳动的凝结这一本质得到了完全的表现，社会必要劳动时间决定商品价值量也得到了准确反映。第四阶段：货币形式，即价值形式发展的完成形式。当一般等价物最终固定在一种商品上时，这种商品就成为货币，这种价值形式就是货币形式。在货币形式中，充当一般等价物的商品已经固定地由某种商品如金银来承担。贵金属金银之所以固定地充当一般等价物，一方面是因为金银也具有价值，它的价值量也是由生产黄金或白银的社会必要劳动时间决定的；另一方面是因为金银本身所具有的天然特性使它最适合作为货币的材料。

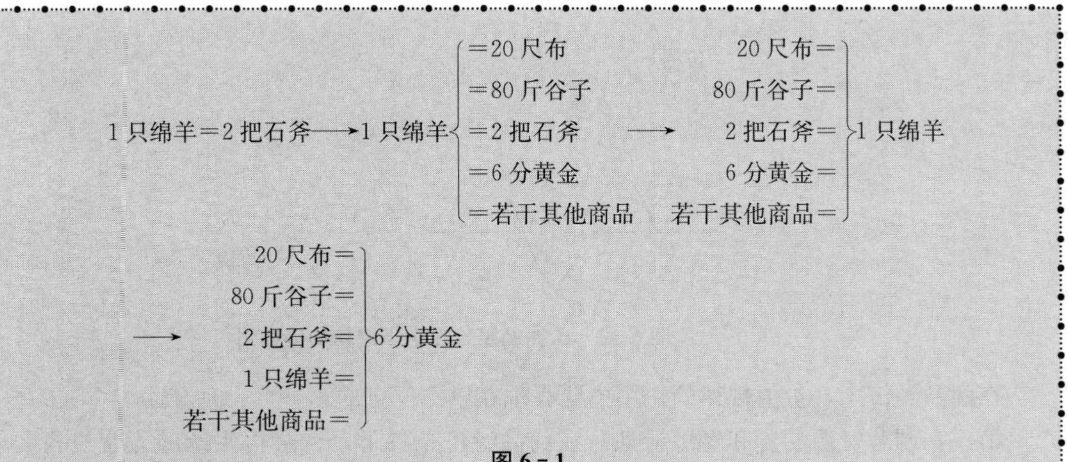

图 6－1

货币是商品交换发展到一定阶段的自发产物，是商品内在矛盾发展的必然结果。货币的出现，使整个商品世界分成了两极：一极是商品，它们都具有特殊的、各不相同的使用价值；另一极是货币，它是一切商品价值的代表。这样，商品的内在矛盾就发展为商品与货币的外部对立。一切商品，只有换成货币，商品生产者的私人劳动才会转化为社会劳动，具体劳动才会还原为抽象劳动，商品的使用价值和价值的矛盾才能得到解决。

价值形式的发展过程，揭示了货币的本质即固定地充当一般等价物，体现了商品生产者之间的社会经济关系。

第二，价值规律及其作用。价值规律的基本内容是：（1）商品的价值量由生产商品的社会必要劳动时间来决定，每个商品生产者都必须使自己的个别劳动时间等于或低于社会必要劳动时间。这也是每个商品生产者千方百计地提高劳动生产率，缩短个别劳动时间，降低个别价值的根本原因。（2）商品交换以价值量为基础，实行等价交换。商品交换若不能按照等价交换的原则进行，生产某种商品的生产者的劳动耗费就得不到补偿，从而导致生产缩减；同时，其他的商品生产者也就不能通过交换得到这种商品满足自己的需要，商品生产也就难以为继。商品交换实行等价交换原则是不以人的意志为转移的客观要求。

在现实生活中，价值规律对生产和交换活动的支配作用是通过价格运动表现出来的。按照价值规律的要求，商品价格的确定是以商品价值为基础的。但是，这并不意味着每一次具体的商品交换都是等价交换。商品供求关系的不平衡，使得商品的价格与价值经常不一致，但这不仅不违背价值规律，相反正是价值规律发生作用的表现形式。这是因为：（1）从商品交换的总体和较长时期来看，价格的上涨部分和下落部分可以相互抵消，因而一定时期之内商品的平均价格与价值是相等的，价格与价值是趋于一致的；（2）从不同商品各自的价格变动来看，商品的市场价格无论怎样变动，都是以各自的价值为基础变动的，各种商品之间总有一定的比价。因此，在商品交换中，受供求关系的影响，商品价格围绕价值自发地上下波动，既不是无限地上涨，也不是无限地下跌，商品价格归根到底要受价值制约；只有通过商品价格的波动，商品按照社会必要劳动时间决定的价值量进行交换才成为现实（见图 6-2）。

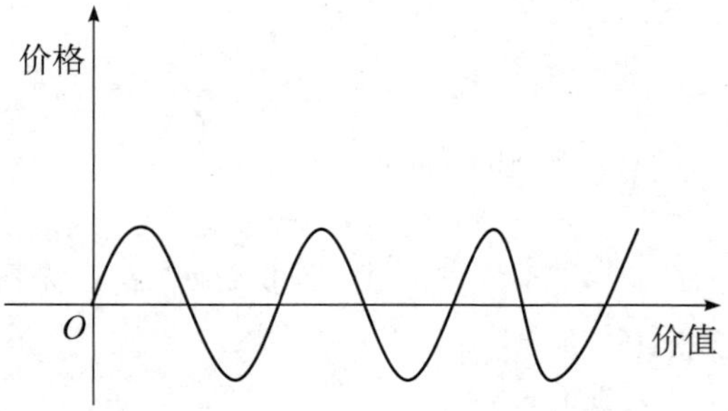

图 6-2　价格围绕价值上下波动的坐标图

在商品经济中，价值规律的作用主要表现在以下三方面：

第一，调节资源配置和经济活动。在商品经济条件下，社会再生产的正常进行要求生产要素等资源按一定比例在国民经济各部门中进行分配。作为价值规律作用实现形式的价格机制，向商品生产者提供了市场供求变动的信息，指导着商品生产者配置资源的方向。当某种商品供过于求而使价格下跌时，生产这种商品的生产者就会把资源投向其他有利可图的生产部门；当某种商品供不应求而使价格上涨时，一些商品生产者就会把资源投向该种商品的生产部门。价值规律正是通过供求关系和市场竞争的强制力量，使商品生产者在利益驱动下进行资源配置、开展经济活动，以实现社会生产和社会需要之间的大体平衡。但是，价值规律通过价格涨落来调节资源配置和经济活动，只能是一种事后调节，它往往会伴随资源的浪费。

第二，刺激商品生产者改进技术，提高劳动生产率，促进社会生产力的发展。在商品经济条件下，由于各个商品生产者的劳动生产率不同，生产同样商品所耗费的劳动时间也各不相同，如果都按照由社会必要劳动时间决定的社会价值出售商品，就会产生收入上的差别。这样，率先改进生产技术和提高劳动生产率的商品生产者，生产商品的个别劳动时间就会低于社会必要劳动时间，商品的个别价值就会低于社会价值，从而会在竞争中处于优势；反之，生产技术落后的商品生产者，生产商品的个别劳动时间高于社会必要劳动时间，商品的个别价值高于社会价值，就会在竞争中处于劣势，甚至会走向破产。为了追求更多的利益并在竞争中取胜，商品生产者必然纷纷改进生产技术，提高劳动生产率，力求使个别劳动时间低于社会必要劳动时间，结果就促进了社会生产力的发展。

第三，促使商品生产者在市场竞争中实现优胜劣汰。在市场竞争中，由于各个商品生产者之间存在着生产条件和劳动技能上的差别，所以劳动生产率不同。那些资金雄厚、生产设备精良、生产技术熟练的商品生产者，其商品的个别价值低于社会价值，能获得较高收益，进而可以采用更先进的技术设备，进一步提高劳动生产率，获取更大的收益。而那些资金缺乏、生产设备差、劳动熟练程度低的商品生产者，其商品的个别价值高于社会价值，只能获得较少收益，因而没有能力改进技术、扩大生产规模。长此以往，就会出现具有较高劳动生产率的生产者在市场竞争中逐渐确立优势地位，而在生产中处于劣势的商品生产者最终不可避免地被市场所淘汰。优胜劣汰机制的作用，有利于社会劳动生产率的提高，促进社会生产力的发展，但也不可避免地会产生公平与效率的矛盾。

3. 深化对劳动和劳动创造价值的认识

一百多年来，科学技术日新月异，社会生产力飞速发展，市场经济运行范围不断扩大，世界经济发生了很大变化，出现了许多新情况和新问题。在新的历史条件下，深化对马克思劳动和劳动创造价值的研究和认识，必须结合新的实际。

第一，马克思关于劳动和劳动创造价值的观点必须随着时代的变化和实践的发展而不断发展。这种时代的变化和实践的发展主要体现在：(1) 认识劳动和劳动创造价值的出发点发生了变化。马克思的分析在于研究资本主义经济制度，揭示资本对劳动剥削的秘密，深刻认识资本主义生产关系的本质及历史局限性，为无产阶级革命提供强大的思想武器。在新的历史条件下，我们不仅要关注已经发生了深刻变化的当代资本主义经济关系，更要认识现实的社会主义经济关系，并以此为基础，科学地认识社会主义市场经济的各种经济关系，为制定各项改革政策提供理论依据。(2) 认识劳动和劳动创造价值所处的经济环境发生了变化。马克思是在资本主义发展过程中来研究劳动的，是在劳动与资本相对立的环境中来分析价值问题的。今天，我们是在社会主义市场经济条件下来认识劳动的，是在以公有制为主体，但同时又存在着多种所有制经济共同发展的环境下来分析价值问题的，目的在于使我们的改革和各项措施更好地符合生产力发展的要求。(3) 认识劳动和劳动创造价值所具有的生产力基础发生了变化。马克思是在生产的社会化和劳动分工还处在较低水平的情况下进行研究的，因而对许多问题的认识还不可能非常充分。今天，我们所具有的生产力基础是生产高度社会化、劳动分工有了深刻变化，因而需要我们以更宽广的视野来认识劳动和劳动创造价值。

> 劳动价值学说不仅在马克思时代是真正的科学，就是在今天来讲也是真正的科学。
>
> （米克：《劳动价值学说的研究》，3页，北京，商务印书馆，1963）

第二，深化对创造价值的劳动的认识。随着生产社会化水平的不断提高，社会的劳动分工也越来越多样化。生产日益突破单个工人的局限，由许多的劳动者分工合作来共同完成生产过程，已成为当今生产发展的基本状况。因此，在生产过程中价值的创造也突破了单个劳动者的局限，而是由“总体工人”共同创造价值。并且，随着社会分工的发展，这种“总体工人”的范围呈现不断扩大的趋势。与直接生产劳动相分离的管理劳动者和科技人员的劳动，都属于总体劳动的一部分。管理劳动、科技劳动等所创造的知识产品，没有确定的物质形态，却有其特殊的使用价值和价值，作为生产要素在现实的生产过程中也会发生价值转移。从“总体工人”的角度来认识价值创造的问题，实际上就是要我们把创造价值的劳动由企业内部扩展到企业外部，拓展对创造价值的劳动种类的认识。在今天，创造价值的劳动无论从形式上看，还是从内容上看，无疑要比以前丰富得多。

第三，价值创造与财富生产是有区别的。价值创造的意义在于说明活劳动是价值的本源，物化劳动不创造价值，财富生产的意义在于表明各种生产要素的综合作用生产了财富；价值创造与抽象劳动相联系，财富生产与具体劳动相关联；价值创造反映的是经济活动中的社会关系，财富生产反映的是经济活动中人与自然的关系。当我们把马克思的研究由制度层面推向体制层面，特别是推向社会主义社会生产力的发展和财富生产问题的研究时，应特别注意，劳动的社会关系和自然关系是统一的，绝不是相互排斥的，但也不是可以相互取代的。今天，不仅财富的数量迅速增长，而且财富的存在形式也越来越多样化。在物质财富迅速增加的同时，精神财富也以更快的速度增长。特别是科技劳动创造的非物质形态财富，对人类社会的发展和全面进步起着日益重要的作用。这部分创造精神财富的劳动也同创造物质财富的劳动一样，都是创造价值的劳动。因此，必须根据社会发展的变化，使创造价值的劳动从物质生产领域向非物质生产领域拓展。

二、 剩余价值的生产

资本主义生产关系的实质是以生产资料私有制为基础的雇佣劳动制度。资本主义生产关系的实质首先是从剩余价值的生产中反映出来的。

1. 货币转化为资本

剩余价值是通过货币转化为资本产生的。劳动力成为商品又是货币转化为资本的前提。

第一，货币本身并不是资本。货币与资本的区别是通过简单商品流通（W—G—W）和资本流通（G—W—G）的对比表现出来的（见表6-1）。

表 6-1 简单商品流通与资本流通的区别

	简单商品流通	资本流通
流通形式	商品—货币—商品（W—G—W）	货币—商品—货币（G—W—G）
流通媒介	货币（G）	商品（W）
流通目的	为买而卖，为了使用价值	为卖而买，为了更大的价值
流通内容	不同使用价值之间的交换	价值的增殖
流通的限度	有限	无限

对比分析两种流通形式可以看到，在简单商品流通中，货币只是充当商品流通的媒介。而在资本流通中，货币在运动中发生了价值增殖。这时的货币已不是普通的货币，而是转化为资本，成为资本的存在形式。因此，资本流通的完整形式应该为 G—W—G′。其中，$G'=G+\Delta G$，ΔG 是资本在运动过程中的价值增殖额，称为剩余价值（m）。资本流通是为了获取剩余价值，资本就是能够带来剩余价值的价值。

从形式上来看，资本流通中的价值增殖同价值规律是矛盾的。因为按照价值规律的要求，在流通过程中，无论是 G—W，还是 W—G，商品的价值量都不发生变化。但是，资本流通呈现出来的现象是，经过流通过程，资本的价值发生了增殖。要解决这个问题，就要说明剩余价值是怎样产生的。剩余价值不能从流通领域产生，但又离不开流通领域，这是解决问题的关键。剩余价值不能发生在 G—W 阶段的货币上，因为这里的货币不会发生价值增殖。剩余价值也不能发生在 W—G 阶段上，因为这一阶段只是使商品从自然形式转化为货币形式，而没有发生价值量的变化。因此，剩余价值只能发生在第一阶段所购买的商品上，但又不是发生在商品的价值上，只能发生在商品的使用价值上。也就是说，购买的这种商品的使用价值在创造自身价值的同时，能够创造比自身价值更大的价值。这种特殊的商品就是劳动力，劳动力成为商品是货币转化为资本的前提。

第二，劳动力成为商品。劳动力是指人的劳动能力，是存在于人的身体中、进行劳动时运用的体力和脑力的总和。劳动力成为商品必须具备的条件是：劳动者必须有人身自由，可以自由地支配自己的劳动力；劳动者丧失了一切生产资料和生活资料，只能靠出卖劳动力为生。

> 我们的剧中人的面貌已经起了某些变化。原来的货币占有者作为资本家，昂首前行；劳动力占有者作为他的工人，尾随于后。一个笑容满面，雄心勃勃；一个战战兢兢，畏缩不前，像在市场上出卖了自己的皮一样，只有一个前途——让人家来鞣。
>
> （《马克思恩格斯文集》，第 5 卷，205 页）

劳动力作为商品，具有价值和使用价值两个因素。劳动力商品的价值，是由生产和再生产劳动力商品的社会必要劳动时间决定的。生产劳动力所必需的劳动时间也就是生产生活资料所必需的劳动时间。具体包括：（1）劳动者本人所必需的生活资料的价值，用于维持他的劳动力的再生产；（2）劳动者养育子女所必需的生活资料的价值，用于延续劳动力的供给；（3）劳动者接受教育和训练的费用，用于培训适合资本主义再生产需要的劳动力。此外，劳动力价值的决定因素还包括历史的和道德的因素。在不同国家或同一国家的不同历史时期，由于社会经济文化条件的不同，劳动者所需要的生活资料的数量、质量和范围也是不同的。

劳动力商品最主要的特点表现在它的使用价值上。一般商品在消费或使用后，它的使用价值就会消失，其价值也随之消失或转移到新产品中去。劳动力的使用价值是劳动者进行生产劳动的能力，它的使用或消费过程就是工人的劳动过程。工人的劳动作为具体劳动创造使用价值，作为抽象劳动形成价值，因此，劳动力商品的使用价值就是一般商品价值的源泉。劳动力的使用不仅能创造新价值，而且还能创造出比自身价值更大的价值。资本家购买劳动力商品，看中的正是劳动力商品的这种特殊使用价值。

2. 资本主义所有制

一切生产都是以劳动者与生产资料的结合为条件的。资本主义生产资料所有制是剩余价值生产的基础。

> 当资本家把货币转化为商品，使商品充当新产品的物质形成要素或劳动过程的因素时，当他把活的劳动力同这些商品的死的对象性合并在一起时，他就把价值，把过去的、对象化的、死的劳动转化为资本，转化为自行增殖的价值，转化为一个有灵性的怪物，它用“好像害了相思病”的劲头开始去“劳动”。
>
> （《马克思恩格斯文集》，第 5 卷，227 页）

生产资料所有制是指人们对生产资料的占有方式，表现为生产资料是归个人，还是归阶级、社会集团所有。形式上是人与物的关系，实质上是人与人的关系，在阶级社会中则是阶级与阶级的关系。生产力的发展水平决定了生产资料的所有制形式。在人类社会发展的不同历史阶段，社会生产力发展水平不同，生产资料所有制也就不同。恩格斯指出：“所有制关系中的每一次变革，都是产生了同旧的所有制关系不再相适应的新的生产力的必然结果。”① 历史上依次出现的在社会经济生活中占统治地位的生产资料所有制有：原始公社所有制、奴隶主所有制、封建主义所有制、资本主义所有制、社会主义所有制。从原始社会瓦解开始到社会主义社会，都存在着个体劳动者所有制，但它从未在社会经济生活中占统治地位。原始社会所有制、社会主义所有制是生产资料公有制，其他的均为生产资料私有制。生产资料所有制是生产关系的基础，因而以生产资料所有制为基础，历史上的生产关系有两种基本类型：一种是以生产资料私有制为基础的生产关系，如奴隶制生产关系、封建制生产关系、资本主义生产关系；另一种是以生产资料公有制为基础的生产关系，如原始社会的生产关系、社会主义社会的生产关系，以及未来共产主义社会的生产关系。

资本主义所有制是资本家占有生产资料并用以剥削雇佣劳动的私有制。它和奴隶社会所有制、封建社会所有制虽然都是私有制，但是，它们在劳动者与生产资料的结合方式上有所不同。在奴隶社会，奴隶主占有土地和其他生产资料，完全占有奴隶的人身和劳动成果，奴隶与生产资料的结合是以剥削者对被剥削者的完全人身占有为基础的。在封建社会，地主阶级占有土地作为基本的生产资料，农民没有土地，为了生存就不得不依附于地主，地主阶级凭借超经济强制的方式对农民进行残酷的剥削，农民与土地这一基本的生产资料的结合，是以农民对地主的人身依附为条件的。在资本主义社会，资本

① 《马克思恩格斯选集》，3 版，第 1 卷，303 页。

家占有生产资料和劳动产品，劳动者则一无所有，只能靠出卖劳动力来维持生存。资本主义所有制的实质就是资本家凭借对生产资料的占有，在等价交换原则的掩盖下，迫使雇佣劳动者进行剩余价值生产，以占有雇佣劳动者所生产的全部剩余价值。

3. 剩余价值的生产过程和方法

剩余价值的生产过程是劳动过程和价值增殖过程的统一。根据资本不同部分在剩余价值生产中所起作用的不同，资本区分为不变资本（c）和可变资本（v）。绝对剩余价值生产和相对剩余价值生产是剩余价值生产的基本方法。

第一，资本主义生产过程表现为劳动过程与价值增殖过程的统一。

资本主义生产过程首先表现为生产各种物质资料的劳动过程。资本主义劳动过程的特点是：工人在资本家的监督下劳动，工人的劳动要服从资本家的安排，工人的劳动产品全部归资本家所有。

资本主义生产过程是生产剩余价值的价值增殖过程。价值增殖是以价值形成为基础的。在生产过程中，工人在通过具体劳动创造出新的使用价值的同时，也把生产资料的价值转移到了新产品中；通过消耗一定的体力和脑力，付出抽象劳动，抽象劳动凝结在新产品中形成价值，这是新创造的价值。其结果，新产品的价值等于预付资本的价值，预付的价值没有增殖，没有产生剩余价值，货币没有转化为资本。这就是价值形成过程，它既是具体劳动转移生产资料旧价值的过程，又是抽象劳动创造新价值的过程。但是，这种生产过程对资本家来说是毫无意义的，他必须要把这种价值形成过程变成价值增殖过程。

假定纺纱厂工人生产棉纱 10 公斤，需要消耗 10 公斤棉花，价值为 100 元，消耗纱锭等劳动资料的价值为 20 元。再假定工人生产 10 公斤棉纱需要 6 个小时，资本家每天支付给工人的价值是 10 元。当工人在 6 小时内将 10 公斤棉花纺成棉纱时，棉花和纱锭等生产资料被转移到新产品棉纱中去了。假定工人 6 小时劳动创造的新价值是 10 元，那么，工人生产出来的 10 公斤棉纱的价值就等于生产资料转移过来的价值 120 元（棉花 100 元、纱锭等劳动资料 20 元）和纺纱工人新创造的价值 10 元，共计 130 元。这和资本家预付生产资料和劳动力的价值相等，意味着什么呢？

资本家必须把工人的劳动时间延长到 6 小时以上，只有这样，才能获取剩余价值。价值增殖过程是超过一定点而延长了的价值形成过程，这个一定点就是工人补偿劳动力价值所需要的劳动时间。也就是说，工人的劳动时间分成必要劳动时间和剩余劳动时间两部分，必要劳动时间是再生产劳动力价值的时间，剩余劳动时间是无偿为资本家生产剩余价值的时间。剩余价值就是由雇佣工人在剩余劳动时间内创造的、被资本家所占有的超过劳动力价值的那部分新价值。

对资本主义生产过程的分析，揭示了资本带来剩余价值的原因，即资本家利用它剥削了雇佣工人的剩余劳动。从表面上来看，资本总是表现为一定数量的货币和物品，如机器、厂房、原材料、制成品等，但是，这些物品本身并不是资本，只有当它们在资本家手里被用来作为剥削雇佣工人剩余劳动的手段时，才成为资本。所以，资本在本质上反映了资本和雇佣劳动之间的关系。

> 假定工人一天劳动 12 小时，生产棉纱 20 公斤，消耗棉花 20 公斤，价值 200 元，消耗纱锭等劳动资料的价值为 40 元，创造新价值 20 元，那么，20 公斤棉纱的价值为生产资料转移的价值 240 元和新价值 20 元之和，共 260 元。资本家为生产棉纱而预付的资本是 250 元，两者之差是 10 元。这 10 元就是剩余价值。

第二，根据生产资料和劳动力在剩余价值生产中所起的不同作用，可以把资本家的生产资本区分为不变资本和可变资本。

以机器、厂房等生产资料形式存在的资本，在生产过程中发生了使用价值形态的变化，价值也转移到新产品中去。虽然生产资料的不同部分有着不同的价值转移方式，但是，它们都只能把自己原有的价值转移到新产品中去，而不会发生价值增殖。因此，以生产资料形式存在的资本，在生产过程中不改变自己的价值量，就叫作不变资本。

以劳动力形式存在的资本，其价值在生产过程中不是转移到新产品中去，而是由工人的劳动再生产出来。但是，劳动力在生产过程中发挥作用的结果是，不仅再生产出劳动力的价值，而且还生产出剩余价值。这样，以劳动力形式存在的资本，在生产过程中发生了价值量的变化，即发生了价值增殖，就叫作可变资本。

资本区分为不变资本和可变资本的意义在于：（1）进一步揭露了剩余价值的来源和资本主义经济关系的实质，说明了剩余价值只是由可变资本产生的。（2）为考察资本家对雇佣工人的剥削程度提供了科学依据。正确反映劳动力剥削程度的是剩余价值率，即剩余价值和可变资本的比率，用公式表示：$m' = m/v$。

> 由于雇佣工人的全部劳动时间分为必要劳动时间和剩余劳动时间，因而，剩余价值率也可用以下公式表示：
>
> m'＝剩余劳动/必要劳动＝剩余劳动时间/必要劳动时间
>
> 这一公式以活劳动的形式表示剥削程度，它表明在一个工作日中，有多少时间是用来补偿劳动力价值，有多少时间是替资本家生产剩余价值。

不变资本和可变资本的区分，在进一步揭露资本主义剥削关系的过程中揭示了工资的本质。劳动与劳动力是有区别的。劳动力是存在于人的身体中的劳动能力，劳动则是劳动力的使用，它的实现必须以生产资料和劳动力的结合为条件。劳动不能成为商品，但劳动力在一定历史条件下却可以成为商品。资本家在市场上购买到的是工人的劳动力，资本家支付给工人的是劳动力的价值或价格，因此，工资的本质就是劳动力的价值或价格。

在价值形式上，不变资本与可变资本的比例是资本的价值构成。在物质形态上，生产资料和劳动力的比例是由生产的技术水平决定的，因此，反映生产技术水平的生产资料和劳动力之间的比例，是资本的技术构成。资本的技术构成决定资本的价值构成。由资本的技术构成决定，并反映资本技术构成变化的资本价值构成，就是资本的有机构成。

第三，绝对剩余价值生产和相对剩余价值生产是剩余价值生产的基本方法。

在雇佣工人必要劳动时间不变的条件下，由于工作日的绝对延长而进行的剩余价值生产，叫作绝对剩余价值生产。在资本主义制度下，工人的工作日包括必要劳动时间和剩余劳动时间两部分。在必要劳动时间一定的条件下，工作日越长，剩余劳动时间也就越长，资本家从工人身上获取的剩余价值也就越多。因此，资本家为了获取更多的剩余价值，总是尽可能强迫工人延长劳动时间。此外，资本家还用提高工人劳动强度的方法来获取更多的剩余价值。从表面上看，这种方法并没有延长工作日，但是工人在一个工作日中却支出了更多的劳动量，是变相地延长了工作日，因而也属于绝对剩余价值生产。

“五一”国际劳动节的由来

19 世纪 80 年代，美国工人每天工作 12～15 个小时的现象很普遍。1884 年，美国劳工联合会等组织决定，在 1886 年 5 月 1 日发起一场争取八小时工作制的运动。这一天，美国近 50 万工人参加了全国性罢工。罢工工人中流行的《八小时之歌》是：“我们要把世界变个样，我们厌倦了白白的辛劳，光得到仅能糊口的工饷，从没有时间让我们去思考。我们要闻闻花香，我们要晒晒太阳，我们相信：上帝只允许八小时工作。我们从船坞、车间和工厂，召集了我们的队伍，争取八小时工作，八小时休息，八小时归自己！”但是罢工遭到芝加哥政府当局的暴力镇压，多人死伤。5 月 4 日晚，3 000 多名工人聚集芝加哥秣市广场，悼念死难工友，又遭到武装警察的镇压。芝加哥工人的鲜血，燃起了全美工人斗争的烈火并使其迅速蔓延到世界各地。在世界进步舆论的支持下，一个月后，美国政府终于宣布实施八小时工作制。后来，1886 年 5 月 1 日，美国工人争取八小时工作制的斗争日，被定为国际无产阶级的共同节日。

相对剩余价值生产是指在工作日长度不变时，由于缩短必要劳动时间，相应延长剩余劳动时间而进行的剩余价值生产。生产相对剩余价值，必须缩短必要劳动时间。为此，必须降低劳动力的价值。劳动力的价值由维持工人及其家属生活所必需的生活资料的价值构成，这些生活资料的价值与生产它的劳动生产率成反比，所以，就必须采取措施提高生活资料生产部门的劳动生产率。由于与生活资料生产有关的生产资料的价值也影响生活资料的价值，所以提高这些生产资料生产部门的劳动生产率，也会降低生活资料的价值。当这些生产部门的劳动生产率普遍提高时，生活资料的价值便会下降，劳动力的价值也随之下降，再生产劳动力价值的必要劳动时间便会缩短，剩余劳动时间则相应延长，从而生产出剩余价值。由此可见，相对剩余价值生产是以社会劳动生产率提高为条件的。

劳动生产率的提高总是从个别企业开始的。个别资本家提高企业劳动生产率的直接动机是追求超额剩余价值。超额剩余价值就是个别资本家由于提高企业的劳动生产率，而使自己商品的个别价值低于社会价值而多得的那部分剩余价值。个别资本家获得超额剩余价值，只是一种暂时现象。当新技术被普遍采用时，原来先进的生产条件就转化为一般的生产条件，商品的社会价值与个别价值的差额将不复存在，超额剩余价值也就消失了。为了追逐超额剩余价值，资本家又会采用新的技术，提高劳动生产率。当整个社会的劳动生产率都提高后，工人的剩余劳动时间就会相应延长，生产出相对剩余价值。可见，相对剩余价值的形成，是各个资本主义企业竞相追逐超额剩余价值的结果。

生产剩余价值的两种方法既有联系又有区别。其联系表现在：(1) 从资本对雇佣劳动的关系来看，绝对剩余价值生产与相对剩余价值生产在本质上是一致的。不论是延长工作日，还是提高劳动生产率，结果都延长了工人的剩余劳动时间，提高了对工人的剥削程度，增加了剩余价值量。(2) 绝对剩余价值生产是资本主义剥削的一般基础，也是相对剩余价值生产的起点。因为任何资本主义生产，都必须把工作日绝对地延长到必要劳动时间之上，否则就不能产生剩余价值。同时，也只有以工作日分割为必要劳动时间和剩余劳动时间两部分为出发点，才能缩短必要劳动时间，延长剩余劳动时间，进行相对剩余价值生产。其区别表现在：(1) 它们的物质技术基础不同。绝对剩余价值生产是与生产技术不变或生产技术发展缓慢相适应的，而相对剩余价值生产是以生产技术的不断变革为条件的。(2) 它们在资本主义发展的各个历史阶段中所起的作用不同。在资本主义生产所经历的简单协作阶段，资本家主要采用绝对剩余价值生产方法提高对工人的剥削程度；在资本主义工场手工业阶段，劳动生产率的提高为相对剩余价值生产创造了条件；机器大工业出现以后，资本主义生产的物质技术基础发生了根本性的变化，相对剩余价值生产的意义越来越大。由于资本主义生产是为了最大限度地获取剩余价值，所以这两种方法在现实中尽可能被同时使用。

三、 剩余价值的分配

价值向生产价格转化过程的完成，揭示了各种经济表象掩盖下的资本主义经济关系的实质。剩余价值的分配，也清晰地反映出资本主义社会剥削阶级对剩余价值的共同瓜分，从而又进一步揭示出资本主义生产关系的实质。

1. 价值转化为生产价格

生产出来的剩余价值在进行分配之前，必然要经历向利润、平均利润转化的过程，当利润转化为平均利润以后，商品的价值就转化为生产价格。

第一，剩余价值转化为利润。商品价值包括不变资本 (c)、可变资本 (v) 和剩余价值 (m) 三部分。对资本家而言，在生产该商品时所支付的费用，即不变资本和可变资本构成了他的生产成本，又称成本价格 (k)。这样，商品价值的构成就由原来的 $w=c+v+m$ 变成了 $w=k+m$。

随着不变资本和可变资本转化为生产成本，生产商品的劳动耗费被资本耗费掩盖了，不变资本和可变资本在价值增殖过程中的不同作用看不见了，剩余价值就成了生产成本的增加额，并进一步成为资本家全部预付资本的增加额。当资本家不再把剩余价值看成是可变资本的产物，而是全部预付资本的增加额时，剩余价值就取得了利润的形式。剩余价值是利润的本质，利润是剩余价值的转化形式。

剩余价值转化为利润，剩余价值率也就转化为利润率。但是，利润率与剩余价值率存在差别。剩余价值率是剩余价值与可变资本的比率，即 m/v。利润率则是剩余价值与预付总资本的比率，即 $m/c+v$。从量上来看，$c+v$ 总是大于 v 的，因此利润率总是低于剩余价值率，从而掩盖了资本家对工人的剥削程度。从质上来看，剩余价值率表明了剩余价值的真正来源是可变资本，而在利润率的计算中，剩余价值似乎是由预付总资本产生的，这就掩盖了剩余价值的真正来源。

利润率的高低受剩余价值率、资本周转速度、资本有机构成、不变资本等多种因素影响。在其他条件不变的情况下，利润率的高低与剩余价值率的高低、资本周转速度的快慢成正比例变化，利润率的高低与资本有机构成的高低、不变资本的节约程度成反比例变化。

第二，利润转化为平均利润。各生产部门资本有机构成的不同，决定了各生产部门具有不同的利润率。不同的利润率要转化为平均利润率。平均利润（p）的形成是部门之间竞争的结果，是以平均利润率的形成为前提的。资本家为了获得更多利润，就会把资本从利润率低的生产部门中撤出，转移到利润率高的生产部门。通过资本转移，那些利润率高的生产部门，资本数量增加，生产规模扩大；那些利润率低的生产部门，资本数量减少，生产规模缩小。这种资本的转移和投入，会引起各生产部门供求关系及商品价格的变动，在市场需求不变的情况下，利润率高的生产部门商品供给增加，导致供过于求，商品价格下降，利润率也随之下降；而利润率低的生产部门由于资本向外转移，商品供给减少，导致供不应求，商品价格上涨，利润率也随之上升。资本的这种转移以及由此引起的利润率的变动，一直要持续到各生产部门的利润率大致相等时才会停止。

> 资本害怕没有利润或利润太少，就像自然界害怕真空一样。一旦有适当的利润，资本就胆大起来。如果有10％的利润，它就保证到处被使用；有20％的利润，它就活跃起来；有50％的利润，它就铤而走险；为了100％的利润，它就敢践踏一切人间法律；有300％的利润，它就敢犯任何罪行，甚至冒绞首的危险。
>
> （《马克思恩格斯文集》，第5卷，871页（250））

平均利润率是社会各个生产部门不同利润率的平均数，即剩余价值总量与社会总资本的比率。用公式表示如下：

$$\text{平均利润率}=\frac{\text{剩余价值总量}}{\text{社会总资本}}$$

各生产部门的资本家按照平均利润率所获得的利润，就是平均利润。利润作为剩余价值的转化形式，就已经掩盖了剩余价值的真正来源，但利润和剩余价值在量上仍旧是相等的。而利润转化为平均利润后，资本家所获得的利润与他所雇用的工人创造的剩余价值在量上也有了差异，从而完全掩盖了利润的来源和本质，资本主义经济关系的实质也被进一步掩盖。

> 假定A、B、C三部门的资本构成分别为（70c＋30v）、（80c＋20v）和（90c＋10v），剩余价值率都是100％，则各部门的剩余价值量为30、20和10，各部门的利润率为30％、20％和10％。然而随着资本在各部门间的转移，形成了平均利润率，即（30＋20＋10）/300＝20％。各部门获得的平均利润分别为，A：100×20％＝20，B：100×20％＝20，C：100×20％＝20。各部门获得的平均利润与各自生产的剩余价值的差额为，A：20－30＝－10；B：20－20＝0；C：20－10＝10。

第三，生产价格的形成。随着利润转化为平均利润，商品价值也就转化为生产价格。生产价格＝k＋p。生产价格的形成，实际上是商品价值中的剩余价值部分在不同生产部门进行平均分配的结果。

生产价格是由价值转化来的，是商品价值的转化形式。但是，二者在量上却经常是不一致的。资本有机构成高的生产部门，平均利润大于剩余价值，从而生产价格高于价值；资本有机构成低的生产部门，平均利润小于剩余价值，从而生产价格低于价值；只有资本有机构成中等的生产部门，平均利润和剩余价值才大体相等。

生产价格形成后，价值规律作用的表现形式发生了变化。生产价格形成前，商品价格围绕价值上下波动。生产价格形成后，商品价格就围绕生产价格上下波动。这一差别的存在，使生产价格与价值产生了一定程度的背离。但是，这种背离并不意味对价值规律的否定，相反，它是以价值规律为基础的。因为：（1）从个别部门看，资本家获得的平均利润可能与工人创造的剩余价值有量的差异；但从全社会来看，被资本家阶级所占有的全部平均利润的总和等于全部工人所创造的剩余价值总额。（2）从个别部门看，价值与生产价格在量上有差异；但从全社会来看，生产价格总额等于价值总量。（3）生产价格的变动，最终取决于生产商品的社会必要劳动时间的变化。生产商品的社会必要劳动时间减少，商品价值量就降低，从而生产价格也会下降。由此可见，生产价格只不过是价值的转化形式，生产价格与价值的背离，并不是对价值规律的否定，而只是价值规律实现形式的改变。

陈葡萄酒为什么比新葡萄酒贵？

市场上的陈葡萄酒要比新葡萄酒贵得多，但是葡萄酒只是放在酒窖中，并没有经过工人的劳动，这是不是违背了价值规律？既然葡萄酒放在那里可以增值，那么机器、原材料等生产资料是不是也能创造价值呢？理解这一问题的关键就在于弄清楚价值与生产价格的关系。两种葡萄酒生产时所耗费的劳动时间是相等的，因而价值也一样。但陈葡萄酒在地窖中存放的时间长，也就是其生产时间长，尽管这段时间不创造价值，但由于需要预付的不变资本和保管费用增加了，即生产成本增加了，其生产价格自然也就高于新葡萄酒的生产价格，陈葡萄酒比新葡萄酒贵也就不足为奇了。

2. 剩余价值的分配形式

在资本主义经济运行中，存在着产业资本、商业资本、借贷资本、银行资本、农业资本等多种资本形式，与此相对应，剩余价值也具有产业利润、商业利润、利息、银行利润、资本主义地租等多种分配形式（见图 6－3）。产业利润在前文平均利润的部分已经进行了叙述，在此不赘。

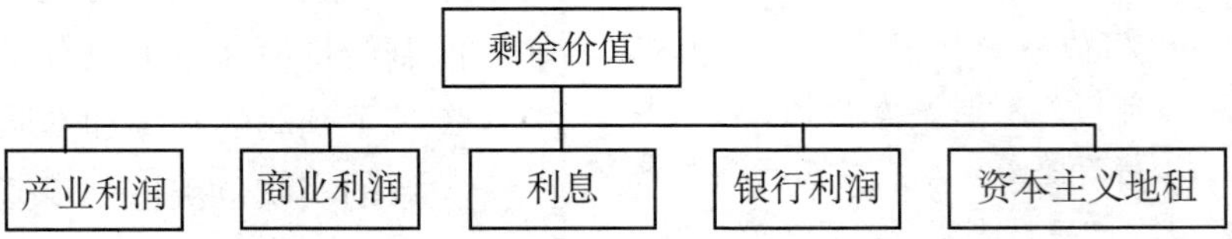

图 6－3

第一，商业利润。商业资本是在流通领域专门从事商品买卖，以获取剩余价值为目的的职能资本。它从产业资本中分离出来，独立地在流通领域发挥作用，执行着商品资本的职能，即通过商品的销售，实现商品的价值和剩余价值。商业利润是商业资本家投资于商业经营活动所获得的利润。从表面看，商业利润是商品销售价格高于商品购买价格的差额，但这只表明了商业资本家获得商业利润的途径。商业利润的本质是产业工人所创造的剩余价值的转化形式，体现了商业资本家和产业资本家共同剥削雇佣工人的关系。

第二，利息。借贷资本是借贷资本家为了获取利息而暂时借给职能资本家（包括工业资本家、农业资本家、商业资本家）使用的闲置货币资本。借贷资本是从职能资本运动中游离出来的货币资本转化而来的特殊资本形式。利息就是借贷资本家由于让渡资本使用权而取得的报酬，是由职能资本家支付的。但是，利息在本质上是产业工人所创造的剩余价值，它是剩余价值的转化形式。借贷资本家获取利息的多少，是按照预先确定的利息率进行计算的。利息率就是以百分数表示的一定时期内的利息量与借贷资本量之间的比例，用公式表示如下：

$$利息率=\frac{一定时期的利息量}{借贷资本总量}$$

第三，银行利润。资本主义银行是专门经营货币资本的企业。银行的主要职能有两个：一是专门从事货币资本经营业务，在货币借贷关系中充当借贷双方的中介；二是经营与货币流通有关的技术性业务，如货币保管与兑换、结算与支付等。银行资本由银行资本家的自有资本和通过各种途径筹集到的货币资本构成。资本家经营银行所获得的利润叫银行利润。银行利润是存款利息和贷款利息的差额，再扣除经营银行的业务费用后形成的。从量上看，银行利润相当于银行资本家自有资本所获得的平均利润。但是，银行利润的本质是产业工人在生产过程中创造的剩余价值的转化形式。

> 如果借贷资本的数额为 10 000 元，在一年内可获得利息 600 元，那么，年利息率就是 600/10 000=6%，通常叫作年息 6 厘。在一般情况下，利息率不能超过或等于平均利润率，否则，职能资本家就会因无利可图而不去借款。利息率也不能等于零，如果利息率为零，借贷资本家也会因得不到好处而不把资本贷出。

第四，资本主义地租。资本主义地租是租地的农业资本家作为使用土地的报酬支付给土地所有者的、超过平均利润的那部分剩余价值，它体现了大土地所有者和农业资本家共同剥削农业工人的经济关系。

资本主义地租有级差地租和绝对地租两种形式。级差地租是与土地等级相联系的地租形式，是租种较优土地的农业资本家获得的、归土地所有者占有的农业超额利润，是农产品的个别生产价格低于社会生产价格的差额。土地的资本主义经营垄断是级差地租产生的原因。绝对地租则是由于土地私有权的垄断，租种任何土地的农业资本家都要向土地所有者缴纳的地租，它是农产品价值超过生产价格的余额。农业部门资本有机构成低于工业部门，是绝对地租形成的条件。土地私有权的垄断是绝对地租形成的原因。绝对地租与级差地租在本质上是一致的，都是由农业工人创造的、被土地所有者占有的超过平均利润的那部分剩余价值。

本章小结

商品经济的内在矛盾运动反映的是商品经济的基本规定。使用价值与价值的矛盾、具体劳动与抽象劳动的矛盾、个别劳动时间与社会必要劳动时间的矛盾、私人劳动与社会劳动的矛盾是商品经济的内在矛盾。商品的使用价值与价值的矛盾是由生产商品的具体劳动与抽象劳动的矛盾决定的。商品的价值量是由生产商品的社会必要劳动时间决定的，社会必要劳动时间会随着劳动生产率的变化而变化。私人劳动与社会劳动的矛盾是商品经济内在矛盾的根源。价值形式的发展过程反映了货币的起源和本质，揭示了商品经济的外在矛盾，即商品和货币的矛盾。商品经济的外在矛盾运动反映了商品经济的一般规律。货币的本质即固定地充当一般等价物，体现了商品生产者之间的社会经济关系。价值规律是商品经济的基本规律。只要存在商品生产和商品交换，价值规律就必然存在并支配着商品经济的全过程。马克思关于劳动和劳动创造价值的观点必须随着时代的变化和实践的发展而不断发展。商品经济矛盾的运动是揭示资本主义生产关系及其实质的基础。

剩余价值是通过货币转化为资本产生的。劳动力成为商品又是货币转化为资本的前提。资本主义生产资料所有制是剩余价值生产的基础。资本主义所有制的实质就是资本家凭借对生产资料的占有，在等价交换原则的掩盖下，迫使雇佣劳动者进行剩余价值生产，以占有雇佣劳动者所生产的全部剩余价值。资本主义生产关系的实质是以生产资料私有制为基础的雇佣劳动制度。

剩余价值的生产过程是劳动过程和价值增殖过程的统一，资本主义生产过程是生产剩余价值的价值增殖过程。根据资本不同部分在剩余价值生产中所起作用的不同，资本区分为不变资本和可变资本。剩余价值率正确地反映了资本对劳动力的剥削程度。绝对剩余价值生产和相对剩余价值生产是剩余价值生产的基本方法，二者既有联系又有区别。绝对剩余价值生产与相对剩余价值生产在本质上是一致的，绝对剩余价值生产是资本主义剥削的一般基础，也是相对剩余价值生产的起点。但是，它们的物质技术基础，以及在资本主义发展的各个历史阶段中所起的作用是不同的。

生产出来的剩余价值在进行分配之前，必然要经历向利润、平均利润转化的过程，当利润转化为平均利润以后，商品的价值就转化为生产价格。价值向生产价格转化过程的完成，揭示了各种经济表象掩盖下的资本主义经济关系的实质。在资本主义经济运行中，存在着产业资本、商业资本、借贷资本、银行资本、农业资本等多种资本形式，与此相对应，剩余价值也具有产业利润、商业利润、利息、银行利润、资本主义地租等多种分配形式。剩余价值的分配，清晰地反映了资本主义社会剥削阶级对剩余价值的共同瓜分，从而又进一步揭示了资本主义生产关系的实质。

阅读书目

1. 马克思．第一册：资本的生产过程（第一、二、三、四、五、六篇）．见：马克思恩格斯文集．第5卷．北京：人民出版社，2009

2. 马克思．政治经济学批判．见：马克思恩格斯全集．中文1版．第13卷．北京：人民出版社，1962

3. 马克思．第三册：资本主义生产的总过程（上、下）（第一、二、四、五、六篇）．

见：马克思恩格斯文集．第7卷．北京：人民出版社，2009

思考题

1. 对以下说法做出辨析：

（1）商品的价值是抽象劳动的凝结，所以，凡是人类劳动都创造价值。

（2）不同商品之所以能够按照一定比例相互交换，是因为这两种商品具有同等的效用。商品的效用越大，交换价值也就越大；效用越小，交换价值也就越小。

（3）尽管劳动生产率与单位商品的价值量成反比，但是，无论劳动生产率发生怎样的变化，同一社会必要劳动时间内创造的价值总量都是不变的。

（4）资本表现为一定数量的货币和生产资料，因此，货币和生产资料本身就是资本。

（5）在资本主义社会中，资本家按照等价交换原则购买劳动力，他和工人之间是一种自由、平等的关系。

（6）资本可以划分为不变资本和可变资本，不变资本就是生产资料，可变资本就是劳动力。

（7）商品生产过程是劳动过程和价值形成过程的统一。资本主义生产是商品生产，因此资本主义生产过程也是劳动过程和价值形成过程的统一。

（8）由于生产价格经常与价值相背离，所以生产价格是对价值和价值规律的否定。

（9）利息是借贷资本家凭借资本所有权获得的收入，是资本自身的产物，因此，利息与雇佣工人的劳动无关。

2. 市场上商品供不应求，价格上涨；供大于求，价格下降。能不能由此认为价格是由供求关系决定的？

3. 阅读以下几段材料并回答问题：

处于流动状态的人类劳动力或人类劳动形成价值，但本身不是价值。它在凝固的状态中，在物化的形式上才成为价值。

劳动并不是它所生产的使用价值即物质财富的唯一源泉。正如威廉·配第所说，劳动是财富之父，土地是财富之母。

铁会生锈，木会腐朽。纱不用来织或编，会成为废棉。活劳动必须抓住这些东西，使它们由死复生，使它们从仅仅是可能的使用价值变为现实的和起作用的使用价值。它们被劳动的火焰笼罩着，被当作劳动自己的躯体，被赋予活力以在劳动过程中执行与它们的概念和职务相适合的职能。

结合以上论述，分析土地、原材料等生产要素在商品生产中的作用及其与劳动创造价值的关系。

4. 进一步深入分析资本主义所有制的实质。

5. 如何认识资本主义生产过程是劳动过程与价值增殖过程的统一？

6. 为什么说价值是生产价格的基础，生产价格是由价值转化而来的？

7. 如何从剩余价值的生产与分配方面来理解资本主义生产关系的实质？

第七章

资本主义经济运行规律

要点提示

● 资本主义基本经济规律是剩余价值规律，生产剩余价值是资本主义生产方式的绝对规律。

● 剩余价值的资本化，就是资本积累。资本积累是扩大再生产的重要源泉。

● 资本主义积累的一般规律是对资本主义积累的整个过程和后果的总概括。

● 单个产业资本运动的一般规律、社会资本运动的一般规律、有计划分配劳动时间的规律，是社会化大生产条件下经济运行的一般规律。

● 资本主义经济危机是资本主义基本矛盾存在、激化和集中暴露的证明。

● 生产相对过剩是资本主义经济危机的实质。资本主义基本矛盾是资本主义经济危机爆发的根源。

关键词

经济规律　资本主义基本经济规律　资本积累　简单再生产　扩大再生产　资本主义积累的一般规律　产业资本　资本循环　资本周转　生产时间　流通时间　固定资本　流动资本　年剩余价值率　社会资本　社会总产品　有计划分配劳动时间　资本主义基本矛盾　经济危机

揭示人类社会各个发展阶段上经济运行过程中的客观规律，是马克思主义基本原理的重要内容。资本主义社会的经济运行既有其社会化大生产的一般规律，也有其特有的经济规律。无论是一般规律的运行还是特有规律的运行，都与资本主义基本矛盾的运动紧密联系在一起。资本主义基本矛盾的尖锐化导致经济危机的爆发。

一、 资本主义基本经济规律

经济规律是存在于人类社会生产活动中的纷繁复杂的经济现象背后的、具有内在联系的、本质的东西。剩余价值规律是资本主义的基本经济规律，反映的是资本主义生产目的和手段的统一。

1. 经济规律及其类型

经济规律是经济现象和经济过程内在的、本质的、必然的联系，体现的是社会经济运动的必然趋势。经济规律具有客观性。因为：(1) 任何经济规律都在一定的客观经济条件的基础上产生，并随着客观经济条件的变化而变化，有什么样的客观经济条件，就会有什么样的经济规律。(2) 任何经济规律都是不以人们的主观意志为转移的，人们既不能消灭、废除或改造它，也不能随意地创造或制定它。不管人们能否认识它，它都会客观存在并发生作用。(3) 人们从事经济活动必须尊重经济规律，按照经济规律的要求办事，否则就会受到经济规律的惩罚。

承认经济规律的客观性，并不意味着人们在经济规律面前无能为力，更不意味着人们会任由经济规律摆布。相反，人们可以充分发挥自己的主观能动性，认识和利用经济规律。人们只有在深刻认识经济规律的基础上，才能对它做出科学的表述和概括，才能利用它能动地改造客观世界。利用经济规律就是使人们的主观行动和措施符合它的要求，根据它的运动趋势，安排人们的经济活动，从而在实践中更好地实现经济活动的目的。

根据经济规律赖以产生的经济条件的不同，可以把它分为三种类型：

第一，一切社会形态共有的经济规律。它表现人类各个社会形态发展过程中的某些共同性质，如生产关系一定要适合生产力状况的规律或称生产关系和生产力的矛盾运动规律。

第二，几个社会形态共有的经济规律。它表现这几个社会形态发展过程中的某些共同性质，如价值规律是在商品经济中发生作用的，而商品经济就跨越了几个社会形态。

> 社会力量完全像自然力一样，在我们还没有认识和考虑到它们的时候，起着盲目的、强制的和破坏的作用。但是，一旦我们认识了它们，理解了它们的活动、方向和作用，那么，要使它们越来越服从我们的意志并利用它们来达到我们的目的，就完全取决于我们了。
>
> (《马克思恩格斯选集》，3版，第3卷，667页)

第三，某一个社会形态特有的经济规律。它表现某一社会形态发展过程中的特殊性质，如资本主义社会特有的剩余价值规律、社会主义社会的按劳分配规律等。

在经济规律的三种不同类型中，共有经济规律体现人类社会或某几个社会之间经济关系上的本质联系，特有经济规律则把不同社会的生产关系从本质上区分开来，从而社会发展过程也就被划分为性质不同的历史阶段。

> 它的本性一旦被理解，它就会在联合起来的生产者手中从魔鬼似的统治者变成顺从的奴仆。
>
> (《马克思恩格斯选集》，3版，第3卷，667页)

在一定的社会形态中，各种不同的经济规律总是同时发生作用，它们相互联系、相互制约，共同构成该社会的经济规律体系。在这个经济规律体系中，基本经济规律起主导和决定作用。它决定该社会的生产目的和实现目的的手段，决定该社会生产的实质和社会生产的一切主要方面和主要过程，其他经济规律都要服从它的要求，受它制约；当然，其他经济规律能否顺利发挥作用，也会影响基本经济规律发挥作用的程度。

2. 资本主义生产目的与手段的统一

资本主义基本经济规律是剩余价值规律，生产剩余价值是资本主义生产方式的绝对规律。剩余价值规律就是剩余价值产生和增殖的规律。它的内容主要包括两个方面：一方面，资本主义生产的实质是剩余价值生产，追逐剩余价值是资本主义生产的直接目的和决定性动机；另一方面，实现这一直接目的和决定性动机的手段，就是资本家不断扩大和加重对雇佣劳动者的剥削。

> 作为资本家，他只是人格化的资本。他的灵魂就是资本的灵魂。而资本只有一种生活本能，这就是增殖自身，创造剩余价值，用自己的不变部分即生产资料吮吸尽可能多的剩余劳动。资本是死劳动，它像吸血鬼一样，只有吮吸活劳动才有生命，吮吸的活劳动越多，它的生命就越旺盛。
>
> （《马克思恩格斯文集》，第5卷，269页）

资本主义生产的目的是由资本主义生产关系的实质决定的。在资本主义社会，劳动者与生产资料结合的目的、资本主义企业生产什么和生产多少，以及怎么生产，并不在于生产使用价值，而是为了生产更多的剩余价值。无论是资本家采用先进的机器设备，提高劳动生产率，还是资本家不采用新技术，只采用手工劳动，无论是资本家增加投资，扩大生产规模，还是资本家解雇工人，停工减产，都是为了生产更多的剩余价值。在国内市场上，资本家购买劳动力和生产资料，为剩余价值生产做准备；经过生产过程生产出产品又回到市场上出售产品，实现剩余价值，是为了生产更多的剩余价值。在世界市场上，资本家把资本的触角伸向世界各个角落，同样也是为了生产更多的剩余价值。剩余价值在各个资本家集团之间的分配，以及资本家的消费，是为了生产更多的剩余价值，即便是雇佣劳动者的消费，作为劳动力再生产，也成为资本家获取更多剩余价值的条件。因此，剩余价值生产是资本主义一切经济活动的出发点和归宿，资本主义再生产的全过程，即生产、分配、交换、消费等一切活动，都是围绕追逐更多的剩余价值展开的。

剩余价值生产决定着资本主义生产方式产生、发展、灭亡的运动过程。资本家剥削雇佣劳动者的剩余价值的产生，标志着资本主义生产方式的产生。资本家为了获取更多的剩余价值，不断实现科学技术的进步，扩大生产规模，使资本主义生产由简单协作发展到工场手工业，进而发展到机器大工业，奠定了资本主义生产的物质基础，确立并巩固了资本对劳动的全面统治。资本主义生产发展的内在动力就是获取更多的剩余价值，但是，为获取更多的剩余价值而发展起来的生产力，越来越同资本主义生产关系发生矛盾，资本主义频繁地爆发周期性经济危机，破坏生产力的发展，资本主义生产关系日益成为生产力发展的桎梏，无产阶级反对资产阶级的斗争日益激烈，最终导致资本主义生产方式走向灭亡。

在当代，随着科技革命成果在生产中的广泛应用，资本主义生产方式在生产力的构成要素、产业结构、就业结构等方面发生了深刻变化，从而使当代剩余价值生产具有了新的特点：第一，剩余价值生产部门扩展了，主要由物质生产部门扩展到一些非物质生产部门，第三产业的一些部门也成为提供剩余价值的部门。第二，剩余价值生产的主体发生了变化，主要由以非知识型劳动者为主转变为以知识型劳动者为主。第三，剩余价值生产的方法更加巧妙、文明，主要由以前注重以绝对剩余价值生产和相对剩余价值生产的方法生产剩余价值，转变为更加注重改善劳动者的劳动条件、减轻劳动者的体力劳动、提高劳动者的脑力支出。但是，资本家追逐剩余价值的生产目的没有变，资本家不断扩大和加重对雇佣劳动者剥削的手段没有变，因而剩余价值规律作为资本主义生产方式的绝对规律依然发挥作用。

> 生产剩余价值或赚钱，是这个生产方式的绝对规律。
>
> （《马克思恩格斯文集》，第5卷，714页）

由此可见，剩余价值生产是资本主义生产的实质，剩余价值规律是资本主义的基本经济规律。

二、 资本主义积累的一般规律

资本主义再生产的特点是扩大再生产，资本积累是扩大再生产的重要源泉。随着资本主义的发展，资本积累不断增加，资本有机构成呈现不断提高的趋势，资本主义积累的一般规律发挥着重要作用。

1. 资本积累

把剩余价值转化为资本，或者说剩余价值的资本化，就是资本积累。在资本主义生产中，资本家通过资本积累，使再生产在扩大的规模上重复进行。因此，资本积累是扩大再生产的重要源泉。任何社会生产总是连续不断、周而复始地进行的。这种不断重复、不断更新的生产过程就是再生产过程。社会再生产就其内容来说，既是物质资料的再生产，又是生产关系的再生产。它是物质资料再生产和生产关系再生产的统一。社会再生产就其规模来说，可分为简单再生产和扩大再生产。简单再生产是指在原有规模上重复进行的再生产，扩大再生产是指在扩大的规模上进行的再生产。资本主义简单再生产是指资本家把剥削来的剩余价值全部用于个人消费，再生产只是在原有规模上重复进行。资本主义扩大再生产是指资本家不是把剩余价值全部用于个人消费，而是把其中一部分剩余价值转化为新的资本，用来购买追加的生产资料和劳动力，使生产在扩大的规模上重复进行。资本主义再生产的特点就是扩大再生产。

在资本主义经济运行中，资本积累有着客观必然性：第一，资本主义生产的目的决定了资本家追求剩余价值的欲望是无止境的。为了获得更多的剩余价值，资本家除了提高对工人的剥削程度外，还必须扩大自己的资本，购买更多的生产资料，雇用更多的工人，进行扩大再生产。这样，对剩余价值的无限贪婪，就成了推动资本家不断进行资本积累的内在动力。第二，资本主义的竞争规律作为一种强制力量，也迫使资本家不断地进行资本积累。只有不断地进行资本积累，资本家才能不断地改进技术，扩大生产规模，增强自己的竞争能力，使自己

> 罗马的奴隶是由锁链，雇佣工人则由看不见的线系在自己的所有者手里。
>
> （《马克思恩格斯文集》，第5卷，662页）

在竞争中获胜。所以，资本主义竞争是资本家不断进行资本积累的外在压力。

资本积累的规模取决于剩余价值的数量。凡是能够影响剩余价值总量的因素，也都会影响资本积累的规模。这些因素主要有：第一，对劳动力的剥削程度，即剩余价值率的高低。第二，社会劳动生产率的水平。随着社会劳动生产率的提高，商品价值量相应降低，这不仅影响相对剩余价值量，而且资本家可以在他所享用的消费品不减少甚至增加的情况下，减少个人消费基金，扩大积累基金。第三，所使用的资本和所消耗的资本之间差额的大小。所使用的资本是指在生产过程中全部发挥作用的资本。所消耗的资本是指逐年转移到新产品中去的那部分资本价值。它们之间的差额越大，提供无偿服务的劳动资料就越多，也就越有利于资本积累。第四，预付资本量的大小。在剩余价值率一定的条件下，预付资本量越大，获取的剩余价值量也越大，资本积累的规模也会越大。

2. 资本主义积累的过程和后果

资本主义积累的一般规律是对资本主义积累的整个过程和后果的总概括。在资本主义扩大再生产过程中，资本家为了攫取更多的剩余价值和在竞争中取得优势，必须不断提高本企业的劳动生产率，不断改进和提高技术装备水平，结果在全部资本中，不变资本所占比重增大，可变资本的相对量则日益减少，从而导致资本有机构成的提高。资本有机构成的提高是资本主义发展的必然趋势。

随着资本有机构成的不断提高，一方面出现了资本对劳动力的需求相对减少，甚至绝对减少的情况，另一方面也出现了劳动力的供给不断增加的情况，这两个相反方面发展的结果，就是大量的劳动者失业，相对过剩人口形成。这种相对过剩人口，不是社会财富和生产能力已经容纳不了的“过剩人口”，而仅仅是劳动力的供给超过了资本主义积累对劳动力的需求的过剩人口。所以，相对过剩人口是资本主义积累的必然产物。

> 相对过剩人口有三种基本形式：一是流动的过剩人口，即在城市中存在的时而失业、时而找到工作的失业工人；二是潜在的过剩人口，即农业中的过剩人口，他们常常保留少量的生产资料和土地，似乎没有失业，但却潜伏在农村，等待时机，随时准备流向城市；三是停滞的过剩人口，即没有固定职业，只能找点零活在家劳动的人，他们的就业极不规则，经常处于失业和半失业状态。

相对过剩人口不仅是资本主义积累的必然产物，而且是资本主义生产方式存在和发展的必要条件。第一，由于相对过剩人口的存在所形成的产业后备军，使资本主义生产的发展随时都能获得可榨取的劳动力。在资本主义生产发展的周期中，产业后备军就像一个储存劳动力的“蓄水池”，可以随时调节资本对劳动力的需求。第二，由于相对过剩人口的存在，资本还可以加强对在业工人的剥削。大量过剩人口使资本家不仅可以从市场上购买到更廉价的劳动力，而且可以压低在业工人的工资，迫使他们提高劳动强度或接受其他种种苛刻条件等。

在当代资本主义发展中，资本积累的增加，资本有机构成的迅速提高，使得一些传统产业逐渐衰落，而一些新的产业逐渐兴起。这一变化不仅使资本对劳动力的需求相对减少，而且使衰落的部门中被解雇的职工因不能适应新兴产业对劳动力较高的知识和技能要求，而难以重新就业。这就是所谓的“结构性失业”。可见，资本积累过程中形成的相对过剩人口，在当代资本主义条件下不是减少了，而是进一步增加了。

随着资本积累的增长，社会财富日益集中到资产阶级手中，而社会财富的直接创造者——无产阶级则日益贫困化，他们所受的剥削日益加重，失业人数不断增加，生活水平日益下降。这种随着资本积累而产生的社会两极分化，即一极是财富的积累，另一极是贫困的积累，就是资本主义积累的一般规律。

社会的财富即执行职能的资本越大，它的增长的规模和能力越大，从而无产阶级的绝对数量和他们的劳动生产力越大，产业后备军也就越大。可供支配的劳动力同资本的膨胀力一样，是由同一些原因发展起来的。因此，产业后备军的相对量和财富的力量一同增长。但是同现役劳动军相比，这种后备军越大，常备的过剩人口也就越多，他们的贫困同他们所受的劳动折磨成反比。最后，工人阶级中贫苦阶层和产业后备军越大，官方认为需要救济的贫民也就越多。**这就是资本主义积累的绝对的、一般的规律。**

（《马克思恩格斯文集》，第5卷，742页）

由于资本积累的一般规律的作用，一方面出现了资产阶级的财富膨胀，另一方面出现了无产阶级的贫困积累。资本积累的发展必然引起资本主义生产关系和生产力矛盾的尖锐化，最终导致资本主义走向灭亡。

三、 社会化大生产条件下经济运行的一般规律

资本主义生产是社会化大生产，单个产业资本运动的一般规律、社会资本运动的一般规律、有计划分配劳动时间的规律，是社会化大生产条件下经济运行的一般规律。正确认识和把握这些规律，对发展和完善社会主义经济有着重要的意义。

1. 单个产业资本运动的一般规律

产业资本的循环和周转是社会化大生产条件下经济运行的一般规律。分析资本循环，了解资本运动的连续性及连续运动的条件，分析资本周转，了解资本运动速度及加快速度的方法，对促进社会化大生产的发展有重要意义。

第一，资本价值增殖的实现，离不开资本的运动。资本循环是单个产业资本运动的一种表现形式。产业资本循环依次经过购买、生产和销售三个阶段，相应地采取货币资本、生产资本和商品资本三种职能形式。

产业资本循环的购买阶段是生产的准备阶段。这一阶段，产业资本在生产要素市场上用货币购买劳动力和生产资料，为剩余价值生产提供必要的前提。购买阶段的公式是：

$$G—W<\begin{matrix}A\\P_m\end{matrix}$$

这里，G表示货币，W表示商品，A表示劳动力，P_m表示生产资料。

通过这一阶段，货币资本转化为生产资本。货币资本的职能就是购买生产资料和劳动力，为生产剩余价值做准备。

产业资本循环的生产阶段是生产资料与劳动者结合进行剩余价值生产的阶段。这一阶段，资本家使用购买到的生产资料和劳动力进行生产，在生产中，劳动者运用生产资料，生产出包含剩余价值的商品。生产阶段的公式是：

$$W<\begin{matrix}A\\P_m\end{matrix}\cdots P\cdots W'$$

这里，P表示生产过程，…表示流通过程中断和生产过程继续，W′表示包含着剩余价值的商品。

通过这一阶段，生产资本转化为商品资本。生产资本的职能就是生产剩余价值。由于资本的价值增殖发生在生产阶段，所以生产阶段是资本循环中具有决定意义的阶段。

产业资本循环的销售阶段，是产业资本从生产领域又回到流通领域，把生产出来的包含剩余价值的商品卖出去，实现价值和剩余价值的阶段。销售阶段的公式是：

$$W'—G'$$

这里，W′和G′分别表示包含着剩余价值的商品和货币。

通过这一阶段，商品资本转化为货币资本。商品资本的职能就是实现价值和剩余价值。经过商品转化为货币的过程，资本家既收回了最初预付的资本价值，同时也实现了在生产阶段新创造的剩余价值。因此，这一阶段既是第一个循环的终点，也是第二个循环的起点。

在资本循环的全过程中，购买阶段和销售阶段属于流通领域，生产阶段属于生产领域，用公式表示如下：

$$G—W<\begin{matrix}A\\P_m\end{matrix}\cdots P\cdots W'—G'$$

产业资本有三种不同的循环形式，即货币资本循环、生产资本循环、商品资本循环，用公式表示如下：

货币资本循环：G—W…P…W′—G′

生产资本循环：P…W′—G′·G—W…P

商品资本循环：W′—G′·G—W…P…W′

货币资本循环是从货币资本出发，经过购买生产要素、生产包含着剩余价值的商品、销售商品的过程，最后又回到货币资本的循环形式。其特点在于：循环的起点和终点虽然都是货币资本，但终点是已经增殖的货币资本。因此，货币资本的循环揭示了资本主义生产的目的是获取剩余价值的本质特征，因而它是产业资本循环的一般形式。货币资本循环的片面性在于：它似乎要说明增殖的价值是在流通过程中产生的，从而掩盖了剩余价值的真正来源。

生产资本循环是以生产资本为出发点，经过生产包含着剩余价值的商品、销售商品、购买生产要素的过程，最后又回到生产资本的循环形式。其特点在于：循环的起点和终点都是生产过程，流通过程成为生产过程的媒介。这样，生产过程就具有决定性作用，并且生产过程也表现为再生产过程，纠正了货币资本循环所造成的假象。生产资本循环的片面性在于：价值增殖过程得不到表现，似乎资本主义生产不是为了追逐剩余价值，而是为了生产而生产。

商品资本循环是从商品资本出发，经过销售包含着剩余价值的商品、购买生产要素、生产包含着剩余价值的商品的过程，最后又回到商品资本的循环形式。其特点在于：循环的起点和终点都是包含着剩余价值的商品资本，它们都是生产过程的直接结果，反映了资本生产是再生产过程。同时也表明了商品资本的全部出售是产业资本正常运转的条件。商品资本循环的片面性在于：仿佛资本主义生产和再生产不是为了追逐剩余价值，而是为了满足社会需要。

产业资本循环的三种形式从不同的侧面反映出产业资本运动的特性在于价值增殖，但同时又表现出各自的片面性。因此，只有把这三种循环形式统一起来进行考察，才能全面地把握资本运动的实质及运动规律。

产业资本循环是货币资本循环、生产资本循环、商品资本循环三种循环形式的统一，它是以资本循环的连续性为条件的。资本循环的连续性就是资本的三种循环同时不间断地在各种职能形式上和各个阶段中的运动。

产业资本要连续不断地循环必须具备两个条件：其一，产业资本三种职能形式在空间上的并存性。也就是说，全部产业资本必须按一定比例分割成三个部分，同时并存在货币资本、生产资本、商品资本三种职能形式上。这三种职能形式依次更替，保持循环的连续性。其二，产业资本三种职能形式在时间上的继起性。也就是说，产业资本的每一种职能形式必须同时依次通过资本循环的三个阶段，依次改变它们的形式，最后又回到原来的形式上。与产业资本连续不断循环的这两个条件相适应，产业资本也必然要同时在空间上并列存在货币资本循环、生产资本循环、商品资本循环，并且每一种循环形式也必须在时间上相继进行转化。因此，产业资本只有并列处在三种职能形式上，又同时处在三种循环形式上，才能有循环过程的连续性。

产业资本三种职能形式和三种循环形式在空间上的并存性和时间上的继起性是相互联系和互为条件的。并存性决定继起性，并存性是继起性的前提，没有并存性，各种职能形式和循环形式就不能相继转化。反过来，继起性是并存性的保证，如果各种职能形式和循环形式不能相继进行转化，三种职能形式和循环形式的并存性就会被破坏，因此，并存性又是继起性的结果。

第二，产业资本周而复始的循环过程，就是资本周转。考察资本周转，主要在于揭示资本周转速度快慢对剩余价值生产的影响。

> 产业资本的连续进行的现实循环，不仅是流通过程和生产过程的统一，而且是它的所有三个循环的统一。
>
> （《马克思恩格斯文集》，第 6 卷，119 页，北京，人民出版社，2009）

资本周转速度是指预付资本运动的快慢。它可以用周转时间和周转次数来表示。周转时间，就是产业资本家从预付一定形式的资本开始，经过资本的循环运动，实现了价值增殖，然后重新回到原来的资本形式为止所经历的时间，也就是产业资本的一个循环周期的时间。资本周转时间的长短是受它本身的生产条件和流通条件制约的。资本周转次数，是指在一定时间内资本所经历的周转的次数。“一定时间”通常以“年”为自然计量单位。用U表示一年（365天），用u表示周转一次所需要的时间，用n表示资本周转次数，一年内资本周转次数的计算公式是：

$$n=U/u$$

由公式可见，资本的周转速度和周转时间成反比。资本周转时间越短，资本的周转速度就越快；资本的周转时间越长，资本的周转速度也就越慢。

资本周转时间由生产时间与流通时间构成。生产时间是指资本停留在生产领域内的时间，即从生产资料和劳动力进入生产过程开始到生产出产品为止所需要的时间。流通时间是指资本停留在流通领域内的时间，既有货币资本转化为生产资本的时间，也有生产资本转化为商品资本的时间。

生产时间包括劳动时间和非劳动时间两个部分。劳动时间是劳动者运用劳动资料作用于劳动对象生产出某种产品所需要的时间。劳动时间的长短主要取决于产品的性质和制造产品的生产技术水平。非劳动时间是生产资料已进入直接生产领域，但没有与劳动力结合的时间。它包括生产资料的储备时间、自然力对劳动对象独立发生作用的时间和停工时间。在非劳动时间中，劳动过程虽然中断，但生产过程仍在继续，因此，它仍然是生产时间的一部分。要加快资本周转速度，必须减少非劳动时间，从而缩小生产时间与劳动时间的差距。减少非劳动时间的主要办法有：第一，尽量减少不必要的生产性库存；第二，采用新科技、新工艺，尽可能缩短劳动对象受自然力作用的时间；第三，尽量减少停工时间，提高劳动资料的利用率。

流通时间包括购买时间和销售时间两个部分。购买时间是资本家购买劳动力和生产资料所需要的时间。销售时间是出售商品实现其价值所需要的时间。流通时间对资本周转速度产生直接的影响，特别是其中的销售时间影响最大。影响流通时间的主要因素有：市场的供求状况、价格波动状况、竞争程度、生产地点距市场的远近，以及交通运输和通信条件的好坏、商品本身的质量和款式等。

影响资本周转速度的因素还有生产资本的构成。根据资本价值周转方式的不同，生产资本可分为固定资本和流动资本。

> 固定资本和流动资本的划分与不变资本和可变资本的划分根本不同：（1）划分依据不同。前者的划分依据资本价值周转方式的不同，后者的划分依据资本不同部分在剩余价值生产过程中所起的作用的不同。（2）划分内容不同。固定资本只包括用于购买劳动资料的资本，而不变资本包括用于购买劳动资料和劳动对象的资本；流动资本却包括用于购买劳动对象和劳动力的资本，而可变资本只是用于购买劳动力的资本。（3）划分目的不同。划分前者的目的是揭示生产资本的不同部分对资本周转速度从而对剩余价值生产的不同影响；划分后者的目的是揭示可变资本是剩余价值的真正源泉，从而揭示资本主义剥削的秘密。

固定资本是指以机器、设备、厂房、工具等劳动资料形式存在的生产资本。它在物质形态上全部参加生产过程，它的价值却按照在使用过程中的磨损程度一部分一部分地转移到新产品中去，并随着产品出售一部分一部分地收回。流动资本是指以原料、燃料、辅助材料等劳动对象以及劳动力形式存在的生产资本。流动资本中的物质要素在每次生产过程中被全部消费掉，因而每次生产过程都需要不断更新。它的价值是一次性全部转移到新产品中去，并随着产品的出售一次性收回。流动资本中购买劳动力的那部分资本不存在价值转移问题。它是资本家以工资形式支付给工人后，工人作为自己的收入用来购买消费品的部分。因此，它的价值不像劳动资料和劳动对象的价值那样转移到新产品中，而是在生产过程中由工人的劳动重新创造出来。但是，由于购买劳动力的这部分生产资本，在价值周转方式上也是一次性全部投入生产过程，其价值通过劳动的创造，随着产品的出售一次性收回，所以也被列入流动资本。

固定资本和流动资本周转一次所需要的时间是不同的，因而资本周转速度通常是指整个预付资本的总周转速度。预付资本的总周转速度，就是预付资本各个组成部分的平均周转速度。其计算公式是：

$$\frac{\text{预付资本一年}}{\text{中的总周转速度}}=\frac{\left(\frac{\text{一年中固定资本}}{\text{周转价值总额}}+\frac{\text{一年中流动资本}}{\text{周转价值总额}}\right)}{\text{预付资本总额}}$$

生产资本的构成对预付资本总周转的影响来自两个方面：一是固定资本与流动资本在生产资本中所占的比重。在生产资本中固定资本所占比重越大，预付资本的总周转速度就越慢；反之，流动资本所占比重越大，预付资本的总周转速度就越快。二是固定资本与流动资本各自的周转速度。在固定资本与流动资本所占比重既定的情况下，固定资本和流动资本的周转速度越快，预付资本的总周转速度也就越快；反之，预付资本的总周转速度也就越慢。

资本周转速度的快慢，对剩余价值生产的影响主要有三个方面：

（1）加快资本周转速度可以节省预付资本。从预付的固定资本来看，资本周转速度加快，既可以避免或减少无形磨损，也可以加快固定资本的更新，购置生产效率更高的机器设备，提高固定资本的利用率。加快资本周转，尤其可以节省预付的流动资本。因为资本周转速度加快以后，维持同样生产规模所需要的流动资本数量越小，就越能节省预付资本。如果把节省的流动资本投入生产，就能扩大生产规模，获取更多的剩余价值。

（2）加快资本周转速度可以增加年剩余价值量。一般来说，资本周转速度的加快，也意味着预付资本中的可变资本周转速度加快，从而一年内同量的预付可变资本就可以雇用更多的工人，生产出更多的剩余价值，增加年剩余价值量。如果用 M 代表年剩余价值量，m'为剩余价值率，v 为预付的可变资本，n 为流动资本（包含可变资本）的周转次数，年剩余价值量则由如下公式表示：

$$M=m'\cdot v\cdot n$$

（3）加快资本周转速度可以提高年剩余价值率。年剩余价值率，是一年内生产的剩余价值总量同一年内预付的可变资本的比率。如果用 M'表示年剩余价值率，其计算公式为：

$$M'=M/v=m'\cdot v\cdot n/v=m'\cdot n$$

公式表明，可变资本的周转速度既同年剩余价值量成正比关系，也同年剩余价值率成正比关系。

年剩余价值率与剩余价值率的不同在于：一是表示的关系不同。年剩余价值率是年剩余价值总量同预付可变资本的比率，表示预付可变资本在一年中的增殖程度。剩余价值率是在一次生产过程中，工人所创造的剩余价值和可变资本的比率，表示资本家对工人的剥削程度。二是量上不相等。年剩余价值率通常要高于剩余价值率。只有在预付可变资本年周转为一次，预付可变资本与实际发挥作用的可变资本数量相等时，年剩余价值率才会和剩余价值率相等。

2. 社会资本运动的一般规律

社会资本是资本主义社会中互相联系的所有单个资本的总和。社会资本再生产的顺利进行，要求社会生产各个部门之间保持适当的比例关系。

第一，社会资本是指所有相互联系、相互依存的单个资本的总和，又称社会总资本。互相交错、互为条件的单个资本运动的总和，形成社会资本的运动。社会资本的运动有其特点：既包括生产消费以及与此相适应的资本流通，又包括个人消费以及与此相适应的一般商品流通。考察社会资本再生产就是考察社会资本的运动。

考察社会资本再生产的出发点和核心问题是考察社会总产品的实现问题。社会总产品，是指社会各个物质生产部门在一定时期内（通常以年为单位）所生产出来的全部物质资料的总和，在物质形式上表现为生产资料和消费资料，在价值形式上表现为不变资本价值、可变资本价值和剩余价值。考察社会资本再生产，就是要研究社会总产品的各个组成部分如何在物质上和价值上得到补偿的问题。社会总产品的物质补偿，是指社会总产品的各个组成部分的价值转化为货币形式后，如何再转化为所需要的产品。社会总产品的价值补偿，是指社会总产品各个组成部分的价值，如何通过全部商品的出售以货币形式收回，用以补偿生产中预付的不变资本和可变资本的价值，并获得剩余价值。社会资本的再生产只有在社会总产品全部能销售出去，能够补偿预付的不变资本价值和可变资本价值并获得剩余价值，能够在市场上购买到所需要的生产资料和劳动力，以及工人和资本家用于个人消费的消费资料的情况下，才能正常进行。因此，社会总产品的实现问题是社会资本再生产的核心问题。

与社会总产品的物质形式相适应，社会生产分为两大部类：一类是生产生产资料的部类，称为第一部类，用符号“Ⅰ”表示；一类是生产消费资料的部类，称为第二部类，用符号“Ⅱ”表示。社会总产品的物质构成和价值构成，以及社会生产的两大部类原理，是考察社会资本再生产的理论前提。

第二，社会资本简单再生产的实现条件。在社会资本简单再生产条件下，剩余价值全部用于资本家的个人消费，社会生产规模不变。因此，根据社会资本再生产的基本原理，社会资本简单再生产的实现过程是：

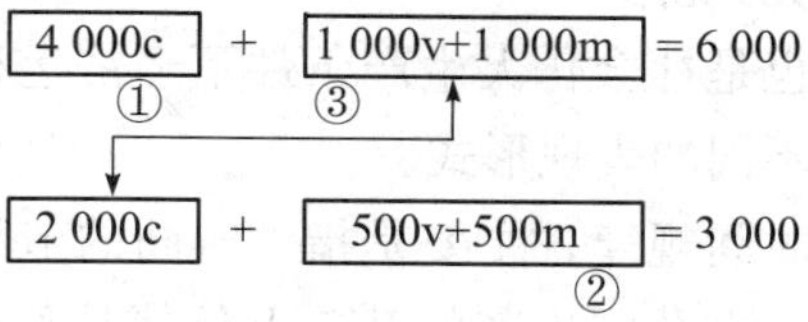

通过这一实现过程可以看到，社会资本简单再生产的基本实现条件是 $\text{I}(v+m)=\text{II}c$，即第一部类的可变资本和剩余价值之和，必须等于第二部类的不变资本价值。由这个基本实现条件，可以引申出另外两个实现条件：第一，$\text{I}(c+v+m)=\text{I}c+\text{II}c$，即第 Ⅰ 部类全部产品的价值，应该等于两大部类的不变资本的总和。第二，$\text{II}(c+v+m)=\text{I}(v+m)+\text{II}(v+m)$，即第 Ⅱ 部类的总产品的价值，应该等于两大部类的可变资本和剩余价值的总和。

社会资本简单再生产的三个实现条件，反映了两大部类之间及其内部的基本比例关系，只有遵循这种比例关系，社会总产品才能完全得到实现，社会资本简单再生产才能正常进行。

第三，社会资本扩大再生产的实现条件。社会资本的扩大再生产就是资本家把剩余价值的一部分转化为追加资本，生产在扩大的规模上重复进行。实现扩大再生产，必须具备两个前提条件：(1) 第Ⅰ部类一年中所生产的全部生产资料，除了维持两大部类简单再生产所需要的生产资料以外，还必须有一个余额，用以满足两大部类扩大再生产对追加生产资料的需要，即 $\text{I}(v+m)>\text{II}c$。(2) 为了扩大再生产，第Ⅱ部类一年中所生产的全部消费资料，除了满足两大部类进行简单再生产过程中的工人和资本家所需要的消费资料以外，也必须有一个余额，用以满足两大部类扩大再生产对追加消费资料的需要，即 $\text{II}(c+m-m/x)>\text{I}(v+m/x)$。$m/x$ 表示剩余价值中供资本家个人消费的部分，$m-m/x$ 表示剩余价值中供积累的部分。

根据扩大再生产前提条件的要求，社会资本扩大再生产的基本实现条件是：$\text{I}(v+\Delta v+m/x)=\text{II}(c+\Delta c)$，即第Ⅰ部类原有的可变资本价值，加上追加的可变资本价值，再加上本部类资本家用于个人消费的剩余价值，三者之和应当等于第Ⅱ部类原有的不变资本价值和追加的不变资本价值之和。

从社会资本扩大再生产的基本实现条件可以引申出另外两个实现条件：(1) $\text{I}(c+v+m)=\text{I}(c+\Delta c)+\text{II}(c+\Delta c)$，即第Ⅰ部类全部产品的价值，必须等于两大部类原有的不变资本价值和追加的不变资本价值之和。(2) $\text{II}(c+v+m)=\text{I}(v+\Delta v+m/x)+\text{II}(v+\Delta v+m/x)$，即第Ⅱ部类全部产品的价值，必须等于两大部类原有的可变资本价值、追加的可变资本价值，以及资本家用于个人消费的剩余价值之和。

社会资本扩大再生产的实现条件，反映了社会生产的两大部类之间及其内部，都必须保持一定的比例关系。只有遵循这个比例关系，社会资本再生产才能顺利进行。在资本主义经济中，社会资本再生产所要求的比例关系，社会总产品实现所需要的各种条件，是通过经济危机自发地强制地实现的。

社会化大生产条件下经济运行的一般规律，对促进国民经济的运行和发展具有重要的意义。

3. 有计划分配劳动时间的规律

有计划分配劳动时间，也是社会化大生产条件下经济运行的一般规律。但是，这一规律在不同的社会形式中有不同的表现形式。

第一，有计划分配劳动时间规律，主要是指“时间的节约，以及劳动时间在不同的生产部门之间有计划地分配，在共同生产的基础上仍然是首要的经济规律”。这就是说，相对于资本主义私有制经济而言，在未来社会的“共同生产的基础上”，单个人的劳动一开始就成为社会劳动。这样，作为商品交换价值“实体”和“内在尺度”的“劳动时间”，就成了分配社会劳动于各个生产部门的直接的“尺度”。这时，“社会必须合乎目的地分配自己的时间，才能实现符合社会全部需要的生产”①。

> **时间**实际上是人的积极存在，它不仅是人的生命的尺度，而且是人的发展的空间。
>
> （《马克思恩格斯全集》，中文 2 版，第 37 卷，161 页，北京，人民出版社，2019）

“符合社会全部需要的生产”，不仅包括物质资料的生产，还包括科学、文化、艺术等创造性活动，因此，“社会必须合乎目的地分配自己的时间”也就包括了进行物质资料生产的时间和用于从事科学、文化、艺术等创造性活动的时间。前者为劳动时间，后者为自由时间。由此可见，有计划分配劳动时间规律运行的前提是“共同生产”，有计划分配劳动时间包括劳动时间和自由时间两部分。

第二，有计划分配劳动时间规律是社会化大生产的一般规律，但在社会主义经济和资本主义经济中的运行却有一定的区别和联系。从制约这两种经济运行的内在尺度来看，它们都是以社会劳动时间为其基本规定的。在商品经济中，社会劳动时间的分配是采取迂回的形式，以交换价值及其货币形式，通过市场和市场机制的作用而得以表现和实现的。而在未来社会中，有计划分配劳动时间是以直接的社会形式，通过有计划分配的机制得以表现和实现的。这就是说，商品经济主要是通过“自发”的市场机制的作用，实现社会劳动在社会各生产部门之间的比例分配。而有计划分配劳动时间的经济，则主要通过“自觉”的计划机制的作用，实现社会劳动在社会各生产部门之间的比例分配。

> 个性得到自由发展，因此，并不是为了获得剩余劳动而缩减必要劳动时间，而是直接把社会必要劳动缩减到最低限度，那时，与此相适应，由于给所有的人腾出了时间和创造了手段，个人会在艺术、科学等等方面得到发展。
>
> （《马克思恩格斯选集》，3 版，第 2 卷，784 页）

但是，应该看到，“这种按一定比例**分配**社会劳动的**必要性**，决不可能被社会生产的**一定形式**所取消，而可能改变的只是**它的表现方式**，这是不言而喻的。自然规律是根本不能取消的。在不同的历史条件下能够发生变化的，只是这些规律借以实现的**形式**”②。在资本主义经济中，资本追逐剩余价值的本性决定其必须把工人的自由时间也运用于剩余价值生产，从而工人的自由时间转变为剩余劳动时间。剩余劳动时间成为对工人精神生活和肉体生活的侵占。

① 《马克思恩格斯文集》，第 8 卷，67 页。

② 《马克思恩格斯选集》，3 版，第 4 卷，473 页。

有计划分配劳动时间规律发生作用的社会条件，除了社会化的生产以外，还必须是“自由人联合体”。在“自由人联合体”中，“用公共的生产资料进行劳动”，而且在社会再生产过程中，社会产品中“重新用作生产资料”的部分，也“依旧是社会的”。在生产资料公有制这一既定的前提下，“劳动时间的社会的有计划的分配，调节着各种劳动职能同各种需要的适当的比例”。同时，“劳动时间又是计量生产者在共同劳动中个人所占份额的尺度，因而也是计量生产者在共同产品的个人可消费部分中所占份额的尺度”①。因此，有计划分配社会劳动时间规律发生作用，是同生产资料公有制和按劳分配联系在一起的。以生产资料公有制为基础，运用与按劳分配同一的劳动时间尺度，通过对社会生产的“有计划的分配”，实现社会生产和社会需要按“适当的比例”发展。在“自由人联合体”中，劳动成为生活的目的，人的自由而全面的发展有了广阔的空间，劳动时间和自由时间的对立被扬弃，劳动时间不再是衡量社会财富的尺度，能够成为社会财富衡量尺度的只能是可以自由支配的时间。

四、资本主义基本矛盾与经济危机

资本主义经济危机是资本主义基本矛盾存在、激化和集中暴露的证明。在资本运行过程中，社会资本再生产所要求的比例关系，社会总产品实现所需要的各种条件，是通过经济危机自发地强制地实现的。

1. 资本主义经济危机的实质和根源

资本主义经济危机是指资本主义经济发展过程中每过一定时间就要爆发的生产过剩的危机。这种生产过剩，不是生产的商品绝对超过了人们的物质生活需要，而是一种相对过剩，即生产的商品相对于人民群众有支付能力的需求来说是过剩的。生产相对过剩是资本主义经济危机的实质。

资本主义经济危机是由资本主义基本矛盾，即生产的社会化与生产资料的资本主义私人占有之间的矛盾发展到一定程度引起的。在资本主义制度下，随着机器大工业的发展，生产社会化达到了很高的程度。在企业内部，生产的社会化表现为大机器代替了手工工具，大批人共同使用社会化的生产资料；产品生产过程变为由许多人协同进行的社会化大生产；产品也由许多人共同生产。在整个社会内部，生产的社会化表现为社会分工和专业化的广泛发展，企业之间和部门之间

> 在1929—1933年资本主义世界性大危机期间，整个资本主义世界的工业产量下降了44%，大量社会财富被毁坏。美、英、德、法等国分别毁坏了92座、72座、28座、10座炼钢炉；1933年美国有1 040万亩棉花在棉田中被铲倒毁掉，有640万头猪被抛进密西西比河；英国的大批鲜橘子、巴西的2 200万袋咖啡被倒进了大海。危机还使大批劳动者失业。据1932年9月《幸福》杂志估计，美国有3 400万成年男女和儿童，即约占全国总人口28%的人无法维持生计，200万人到处流浪，平均每三个可以工作的人中，就有一个人失业。

① 《马克思恩格斯文集》，第5卷，96页。

的相互联系、相互依存程度大大加强，整个社会生产已经联结成一个统一的整体。随着资本主义世界市场的形成，生产的社会化还从一国范围扩大到世界范围。社会化大生产的发展，客观上要求部门之间和企业之间以及生产和消费之间保持一定的比例；但是，生产资料资本主义私有制和社会生产的无政府状态，却使国民经济各部门和各企业之间以及生产和消费之间，不可能建立起与社会化大生产相适应的比例关系。生产的社会化与生产资料资本主义私人占有之间的矛盾，反映了资本主义生产关系与生产力之间的矛盾，它是资本主义经济危机爆发的根源。

2. 资本主义基本矛盾的具体表现

> 美国经济学家萨缪尔森在《经济学》教科书中讲道："在我们国家的历史上，我们的经济制度都受到动荡的经济周期的折磨"，经济周期"至少在过去的一个半世纪中成为世界工业国家的特征"。"商业周期（或经济周期）是资本主义的固有特点。"
>
> （萨缪尔森：《经济学》，16版，352、351页，北京，华夏出版社，2002）

在资本运行过程中，资本主义基本矛盾具体表现为两个方面：

第一，个别企业内部生产的有组织性和整个社会生产的无政府状态之间的矛盾。在资本主义制度下，资本家为了最大限度地获取利润，要改进生产技术、完善劳动组织和经营管理，使资本主义企业内部具有相当严密的组织性和纪律性。但是，生产资料被资本家私人占有，个别资本家并不能准确地了解市场信息，只是根据自己的私利和对市场的估计来决定和指挥企业的生产，因而必然使整个社会生产处于自发性和盲目性之中。这一矛盾发展到一定程度，必然会导致社会再生产比例关系的破坏，当这种比例关系失调发展到十分严重的程度，引起大量商品过剩时，就会导致经济危机。

第二，资本主义生产无限扩大趋势同人民群众有支付能力的需求相对缩小之间的矛盾。受剩余价值绝对规律和资本主义竞争规律作用的支配，资本家会不断地扩大生产规模，积极采用先进的技术设备，从而使资本主义生产具有无限扩大的趋势，与此相适应，也要求市场的扩大。但是，资本积累的增长和资本有机构成的提高，造成了相对过剩人口的存在，使广大人民群众陷入失业和半失业的贫困之中。与资本主义生产无限扩大的趋势相比，人民群众有支付能力的需求相对缩小，这就不可避免地导致资本主义生产与消费的严重对立。当这一矛盾发展到一定程度时，市场上的大量商品找不到销路，就会出现生产的相对过剩，从而导致经济危机。

3. 资本主义经济危机的周期性及其新特点

资本主义经济危机具有周期性，即每隔一定时间重复出现一次的周而复始的现象。形成这种现象的原因在于资本主义基本矛盾运动的阶段性。资本主义基本矛盾的尖锐化导致经济危机的爆发。而经济危机的爆发，使供求矛盾得到缓解，社会生产得到恢复和发展。但经济危机只能暂时缓解而不能根除资本主义基本矛盾，因而随着资本主义经济的恢复和高涨，资本主义基本矛盾会重新激化，导致经济危机的再一次爆发。

经济危机的周期爆发，使资本主义再生产也呈现出明显的周期性。从一次危机爆发到下一次危机爆发，构成资本主义再生产的一个周期。它一般包括危机、萧条、复苏、高涨四个阶段。危机阶段是再生产周期的决定性阶段，既是上一个周期的终点，又是下一个周期的起点。危机往往在经济呈现最繁荣现象时爆发。危机过后是萧条阶段，整个经济生活呈现一片萧条停滞景象。萧条持续一段时间后，市场状况有所好转，经济开始逐步回升，逐渐摆脱停滞局面，萧条阶段过渡到复苏阶段。当社会生产和流通能够复苏到赶上或超过经济危机以前的最高点时，复苏阶段便进入高涨阶段。资本主义经济的高涨只是暂时的，新的高涨包含了新的危机的先兆。当资本主义经济的各种矛盾发展到尖锐程度时，危机就会再次爆发，资本主义再生产就会进入下一个周期。

20 世纪 90 年代以来的金融危机

20 世纪 90 年代以来，随着经济全球化的发展和国际金融资本垄断的发展，资本主义经济危机由“滞胀型”危机演化为金融危机，如 1994 年的墨西哥金融危机、1997 年的亚洲金融危机、2001 年的阿根廷债务危机、2008 年的国际金融危机。这些金融危机都首先爆发于虚拟经济领域，然后再波及实体经济领域，对实体经济产生影响，造成虚拟经济与实体经济的脱节。金融危机从根本上来说就是经济危机，其根源仍然是资本主义基本矛盾。

资本主义再生产周期的物质基础是固定资本更新。固定资本更新是指以厂房、机器设备等物质形式存在的那部分生产资本由于磨损或其他原因而用新的物质形式来更换。第一，固定资本的大规模更新为摆脱危机、促进复苏和高涨准备了物质条件。因为它会推动生产资料部门的恢复和发展，带动消费资料生产的回升，从而增加社会需求，刺激生产发展。第二，固定资本的大规模更新又为下一次危机的到来准备了物质基础。因为它会促进社会生产力的急剧增长，提高技术水平和资本有机构成，从而也会加剧资本主义基本矛盾，导致经济危机再次发生。

从资本主义发展的历史来看，第二次世界大战以后，资本主义经济危机和再生产周期出现了一些新的特点：第一，危机周期的长短不规则，周期性遭到一定程度的破坏。整个 19 世纪，经济危机每隔 10 年左右爆发一次；进入 20 世纪以后，经济危机缩短到每隔 7～8 年爆发一次；二战后，一些主要资本主义国家经济危机每隔 5 年左右就爆发一次。第二，周期进程中的阶段交替界限不清，每一阶段的特征不明显。二战后，在国家对经济生活的干预下，危机持续的时间明显缩短，危机期间生产下降的幅度缩小，周期进程中没有明显的萧条阶段和复苏阶段，高涨阶段常常被局部性危机或生产停滞所打断。第三，危机的程度有所减弱，但生产过剩和失业却成为周期性的经常现象。二战后，一些主要资本主义国家在危机阶段的生产下降程度和失业率的增长都低于二战前，但在整个周期中，生产过剩和失业却是经常现象。第四，经济危机与通货膨胀相结合。二战以后，资本主义国家经济危机期间出现了经济停滞和通货膨胀并存的“滞胀”局面。这是由资本主义国家为刺激经济增长过度增发货币和扩大财政赤字造成的，也是资本主义基本矛盾进一步深化的结果。

本章小结

剩余价值规律是资本主义的基本经济规律，它表明资本主义生产方式的本质，体现资本主义生产目的和达到目的的手段之间的内在统一，决定着资本主义生产的一切主要方面和主要过程，决定着资本主义生产方式的产生、发展和必然灭亡的全过程。

资本主义再生产的特点是扩大再生产，资本积累是扩大再生产的重要源泉。随着资本积累的增加、资本有机构成的提高，必然会产生社会的两极分化，即一极是财富的积累，另一极是贫困的积累，这是资本主义积累的一般规律。资本主义积累的一般规律是对资本主义积累的整个过程和后果的总概括。

单个产业资本运动的一般规律、社会资本运动的一般规律、有计划分配劳动时间的规律等，都是社会化大生产条件下经济运行的一般规律。产业资本的循环和周转反映了资本运动的连续性及连续运动的条件，以及资本运动速度及加快速度的方法。社会生产各个部门之间保持适当的比例关系是社会资本再生产顺利进行的必然要求。有计划分配劳动时间规律反映的是未来社会经济运行的要求，而在资本主义经济运行中，剩余价值的本性决定着工人的自由时间成为剩余劳动时间。

资本主义经济危机是生产相对过剩的危机，是资本主义基本矛盾激化的产物。在资本运行过程中，社会资本再生产所要求的比例关系，社会总产品实现所需要的各种条件，是通过经济危机自发地强制地实现的。

阅读书目

1. 马克思．第一册：资本的生产过程．见：马克思恩格斯文集．第 5 卷．北京：人民出版社，2009

2. 恩格斯．反杜林论．见：马克思恩格斯选集．3 版．第 3 卷．北京：人民出版社，2012

思考题

1. 对以下说法做出辨析：

（1）经济规律具有客观性，各种经济规律都不会因为社会形态的更替而消失。

（2）经济活动是人们有意识的自觉的行动，因而经济发展过程是受人，而不是受经济规律支配的。

（3）不变资本与固定资本都表现为生产资料，具有完全相同的物质内容，因而不变资本实际上就是固定资本。

（4）流动资本是指在生产过程中其价值发生增殖的资本。

（5）加快资本周转可以带来更多的剩余价值，这表明流通过程可以产生剩余价值。

（6）剩余价值率与年剩余价值率都是剩余价值和可变资本的比率，因而二者是相同的。

（7）社会资本与个别资本的运动只有规模上的差别，没有内容上的差别。

（8）资本主义经济危机的产生是由于资本主义经济快速发展，产品极大丰富，出现大量剩余产品。

2. 为什么说剩余价值规律是资本主义的基本经济规律?

3. 美国是世界上发达资本主义国家之一，但仍然有大量的失业工人。他们被抛向街头，经受着贫困的折磨。试用资本主义积累的一般规律来阐明这一现象。

4. 什么是产业资本循环? 为什么说产业资本循环既是流通过程和生产过程的统一，又是产业资本三种循环形式的统一?

5. 社会资本简单再生产和扩大再生产的实现条件是什么? 进一步说明其含义和意义。

6. 试述社会化大生产条件下经济运行的一般规律对社会主义经济建设的意义。

7. 如何理解有计划分配劳动时间规律的内涵及作用的社会条件?

8. 简要说明资本主义经济危机的实质及根源。

第八章

资本主义在当代的新变化

要点提示

● 垄断是垄断资本主义的本质特征。垄断统治渗透到上层建筑和社会生活的各个方面。

● 国家垄断资本主义是社会生产力发展的必然结果，也是资本主义基本矛盾尖锐化的必然产物。

● 国家垄断资本主义实质上是对资本主义生产关系的一种调整。

● 资本输出是垄断资本主义经济实现国际扩张的主要手段。国际垄断同盟是资本输出不断发展的结果。

● 资本主义国家的政治制度与意识形态是为巩固和发展资本主义经济基础服务的。

● 资本主义向社会主义过渡具有历史必然性。社会主义取代资本主义将是一个长期的历史过程。

关键词

垄断　垄断的国际扩张　国家垄断资本主义　资本输出　政治制度　意识形态　社会主义

资本主义的发展经历了自由竞争资本主义和垄断资本主义两个历史阶段。国家垄断资本主义是第二次世界大战后垄断资本主义发展的新形式。垄断资本主义经济不断向国际范围扩展。当代资本主义的政治制度和意识形态出现了新的变化。资本主义的新变化并没有改变资本主义的实质，资本主义向社会主义过渡是人类社会发展的历史趋势。

一、 国家垄断资本主义的形成与发展

垄断资本主义的发展经历了私人垄断资本主义和国家垄断资本主义两个阶段。国家垄断资本主义是在私人垄断不断发展的基础上产生的，是资产阶级国家政权和垄断资本相结合的资本主义，是资本主义基本矛盾发展的必然结果。

1. 私人垄断资本主义的形成

垄断又称独占，是指少数大企业或若干企业联合起来，独占生产和市场以获取高额垄断利润。19 世纪末 20 世纪初，资本主义从自由竞争阶段过渡到垄断阶段，这一时期垄断资本主义以私人垄断为基础，又叫私人垄断资本主义。

> 20 世纪上半期，较为重要的垄断组织形式包括：卡特尔、辛迪加、托拉斯和康采恩。卡特尔，即通过生产或经营同类产品的一些大型垄断企业之间较稳定的垄断协议形成的、在生产或流通的某个或某些环节实行垄断的组织形式；辛迪加，即把一些在法律上和生产上还是独立的大垄断企业在流通环节上统一起来，进行垄断经营的组织形式；托拉斯，即垄断了某种商品生产和经营全过程的独立的大型垄断企业；康采恩，即以一两个特大型垄断企业为核心，联合了各方面各领域一大批企业所形成的超大型垄断集团。

私人垄断的形成是自由竞争发展的必然结果。在自由竞争资本主义社会，资本家在剩余价值规律的支配下，彼此之间必然展开激烈的竞争，竞争的结果，往往是大企业战胜中小企业，大资本吞并中小资本，使生产和资本越来越集中到少数大企业手中。而生产和资本集中到一定程度必然会产生垄断，这是因为：第一，当一个或几个部门的生产集中于少数大企业手中时，生产和市场就很容易被控制，这些大企业之间也就容易达成协议形成垄断；第二，为了避免激烈竞争所带来的两败俱伤的后果，少数大企业不得不谋求暂时的妥协而联合起来形成垄断。正如列宁所言："自由竞争产生生产集中，而生产集中发展到一定阶段就导致垄断。"①

私人垄断的形成是资本主义基本矛盾发展的必然产物。19 世纪 70 年代出现的第二次产业革命，有力地促进了生产力的发展，使生产的社会化程度大大提高，但生产社会化的发展受到了单个私人资本的限制和束缚，从 1873 年到第一次世界大战前约 40 年的时间里，各主要资本主义国家连续发生了 5 次经济危机。资本主义基本矛盾的不断激化，客观上要求突破单个私人资本的局限性。19 世纪后期股份资本的出现，已使单个私人资本在一定程度上带有社会资本的性质，垄断的产生使少数资本主义大企业操纵和控制了一个或几个部门的生产和销售，客观上提高了资本的社会化程度，在一定程度上适应了生产社会化的要求，缓解了资本主义社会的基本矛盾。垄断的出现是资本主义生产关系在自身范围内的一次调整。

> **19 世纪末 20 世纪初垄断资本主义经济的特征**
>
> （1）生产和资本的集中发展到这样高的程度，以致造成了在经济生活中起决定作用的垄断组织；（2）银行资本和工业资本已经融合起来，在这个"金融资本的"基础上形成了金融寡头；（3）和商品输出不同的资本输出具有特别重要的意义；（4）瓜分世界的资本家国际垄断同盟已经形成；（5）最大资本主义大国已把世界上的领土瓜分完毕。

垄断是垄断资本主义的本质特征。垄断资本在经济生活中主宰一切，并把垄断统治渗透到上层建筑和社会生活的各个方面，垄断资本主义时期的一切重要社会现

① 《列宁选集》，3 版修订版，第 2 卷，588 页。

象，都可以从垄断统治中找到最终根源。

2. 国家垄断资本主义形成的原因及基本形式

国家垄断资本主义是垄断资本同国家政权相结合的资本主义，是垄断资本主义发展的新阶段。第二次世界大战后，国家垄断资本主义在主要发达资本主义国家有很大发展，成为社会经济生活中一个非常重要的现象。

国家垄断资本主义的产生是社会生产力进一步发展的产物，是资本主义基本矛盾进一步尖锐化的必然结果。私人垄断的产生虽然未能从根本上解决资本主义的基本矛盾，但却大大促进了生产社会化的发展，使物质财富生产的规模不断扩大，生产社会化程度进一步提高。但是，私人垄断资本仍然从其私利的角度做出决策，不可能在社会范围内协调经济活动，因此，它已经无法适应社会化大生产的要求，而成为生产力发展的障碍，促使资本主义基本矛盾不断激化。在这种情况下，为了维护和巩固垄断资本主义，资本主义国家必须介入社会经济生活中，利用国家政权的力量来协调各方面的关系，维持资本主义社会经济的运行，于是就出现了国家政权与垄断资本相结合的国家垄断资本主义。

第二次世界大战以前，一些资本主义国家就已存在国家干预经济的情况，但那时多是作为应对经济危机或战时经济而采取的临时措施。二战后，主要发达资本主义国家的垄断资本和国家政权的结合日益紧密，国家垄断资本主义得到了迅速而持续的发展，成为垄断资本主义的主要形式。战后国家垄断资本主义发展的原因是：第一，第三次科技革命及其成果的广泛应用，引起了新兴产业和相关产业的发展，仅靠私人垄断资本的力量，已无法满足国家大规模经济建设和支柱产业发展所需要的巨额资金，必须依靠国家的力量来筹集；第二，大规模公共设施的建设和基础性、前导性的科学研究项目，是私人垄断资本无能为力或不愿进行投资的，只有通过国家的力量才能完成；第三，生产社会化程度的日益提高，使各部门之间的关系日益复杂，客观上需要对整个社会范围内的经济结构进行调整，这只有国家出面进行宏观经济调控才能实现；第四，开拓国内国际市场缓解生产过剩、缓和国内社会各阶级阶层之间矛盾等问题，需要国家出面进行干预和调节。表 8－1 为世界及不同类型国家中央政府财政收入占国内生产总值的比重。

表 8－1　世界及不同类型国家中央政府财政收入占国内生产总值的比重　（%）

国家或地区	2005 年	2010 年	2017 年	2018 年	2019 年
世界	23.9	23.7	25.2	25.0	26.5
高收入国家	26.5	26.0	27.6	27.0	27.0
中等收入国家	16.2	18.7	19.8	20.5	—

资料来源：世界银行 WDI 数据库。

依据资本主义国家政权与垄断资本结合的程度、范围和方式的不同，国家垄断资本主义分为三种基本形式：

第一，国家直接掌握的垄断资本，也就是资本主义国家中的国有企业。国有企业一般通过两个途径建立：一是国家直接投资，二是国家收购原来的私有企业。国家建立的国有企业，往往是一些私人资本无力兴建的大型新兴产业、支柱产业，或是一些投资巨大、收回投资需要很长时间的公共产品的生产企业，或是基础设施的建设企业。

第二，国家和私人资本在企业内部的结合，也就是国家以资本所有者的身份与私人垄断组织合资或合作经营的企业。这种国家和私人资本结合的企业，既可以是国家和私人资本共同投资建立的新企业，也可以是国家出售一部分国有企业的股份给私人资本而形成国家和私人资本共有的企业，还可以是通过国家收购一部分原私有企业的股份形成的国家和私人资本相结合的企业。

财政政策主要包括财政收入和财政支出两方面。财政收入的主要渠道是税收，国家可以通过税收政策，以不同的税种设置和有差别的税率，来鼓励某些产业的发展，制约与限制另一些产业的发展，从总体上调节经济周期的变化。财政支出主要用于三个方面：社会福利开支、国防行政开支和国债利息。

第三，国家和私人资本在企业外部的结合，也就是国家垄断资本主义在资本主义私人企业的外部起作用。这种形式主要是国家通过经济、法律和必要的行政手段来促进、诱导私人企业向既定的方向发展，从而实现国家对经济的管理和调节。在各种调控经济的手段中，资本主义国家主要是通过财政政策、货币政策等经济手段，对社会总供给和总需求进行调节，进而实现经济快速增长、充分就业、物价稳定和国际收支平衡等目标的。

货币政策主要是对利率和货币流通量的调节。利率调节主要是通过利率高低和差别利率来实现某些宏观经济目标。对货币流通量的调节主要运用了“三大手段”：一是公开市场业务，即由中央银行在货币资本市场上公开出售或收购有价证券。二是存款准备金率，即中央银行规定的银行准备金对银行存款的比率。三是再贴现利率，即中央银行对商业银行票据再贴现时规定的比率。

3. 国家垄断资本主义的作用及实质

国家垄断资本主义对资本主义的发展具有双重作用。一方面，国家垄断资本主义是对资本主义生产关系的局部调整，一定程度上适应了生产社会化的需要，缓和了资本主义社会的基本矛盾，有利于资本主义生产力的发展；另一方面，国家垄断资本主义又不可能从根本上消除资本主义社会所固有的各种矛盾，而垄断资产阶级狭隘的利益追求又使资本主义固有的矛盾进一步加深。

任何一个马克思主义者都不会忘记，资本主义比封建主义进步，而帝国主义又比垄断前的资本主义进步。

（《列宁选集》，3版修订版，第2卷，770页）

国家垄断资本主义对资本主义经济社会发展的积极作用主要表现为：一是国家垄断资本主义运用掌握的巨额资本投入社会再生产过程中，兴办私人资本无力兴办的巨大新兴工业企业，一定程度上克服了私人垄断资本与社会化大生产之间的矛盾，促进了生产力的发展；二是资产阶级国家凌驾于私人垄断资本之上，代表整个垄断资产阶级的利益，缓解了资本主义生产的无政府状态，促进了社会经济较为协调地发展；三是通过国家的收入再分配手段，使劳动人民生活水平有所改善和提高，缓和了劳资矛盾，加快了国民经济的现代化进程。

国家垄断资本主义对资本主义经济社会发展的阻碍作用主要表现为：一是国家财政支出不断增加，使广大人民群众的税负越来越重，进一步削弱了人民群众的购买能力，使社会生产和消费的矛盾更加突出，经济危机发生得更加频繁；二是国家长期滥发货币，造成了长期的通货膨胀，出现了经济发展停滞和通货膨胀同时存在的“滞胀”现象；三是国家公共债务的快速膨胀，大大削弱了整个国家经济发展的实力。表 8－2 为主要发达国家政府一般债务总额占国内生产总值的比重。

表 8－2　主要发达国家政府一般债务总额占国内生产总值的比重　（%）

国家	2005 年	2010 年	2017 年	2018 年	2019 年	2020 年	2022 年
日本	174.29	205.69	231.42	232.51	235.45	254.13	261.29
加拿大	70.64	81.22	88.84	88.83	86.82	117.46	106.59
美国	65.46	95.14	105.98	107.06	108.46	133.92	121.38
法国	67.38	85.26	98.32	97.95	97.62	115.08	111.67
德国	67.55	82.47	64.98	61.59	59.24	69.06	66.54
意大利	106.56	119.20	134.14	134.40	134.56	155.81	144.41
英国	39.59	74.27	86.31	85.78	85.24	104.47	101.36

资料来源：国际货币基金组织（IMF）数据库。

国家垄断资本主义没有改变资本主义生产关系，它实质上是对资本主义生产关系的一种调整。

第一，国家垄断资本主义没有改变资本主义私有制的经济基础。国家垄断资本主义虽然以国家的面目出现，但资本主义国家中的大部分生产资料仍掌握在私人垄断资本家手中，特别是极少数金融寡头手中，国家垄断资本主义条件下起决定作用的仍然是私人垄断资本。

第二，国家垄断资本主义加速了资本积累的进程和规模。国家垄断资本主义虽然实现了国家与垄断资本的融合，但没有触动资本主义私人占有制的根基，其对社会资本再生产的干预，实际上是以全社会总资本家的形式来发挥作用的，其主旨仍在于促进私人垄断资本的发展。国家垄断资本主义为私人垄断资本的发展提供了良好的环境，适应了垄断资产阶级获得高额垄断利润的需要。

第三，国家垄断资本主义能够更好地维护垄断资产阶级的根本利益。资产阶级国家作为垄断资产阶级的总代表和理想的总资本家，与私人垄断组织的狭隘眼界不同，为了维护垄断资产阶级的整体利益和长远利益，它必然凌驾于个别垄断资本之上，在社会范围内积极干预和调节经济运行，缓和社会资本再生产的各种矛盾，必要时它还会对私人垄断组织的某些垄断行为进行一定的限制，使垄断资产阶级的整体利益得以更好地维护。

总之，国家垄断资本主义的实质在于：它是私人垄断资本利用国家机器来为其发展服务的手段，是私人垄断资本为了维护垄断统治和获取高额垄断利润而和国家政权相结合的一种垄断资本主义形式，是资产阶级国家在直接参与社会资本的再生产过程中，代表资产阶级总利益并凌驾于个别垄断资本之上，对社会经济进行调节的一种形式。

二、 垄断资本主义经济的国际扩张

垄断资本主义时期，垄断资本不仅在国内实行垄断统治，而且把垄断统治延伸到国外，对其他国家的人民进行剥削和掠夺，建立起发达资本主义国家主导的世界经济政治体系，实现垄断资本的国际统治。

1. 垄断资本主义的资本输出

资本输出是垄断资本主义经济实现国际扩张的主要手段。资本输出主要是指资本主义国家的政府、资本家或资本家集团，为获取高额利润或利息以及其他经济利益，对国外进行投资或贷款。

垄断资本主义时期，大量资本输出具有必要性：一是输出国内过剩的资本，以便在国外谋求高额利润。垄断资本家攫取了大量的垄断利润，积累了大量的货币资本，本部门垄断的形成没有必要大量追加投资，而国内一切有利投资场所又都被垄断，新资本很难进入，国内已经没有足够的投资场所，因此，垄断组织必然要把巨额的“过剩资本”输出到国外，以取得高额利润。二是经济落后国家是最佳的投资场所。经济落后国家资金匮乏，但土地、原材料、劳动力价格低廉，资本不论以何种形式输入均可获取较高的投资回报，而且资本输出还能带动商品输出，有利于垄断资本在海外统治的建立和加强。

垄断资本主义时期，大量资本输出也具有可能性：一是垄断资本主义形成时期，随着资本主义商品经济的发展，许多落后国家被卷入资本主义世界市场，使这些国家的自然经济逐渐瓦解，商品经济有了一定程度的发展；二是农民和手工业者纷纷破产，成为劳动力的出卖者，为经济的发展提供了充足而且价格很低的劳动力；三是铁路、公路、港口等发展近现代工商业所必需的基础设施在这些国家已有所建设，为输入资本提供了一定条件；四是发展到垄断资本主义阶段，这些国家金融业和信用制度快速发展，交通通信设备实现了现代化，为大规模输出资本准备了物质条件。

垄断资本主义的资本输出从资本形态来划分，有三种基本形式：第一种是借贷资本输出，即由资本主义国家的政府、银行、企业把资本贷给其他国家的政府、银行或企业。第二种是生产资本输出，即在国外直接投资，独立创办企业，与外国资本合营，或者收购外国已有的企业等。第三种是商品资本输出，即利用其工业品与不发达国家的资源和初级产品的不等价交换，来获取海外利益。在资本输出的这三种形式中，商品资本输出在自由竞争资本主义阶段占主导地位，借贷资本和生产资本输出在垄断资本主义阶段占主导地位。

垄断资本主义的资本输出从主体来划分，可以分为两类：一类是私人资本输出，主要包括：私人对外直接投资、各种对外证券投资、私人银行和非银行金融机构的对外贷款、私人在国外的房地产投资和存款、私人对外开展商品和服务贸易等。另一类是国家资本输出，主要包括：政府及其所属的金融机构的对外贷款；政府的对外援助，包括经济援助和军事援助；向国际机构的投资，如对世界银行、欧洲开发基金、国际开发协会、亚洲开发银行等的投资；政府在国外的资产；等等。

第二次世界大战后，资本输出出现了一些新的特点，主要有：资本流向由原来的以发达国家向经济落后国家输出为主，发展到当代的多方向输出，特别是发达国家间的相互投资大幅度增加；在私人资本输出增长的同时，国家资本的输出也在增长，并日益成为占重要地位的资本输出形式。

资本输出对输出国与输入国都产生了极其重要的影响。从资本输出国即垄断资本主义国家这方面看，资本输出的影响是双重的。其积极作用和后果是：第一，输出资本的国家和垄断组织获得了大量的高额利润和利息。在国外投资，可利用当地廉价的资源和劳动力、广阔的市场获得国内投资无法得到的高额利润，对外贷款也往往能获得高额利息。第二，资本输出带动和扩大了商品输出。这主要是通过贷款及其附带条件实现的，在贷款时就规定必须用输出国的贷款购买输出国的商品，这样巩固和扩大了垄断资本的销售市场和投资场所。第三，资本输出控制了输入国的经济命脉。垄断资本主义国家无论是直接投资还是间接投资，往往都带有一系列旨在控制输入国经济、政治及社会生活各方面的苛刻条件，从而形成和强化了金融资本对输入国的统治。第四，资本输出使金融资本的银行网遍布全世界，强化了金融资本在世界经济、政治舞台上的统治地位。但是，大量的资本输出也给输出国带来了不良后果：一是大量的资本输出使这些资本不能用于本国生产，输出国可能出现产业“空洞化”的现象，影响本国经济发展；二是资本输出加剧了输出国之间对原料、市场和有利投资场所的竞争，加深了资本主义国家之间的矛盾。

从资本输入国来看，大量国外资本输入的影响也是双重的：一方面，垄断资本主义国家的资本输出促进了这些国家自然经济的瓦解和商品经济的发展，并使这些国家利用外资建立了一批现代工业、改造了一批老企业，在一定程度上促进了这些国家民族经济的发展和整个国民经济水平的提高。另一方面，垄断资本主义国家从自身利益出发来决定输出资本的投资方向，这就必然造成输入国经济社会的畸形发展和对输出国资金技术的依赖，进而在政治上也不能不从属于输出国，最终成为输出国的附庸。

2. 国际垄断同盟的形成与发展

资本输出的不断发展，使各资本主义国家垄断组织之间争夺国外商品市场、原材料产地和有利的投资场所的竞争日益激烈，为了避免在竞争中两败俱伤，不同国家垄断组织之间必然通过签订各种国际性的条约和协定，建立国际垄断组织，形成国际垄断同盟，在经济上瓜分世界。国际垄断同盟就是各资本主义国家的垄断组织为保证其垄断统治和垄断利益，通过订立协议建立起来的国际垄断资本的联盟。

第二次世界大战前，国际垄断同盟的主要组织形式是国际卡特尔，即若干垄断资本主义国家的生产或经营某种产品的垄断组织，通过订立国际卡特尔协议，垄断和瓜分这种产品的世界市场，规定垄断价格，谋求垄断利润。

二战后，国际垄断同盟的组织形式以跨国公司和国家垄断资本主义的国际联盟为主。跨国公司也叫多国公司、国际公司，是指垄断资本主义国家中那些通过对外直接投资、在国外设立子公司和分支机构，从事生产、销售或金融等其他经营活动，以获得高额垄断利润的大型垄断公司。国家垄断资本主义的国际联盟是国际垄断同盟的高级形式，它主要是由一些资本主义国家的政府出面缔结协定而组成的国际经济集团，如自由贸易区、共同市场等。另外，为了加强对各国垄断资本的协调和制约，国际垄断资本还建立起了国际经济调节机制，其具体形式包括各种国际经济组织、国际经济协议以及地区性的经济组织和集团等。二战后，国际经济协调组织主要有三个：国际货币基金组织、世界银行和世界贸易组织（其前身为关税与贸易总协定）。

国际垄断组织和国际协调机构进行的国际经济调节，在一定程度上缓和了国际经济领域的矛盾和危机，但是，这些组织和机构从根本上说都是为资产阶级攫取高额垄断利润服务的，它们不仅维护本国垄断资产阶级的利益，而且对资本主义世界的经济关系进行协调，维护各国垄断资产阶级的共同利益和资本主义制度。

垄断资本主义国家在经济上瓜分世界的同时，还加紧从领土上分割世界。它们采取政治、军事手段从领土上瓜分世界，把经济较为落后的国家变为资本主义国家的殖民地或半殖民地、附属国。到20世纪初，世界领土已基本上被它们分割完毕，形成了垄断资本主义的殖民体系：垄断资本主义国家和宗主国，它们统治着本国和殖民地，在国际经济活动中处于有利地位，剥削、掠夺、控制殖民地、半殖民地和附属国；广大经济落后的不发达国家，处于帝国主义国家的压迫和奴役之下。但由于垄断资本主义经济和政治发展的不平衡，随着各国实力对比的变化，重新瓜分殖民地的斗争持续不断，两次世界大战都是因为帝国主义国家争夺世界霸权和重新瓜分世界而引起的。表8-3为若干年份世界及不同类型国家人均国内生产总值。

表8-3　若干年份世界及不同类型国家人均国内生产总值　（单位：美元）

国家或地区	2005年	2010年	2015年	2019年	2020年	2021年	2022年
世界	7 305	9 559	10 223	11 395	10 909	12 282	12 647
高收入国家	33 913	39 391	40 444	45 407	43 953	48 351	49 430
中等收入国家	1 943	3 825	4 755	5 480	5 207	6 078	6 388
低收入国家	357	625	714	688	689	682	741

资料来源：世界银行WDI数据库。

第二次世界大战后，殖民地国家的民族解放运动风起云涌，旧殖民体系土崩瓦解，垄断资本主义国家对世界的统治也由旧殖民主义转为新殖民主义。新殖民主义的主要形式：一是发达国家以“援助”“赠与”“贷款”附带苛刻条件等方式，影响发展中国家的内政，最终把发展中国家的经济发展导向有利于发达资本主义国家经济发展的轨道；二是发达资本主义国家通过跨国公司的对外直接投资，掠夺发展中国家的原材料和初级产品，占领发展中国家的商品销售市场，进而控制发展中国家的经济命脉，把原来由自己统治的附属国继续纳入自己的势力范围；三是发达资本主义国家利用不合理的国际分工和国际经济旧秩序，通过它们垄断的先进科技和不等价交换，对发展中国家进行盘剥和掠夺。

三、资本主义政治制度与意识形态的变化

资本主义国家的政治制度和意识形态是资本主义社会的上层建筑，是为巩固和发展资本主义经济基础服务的，当代资本主义国家的政治制度和意识形态发生了一些新的变化，但其本质没有改变。

1. 资本主义的政治制度及其变化

资本主义政治制度主要包括资本主义的民主制度、法律制度、政权组织形式、选举

制度、政党制度等。

资本主义国家民主制度是资产阶级在不危及资本主义国家安全和资产阶级根本利益的前提下，给予民众一定的选举、言论、出版、集会、结社、游行示威、自由迁徙等权利和自由。

资本主义国家法律制度的核心是宪法，宪法建立的基本原则有：（1）私有制原则，这是整个资本主义法律体系的支柱；（2）“主权在民”原则，是指由选民每隔数年进行一次议会选举或总统选举或公民投票，以决定谁来统治、管理国家的政治形式；（3）分权与制衡原则，是指立法、行政、司法三种权力必须由不同的人组成的机关分别行使，并且相互制约；（4）人权原则，强调“自由的和自主的个人”具有不可侵犯的基本权利。

资本主义国家政权采取的是分权制衡的组织形式，即国家的立法权、行政权、司法权分别由三个权力主体独立行使，各主体之间形成“制衡”，不同的利益集团直接或间接控制着国家政权的运行。

资本主义国家的选举是资产阶级制定某种原则和程序，通过竞选产生议会和国家元首的一种政治机制。在资本主义国家，选举已经成为国家政治制度运行中对社会发展和稳定产生举足轻重影响的一个不可或缺的政治机制。竞选制度是公民参与国家事务的重要形式，是协调统治阶级内部利益关系和矛盾的重要措施。

政党在资本主义国家的政治生活中发挥着很重要的作用。资本主义国家政党制度主要有两党制和多党制等形式，两党制是指由两个势均力敌的政党通过竞选争夺执政地位，交替组织政府，轮流执掌政权的政党制度，多党制是指资本主义国家中由两个以上的政党轮流或联合执政的政党制度。

发达资本主义国家的政治体制在设置上各具特色

英国的议会君主制。英国是最早进行资产阶级革命和确立议会主权的国家，它以议会内阁制为核心，同时保留了君主立宪制的形式，因此其政体也可以称为议会君主制。英国的君主立宪制，是历史上资产阶级和封建势力妥协的产物，但现在其实质内容已发生重大变化，英王只是象征国家的“虚位元首”，其一切政务活动完全服从内阁的控制和安排。不过，英王仍是英国政治体制中不可缺少的重要组成部分。这种政体形式在欧洲大陆产生了较大影响。

美国的总统共和制。美国的政体代表着资产阶级民主制的另一种典型——实行总统制并贯彻分权与制衡原则。美国总统是国家元首、政府首脑和武装部队总司令，由经预选产生的选举人团正式投票选举而定，任期四年，可连任两届。总统在名义上向选民而不是国会负责，除非发生违宪或渎职，否则国会不能迫使总统辞职，总统也无权解散议会。另外，宪法规定总统领导的行政机关与立法机关、司法机关分立、平等、互相制衡，不过，实际上总统是权力机构的核心。

法国的半总统半议会制。法国的政治体制以多变和不稳定著称。1958年戴高乐建立第五共和国以后，法国开创了民主制的一种新模式——半总统半议会制。现在，法国总统由全体公民直接选举产生，拥有任免总理和组织政府、解散国民议会、举行公民投票和行使非常权力等权力，任期五年。议会的权力虽已受到很大削弱，但对政府仍有一定的制约作用。

资本主义政治制度的形成和发展在人类社会历史的发展进程中曾经起过重要的进步作用，主要表现在：第一，资本主义的政治制度作为上层建筑，在战胜封建社会自给自足的小生产的生产方式，保护、促进和完善资本主义生产方式方面起过重要作用，曾推动了社会生产力的大幅度发展，促进了社会进步。第二，资本主义的政治制度使人们摆脱了封建专制主义条件下的分封割据状态、等级压迫制度和人身依附关系，从而使人民群众享有了比在封建专制主义条件下更多的社会政治自由，促进了人的发展和人类的进步。第三，资本主义的政治制度在其历史发展进程中积累了相当丰富的政治统治和社会管理的经验。

但是，资本主义政治制度本质上是资产阶级进行政治统治和社会管理的手段和方式，它不可避免地有其历史的和阶级的局限性：其一，资本主义的民主是金钱操纵下的民主。在资本主义选举过程中，参选者往往要支付巨额竞选活动经费，只有大财团才能支付得起，选举事实上成为有钱人的游戏，是资本玩弄民意的过程。其二，法律名义上的平等掩盖了事实上的不平等。资本主义社会是建立在私有制和资本特权的基础上的，资本家和劳动者之间、富人和穷人之间存在着事实上严重的不平等，资产阶级法律的实质是将存在于资本家和劳动者之间、富人和穷人之间的经济利益的不平等合法化。其三，资本主义国家的政党制是维护资产阶级统治的政治制度。从表面上看，资本主义的两党制或多党制允许工人阶级及其政党参与国家政治生活，但是资本主义国家两党制或多党制仍然是资产阶级选择自己的国家管理者、实现其内部利益平衡的政治机制。

> 资产阶级民主同中世纪制度比较起来，在历史上是一大进步，但它始终是而且在资本主义制度下不能不是狭隘的、残缺不全的、虚伪的、骗人的民主，对富人是天堂，对被剥削者、对穷人是陷阱和骗局。
>
> （《列宁选集》，3版修订版，第3卷，601页）

第二次世界大战结束后，随着垄断资本主义的发展，资本主义国家的政治制度出现了一些新的变化，主要有：

首先，国家行政机构的权限不断加强。通常西方国家宪法都规定议会权力至上，但是，二战后，随着国家垄断资本主义的发展，国家对经济社会发展的干预不断加强，在很多情况下，行政首脑可以绕过议会，以行政命令等方式来处理国内外事务，使得立法权力机关越来越难以控制政府，政府在社会经济生活中的地位和作用不断加强，国家权力日益集中于政府首脑。另外，行政首长对法官的任命也具有浓厚的政治色彩，双方往往同为一党，或者双方本身就是亲密伙伴，所谓的司法独立也在不同程度上受到行政权力的影响。

其次，政治制度出现多元化趋势，公民权利有所扩大。二战后，发达资本主义国家的工人为了维护自己的利益，继续同资产阶级展开斗争。20世纪50—60年代，西方国家的工人阶级为提高工资、改善劳动条件和生活条件，反对垄断资本主义的侵略政策和战争政策，曾开展过强大的政治攻势和斗争，迫使资产阶级做出重大让步、进行某些社会改革，使公民权利有所扩大。公民在法制范围内较广泛地通过个人的政治、法律行为，或以团体、组织、政党为单位，通过集体的政治、法律行为影响国家政策的制定和执行，以谋求自身利益。

再次，国家权力配置和行使法制化，法制建设得以加强。二战后，资本主义国家为了更好地维护社会各阶级、阶层之间利益的协调，缓和矛盾和冲突，更好地发挥对经济生活的干预作用，普遍加强了法制建设。在法制建设中，资本主义国家通过宪法和法律的规定，使选举制度、议会制度、政治决策等都有法定的程序和规则，国家权力的分配、制衡和行使也通过法定程序来体现。另外，资本主义国家还通过立法，给政党以必要的法律地位，使政党在发达资本主义国家中的地位有所提高，成为现代资产阶级民主政治的支柱之一。

最后，改良主义政党在政治舞台上的影响日益扩大。二战后，在英国、法国和德国，一些改良主义政党相继获得执政地位，在这些政党执政时期，它们凭借国家政权，在不触动资本主义基本经济制度的前提下，对资本主义生产关系的个别环节进行了自觉的改良，如：在维护私有制的同时推行国有化，在坚持市场调节的同时实施经济的计划调控，在不剥夺私人资本的权力的同时对其权力的运用进行一定的限制，在不牺牲效率的前提下倡导社会公平，等等。改良主义政党的这些措施是对资本主义生产关系的修补和调整，促使资本主义有了新的发展。改良主义政党在政治中发挥重要作用是战后西方资本主义国家政治制度的一个重要变化。

2022 年中期选举是美国金钱政治的最新注解。长期跟踪美国政治献金流向的“揭秘”网站披露，2022 年中期选举两党耗资超过 167 亿美元，刷新了 2018 年 140 亿美元的纪录，超过全球 70 多个国家 2021 年全年的国内生产总值。佐治亚、宾夕法尼亚、亚利桑那、威斯康星、俄亥俄等州联邦参议员竞选开销平均超过 1 亿美元。超过 90%的参众议员候选人通过砸钱赢得选举。资金来源不明的“黑钱”实际总额难以估量。

资料来源：《2022 年美国民主情况》，载《人民日报》，2023-03-21。

2. 资本主义的意识形态及其变化

资本主义意识形态是在资本主义国家中占统治地位的、反映作为统治阶级的资产阶级利益和要求的各种思想理论和观念的总和。在资本主义国家中占统治地位的政治、经济、法律、哲学、伦理、历史、文学、宗教等大多数人文社会科学的理论、学说或意识形式都属于资本主义意识形态的范畴。资本主义国家意识形态的本质是通过论证资本主义社会制度的合理性、资本主义民主的普遍性，为资本主义社会形态的经济基础服务，为资本主义社会制度辩护。

所有一切压迫阶级，为了维持自己的统治，都需要两种社会职能：一种是刽子手的职能，另一种是牧师的职能。……牧师的使命是安慰被压迫者，给他们描绘一幅在保存阶级统治的条件下减少苦难和牺牲的前景……从而使他们顺从这种统治。

（《列宁选集》，3 版修订版，第 2 卷，478 页）

在文艺复兴时期和资产阶级革命时期，资本主义意识形态通过提出符合自身利益要求的“主权在民”“天赋人权”“分权制衡”“自由、平等、博爱”等政治思想来反对封建主义和宗教神学，推动了资产阶级革命的发展，具有历史进步性。

但是，在资本主义国家巩固和发展

时期，资本主义意识形态主要起着巩固资产阶级的政治统治、维护资本主义的政治制度、为资产阶级的阶级剥削和阶级压迫做论证等作用，其社会作用逐渐地与历史发展方向背道而驰。

20世纪后期至今，资本主义国家出现了很多新的政治思潮，其共同特点是面对资本主义社会各种矛盾的激化，主张对现存资本主义制度进行改良，谋求资本主义社会的进一步发展。影响较大的主要有民主社会主义、新自由主义和“第三条道路”等。

民主社会主义主要是战后西欧各国社会民主党、工党和社会党倡导的思想体系。1951年，重建社会党国际代表大会通过的《民主社会主义的目标和任务》提出：通过政治民主、经济民主和社会民主来促进社会主义目标的实现。政治民主是指实行资本主义国家的多党制、议会制、普选制和各阶级的联合执政；经济民主是指建立多种所有制并存的混合经济制度；社会民主是指消灭对个人的任何歧视，为个性的全面发展创造条件。民主社会主义奉行多元主义，不接受某种单一的理论指导。民主社会主义的显著特点是改良主义，认为在资本主义社会内部通过和平方式就可以逐步实现社会主义。

> “普世价值”今天被一些人热炒，这是醉翁之意不在酒，他们所宣扬的“普世价值”不是一般意义上的人类共同价值，而是专指西方政治理念和制度模式。他们一方面把西方制度模式说成是“普世价值”，一方面把中国一切不好的东西都归咎于制度和体制，鼓吹中国只有接受“普世价值”才有前途，其用意何在，是“司马昭之心，路人皆知”。
>
> 资料来源：李文阁：《谈谈“普世价值”》，载《求是》，2014（4）。

新自由主义的流派众多，政策观点不尽相同，但也有一些共同主张，主要有：第一，倡导自由市场。新自由主义相信自由市场经济的合理性，认为只有采取自由放任政策才能实现资源的合理配置；反对政府干预政策，但又不完全拒绝国家干预，而是主张尽量减少国家干预，并改变干预经济的形式。第二，肯定私有化。新自由主义认为私有制是市场调节发挥作用的前提，国有企业要大规模私有化，主张在私有制框架内的经济持续增长，只有私有制才能促进经济发展。第三，反对福利国家。新自由主义坚持传统的健全财政政策，主张要量入为出、收支平衡，要节省社会福利开支，反对福利国家制度；新自由主义还坚决反对通货膨胀。新自由主义本质上仍然是为资本主义进行辩护的。

“第三条道路”是20世纪90年代西欧左翼政党和美国民主党提出并实践的政治主张，其基本观点是：政治上打破政治思维上的左、右分法，淡化意识形态，团结各种政治力量，尤其是中间的政治力量；经济上否定社会民主主义主张的旧混合经济和新自由主义主张的自由市场，提倡建立新的混合经济，重点关注对经济的管理，解决公平与效率的矛盾；个人与国家的关系上避免国家与个人的对立，强调重塑国家政府，重新定位国家，建立个人与社会之间的新型关系，实现权利和义务的一致；外交上主张大国和地区合作，模糊民族主义，实行多元主权，构建更大范围的民族认同，寻求解决全球问题。虽然“第三条道路”的一些政治主张还不够成熟，但其实质仍然是为西方国家继续推行霸权主义辩护。

当代资本主义国家上层建筑的这些变化，适应了资本主义经济基础发展变化的要求，缓和了无产阶级和资产阶级的阶级矛盾，协调了资产阶级内部关系，有利于资本主义的统治。但是，当代资本主义上层建筑发生的变化是在资本主义制度基本框架内的变化，并没有触动资本主义统治的根基，没有改变资本主义制度的性质，为资本主义经济基础服务的本质没有变。同时，正确认识当代资本主义的新变化，有助于我们在深刻认识资本主义本质的同时，实事求是地分析和借鉴资本主义发展过程中出现的积极因素，为进一步发展和完善社会主义制度服务。

四、 资本主义向社会主义的过渡

资本主义向社会主义过渡是资本主义基本矛盾运动的必然结果，是人类社会历史发展的必然趋势，但是，社会主义取代资本主义将是一个长期的历史过程。

1. 资本主义向社会主义过渡的历史必然性

资本主义向社会主义过渡，具有历史必然性，这是不以人的意志为转移的自然历史过程。

第一，资本主义向社会主义过渡是人类社会历史发展的基本趋势。社会经济形态的更替，是在生产力与生产关系的相互作用中实现的，这是一种不以人的意志为转移的、客观的、自然的历史过程。资本主义社会代替封建社会是人类历史的进步，反映了人类社会历史发展的基本趋势，促进了生产力发展，“资产阶级在它的不到一百年的阶级统治中所创造的生产力，比过去一切世代创造的全部生产力还要多，还要大”[①]。然而，随着生产力的不断发展，资本主义制度又会逐步演变为不适应生产力发展的社会制度，成为阻碍生产力发展的障碍，同历史上有过的一切其他社会经济形态一样，资本主义最终要被更新、更先进的社会主义经济形态所代替，这同样是历史发展的必然，是人类历史发展的基本趋势。

> 发展社会劳动的生产力，是资本的历史任务和存在理由。资本正是以此不自觉地创造着一种更高级的生产形式的物质条件。
>
> （《马克思恩格斯文集》，第7卷，288页）

第二，资本主义向社会主义过渡是资本主义基本矛盾运动的必然结果。生产社会化与资本主义生产资料私人占有之间的矛盾，是资本主义社会的基本矛盾，这一基本矛盾**“包含着现代的一切冲突的萌芽”**[②]。资本主义初期的资本所有制形式是资本家的个人所有制，随着生产力的发展，企业规模越来越大，生产社会化程度不断提高，单个私人资本无力创建和经营愈益社会化的大企业，束缚和限制了生产社会化的发展，使资本主义基本矛盾激化。为适应生产社会化的要求，产生了由许多单个私人资本联合投资的股份资本，股份资本是资本家的集体所有制，是资本社会化的一种形式。后来，新科技革命的不断兴起，使资本

---

① 《马克思恩格斯选集》，3版，第1卷，405页。
② 《马克思恩格斯选集》，3版，第3卷，658页。

主义生产社会化程度不断提高，资本主义基本矛盾也随之不断深化，这迫使资本主义生产关系不断调整来适应生产社会化的客观要求，资本占有形式也由股份资本发展到私人垄断资本、国家垄断资本，再到国际垄断资本。但是，资本主义生产关系的这些调整，都是在不触动资本主义私有制条件下的局部调整。虽然这些调整在一定时期一定程度上缓解了资本主义社会的基本矛盾，促进了生产力的发展，但这些调整都不可能根本解决生产社会化与资本主义生产资料私人占有之间的矛盾，只不过是为资本主义的质变进行着量的积累，根本的解决途径只能是用社会主义公有制代替资本主义私有制。只要资本主义社会的基本矛盾还存在，社会主义取代资本主义就将成为不可避免的结果。

第三，国家垄断资本主义为资本主义向社会主义的过渡准备了物质条件。国家垄断资本主义阶段，生产经营突破了地区和国家限制，并向着国际化方向发展，出现了经济全球化的趋势，生产社会化达到了更高程度；国家垄断资本主义阶段，国家政权力量干预经济的程度不断发展，国际垄断组织和国家垄断资本主义的国际联盟使经济调节向国际化方向发展，管理社会化达到了更高程度；国家垄断资本主义阶段，资本的社会化也大大提高。生产社会化、管理社会化和资本社会化的提高客观上要求由社会来占有生产资料和劳动产品，按比例地分配社会劳动，对社会生产进行统一组织、协调和管理，而这正是社会主义经济制度得以建立的物质基础。列宁指出："国家垄断资本主义是社会主义的最充分的物质准备，是社会主义的前阶，是历史阶梯上的一级，在这一级和叫做社会主义的那一级之间，没有任何中间级。"①

> 一方面，资本主义生产方式暴露出它没有能力继续驾驭这种生产力。另一方面，这种生产力本身以日益增长的威力要求消除这种矛盾，要求摆脱它作为资本的那种属性，要求**在事实上承认它作为社会生产力的那种性质。**
>
> （《马克思恩格斯选集》，3版，第3卷，808页）

第四，资本主义存在着资产阶级和无产阶级的对立。资本主义基本矛盾表现在阶级关系上是无产阶级和资产阶级的对立。随着资本主义经济的巨大发展，资产阶级由生产力的解放者变成阻碍者，资本主义在造就了社会化大生产的同时，也产生了推动和运用这一先进生产力的无产阶级。无产阶级是现代大工业的产物，是真正革命的阶级。无产阶级在经济上所处的被剥削的地位使无产阶级具有彻底的革命和斗争精神；社会化大生产使无产阶级成为最有组织性的革命力量。无产阶级政党是无产阶级利益的代表，无产阶级在自己的政党领导下，推翻资产阶级的统治，废除资本主义私有制。随着生产社会化水平的不断提高和无产阶级队伍的不断壮大，无产阶级必将彻底推翻资本主义和资产阶级的统治，逐步建立消灭一切阶级，确保人人得以自由发展的联合体。资产阶级的灭亡和无产阶级的胜利是同样不可避免的。

2. 资本主义向社会主义过渡是一个长期的历史过程

任何一种社会制度的灭亡和被新的社会制度所取代，都必然要经历一个漫长而曲折的历史过程。社会主义取代资本主义也是一个相当长的、充满着复杂的矛盾和斗争的历

① 《列宁选集》，3版修订版，第4卷，495页。

史过程。

第一，资本主义基本矛盾运动的复杂性和曲折性，决定着社会主义取代资本主义的长期性。随着资本主义社会生产力的快速发展，资本主义基本矛盾将不断深化，但这种矛盾的发展并不是简单的、直线的，而是呈现出一种错综复杂、迂回曲折的态势，因为生产力的发展，客观上要求资本主义在不触动私有制的前提下，不断调整生产关系与之相适应，从而使资本主义基本矛盾得到暂时缓和，表现出时而尖锐、时而缓和的特点，在一定程度上延缓了资本主义制度灭亡的进程。

第二，资本主义生产关系还能继续容纳社会生产力的发展，决定着社会主义取代资本主义的长期性。资本主义发展的历史表明，资本主义生产关系虽然阻碍了生产力的发展，但它还是可以通过在一定范围内的调整，在一定程度上适应社会化大生产的要求的。最为重要的是，资本主义生产关系的这种调整尚未穷尽，它还在不断寻找新的途径，为生产力的加速发展提供可能。所以，资本主义向社会主义的过渡是一个漫长的历史过程。这个过程肯定要比马克思主义创始人所预想的要复杂得多、曲折得多，时间也要长得多。

第三，资本主义发展的不平衡性，决定着资本主义向社会主义过渡的长期性。资本主义各国间经济政治的发展是不平衡的，特别是到了垄断资本主义阶段，这种垄断资本主义国家间发展的不平衡更为明显，有的已经进入垄断资本主义阶段，有的正向垄断资本主义方向发展，有的则正走上资本主义道路。社会主义革命有可能在资本主义链条中的某些薄弱环节，在一国或数国首先发生，而另外一些资本主义国家则可能继续存在和发展，资本主义向社会主义过渡必将是一个从个别国家逐步向更多国家扩展的相当长的历史过程。

第四，社会主义制度发展和完善的长期性，决定着资本主义向社会主义过渡的长期性。社会主义制度作为一种完全不同于以往任何剥削社会的制度，必然会遭到强大的、所有剥削阶级的反抗。而且，由于社会主义制度首先是在经济文化落后国家产生的，低下的生产力发展水平，使这些社会主义国家在经济实力上与发达国家存在相当大的差距，社会主义制度的优越性难以得到充分体现。同时，社会主义制度作为一种全新的社会制度，没有可供选择的现成模式，它需要通过自身的实践不断探索。这一切都决定了社会主义制度巩固、发展和完善是一个长期的过程。

尽管当代资本主义还会继续得到发展，但就社会发展的最终走向而言，不管社会主义经过多么复杂和多么长期的过程，“世界上没有一种力量能够挽救资本主义免于崩溃”①。

本章小结

资本主义的发展经历了自由竞争资本主义和垄断资本主义两个历史阶段。垄断资本主义的发展经历了私人垄断资本主义和国家垄断资本主义两个阶段。垄断是垄断资本主义的本质特征。私人垄断的形成是自由竞争发展的必然结果，也是资本主义基本矛盾发

① 《列宁全集》，中文2版，第42卷，77页，北京，人民出版社，1987。

展的必然产物。随着社会生产力的进一步发展和资本主义基本矛盾的进一步尖锐化，私人垄断发展为国家垄断，二战后国家垄断资本主义有了很大发展。国家垄断资本主义有三种基本形式：国家直接掌握的垄断资本、国家和私人资本在企业内部的结合、国家和私人资本在企业外部的结合。国家垄断资本主义既有利于资本主义生产力的发展，又使资本主义固有的矛盾进一步加深。国家垄断资本主义的实质是私人垄断资本利用国家机器为其发展服务。

资本输出是垄断资本主义经济实现国际扩张的主要手段。大量资本输出不仅具有必要性，而且也具有可能性。资本输出从资本形态来划分有三种基本形式：借贷资本输出、生产资本输出、商品资本输出；从主体来划分有两类：私人资本输出、国家资本输出。资本输出对输出国与输入国既有积极影响也有消极影响。资本输出的不断发展形成国际垄断同盟，二战前的主要组织形式是国际卡特尔，二战后的主要组织形式是跨国公司和国家垄断资本主义的国际联盟。垄断资本主义国家在经济上瓜分世界的同时，还加紧从领土上分割世界，二战后垄断资本主义国家对世界的统治由旧殖民主义转为新殖民主义。

资本主义国家的政治制度和意识形态是资本主义社会的上层建筑，具有进步性，但不可避免地具有历史的阶级的局限性。二战后，资本主义国家的政治制度出现了一些新的变化：国家行政机构的权限不断加强；政治制度出现多元化趋势，公民权利有所扩大；国家权力配置和行使法制化，法制建设得以加强；改良主义政党在政治舞台上的影响日益扩大。资本主义国家也出现了很多新的政治思潮，影响比较大的主要有民主社会主义、新自由主义和“第三条道路”等。当代资本主义上层建筑发生的变化是在资本主义制度基本框架内的变化，为资本主义经济基础服务的本质没有变。

人类社会历史发展的基本趋势、资本主义基本矛盾的运动、国家垄断资本主义社会化的发展、资产阶级和无产阶级的对立，决定了资本主义向社会主义过渡的历史必然性。资本主义基本矛盾运动的复杂性和曲折性、资本主义生产关系对社会生产力的包容性、资本主义发展的不平衡性，以及社会主义制度发展和完善的长期性，又决定了资本主义向社会主义过渡是一个长期的历史过程。

阅读书目

1. 列宁．帝国主义是资本主义的最高阶段．见：列宁选集．3 版修订版．第 2 卷．北京：人民出版社，2012

2. 列宁．国家与革命．见：列宁选集．3 版修订版．第 3 卷．北京：人民出版社，2012

3. 马克思，恩格斯．共产党宣言．见：马克思恩格斯选集．3 版．第 1 卷．北京：人民出版社，2012

4. 马克思．《政治经济学批判》序言．见：马克思恩格斯选集．3 版．第 2 卷．北京：人民出版社，2012

思考题

1. 私人垄断是怎样产生的？

2. 国家垄断资本主义是怎样产生的？其形式有哪些？

3. 国家垄断资本主义的作用及实质是什么？

4. 为什么会出现资本输出？它对资本输出国和输入国有什么影响？

5. 二战后，资本主义的政治制度和意识形态有哪些变化？应如何认识？

6. 如何正确认识资本主义向社会主义的过渡？

7. 有观点认为，第二次世界大战后资本主义是“垂而不死，腐而不朽”，试用马克思主义基本原理对这一观点进行评析。

8. 分析材料并回答问题：

材料 1 1986 年，美国国会联合经济委员会发表的调查报告《美国财富的集中——财富在美国家庭中分配的趋势》显示：美国家庭超级富户、非常富户、一般富户三类家庭占全部家庭的 10%，但持有的股票占全部股票的 89.3%；普通家庭占全部家庭的 90%，但持有的股票占全部股票的 10.7%。具体见下表：

1983 年美国家庭股票持有情况

	超级富户	非常富户	一般富户	其他户
户数比重	0.5%	0.5%	9%	90%
每户平均财产	890 万美元	140 万～250 万美元	20.6 万～139 万美元	20.6 万美元以下
股票比重	46.5%	13.5%	29.3%	10.7%

资料来源：胡连生、杨玲：《当代资本主义双重发展趋势研究》，41 页，北京，人民出版社，2008。

材料 2 到了 20 世纪 90 年代末，美国 10%的富裕家庭拥有全部股票的 89.3%，债券的 90.3%；更富的 5%的家庭拥有全部股票的 83%；最富的 1%的家庭则拥有全部股票的 63%和国债的 63%。

资料来源：《当代资本主义的基本矛盾》，载《求是》，2001 (3)。

材料 3 美国国会预算局 1999 年 9 月公布的数据显示，1977 年以来，全国人口中，占 1%的富有阶层的年收入显著增长，中间阶层增长不大，占 20%的底层大众的实际收入下降。目前，约有 40%的家庭没有财产，或只有几千美元的财产，许多家庭的负债大于财产。

资料来源：《资本主义新变化及其本质上的腐朽性》，载《求是》，2001 (4)。

材料 4 据《赫芬顿邮报》报道，美国皮尤研究中心发布的新研究报告称，自美联储开始收集财富数据以来，美国财富差距在 2013 年达到 30 年来的峰值：高收入家庭比低收入家庭富有 70 倍。造成财富差距扩大的原因主要是中产阶级薪资停滞不前和富有家庭财富增长。中心研究人员认为，中等收入家庭及低收入家庭的财富水平自 2010 年后没有任何明显增长，其 2013 年的财富水平可类比 20 世纪 90 年代早期水平。

资料来源：《美国财富差距达 30 年来峰值》，载《中国社会科学报》，2014-12-24。

材料 5 美国智库政策研究院报告称，1990 年至 2021 年，美国亿万富翁的总体财富增长了 19 倍，而同期美国中位数财富只增加了 5.37%。美联储 2021 年 10 月统计数据显示，截至 2021 年 6 月，美国收入在中间 60%的“中产阶级”拥有的财富在国家总财富中占比已经跌至 26.6%，创过去 30 年来新低，而收入前1%的富人却拥有27%的国家财富，超过了“中产阶级”。加州大学伯克利分校经济学家伊曼努尔·萨兹发表的统计数据显示，美国前10%富人人均年收入是后90%人口的9倍多，前1%富人人均年收入是后90%人口的40倍，而前0.1%富人人均年收入是后90%人口的196倍之多。

资料来源：《美国民主情况》，载《人民日报》，2021-12-06。

阅读上述材料，运用马克思主义基本原理分析当代资本主义的变化及发展趋势。

第九章

社会主义生产关系及其实质

要点提示

- 社会主义制度的建立，开创了人类社会最伟大变革的历史进程。
- 从生产力与生产关系有机统一的角度去认识社会主义的本质，对于巩固和发展社会主义初级阶段的所有制和分配制度具有重要意义。
- 必须根据解放和发展生产力的要求，坚持和完善公有制为主体、多种所有制经济共同发展的社会主义初级阶段的所有制结构。
- 社会主义初级阶段的分配制度是按劳分配为主体、多种分配方式并存，按劳分配和按生产要素分配相结合。

关键词

社会主义革命　社会主义本质　中国特色社会主义　生产资料公有制　社会主义初级阶段的所有制结构　按劳分配　社会主义初级阶段的分配制度

自人类进入阶级社会以来，无论是封建制度取代奴隶制度，还是资本主义制度取代封建制度，都是以一种私有制形式取代另一种私有制形式。社会主义制度是人类社会崭新的社会制度，是以生产资料公有制取代生产资料私有制。只有在社会主义公有制的基础上，才能实行按劳分配，通过不断解放和发展生产力，逐步消灭剥削和消除两极分化，最终实现全体人民的共同富裕。

一、 社会主义制度的建立

社会制度的变革归根结底取决于生产力和生产关系的矛盾运动，“社会的物质生产力发展到一定阶段，便同它们一直在其中运动的现存生产关系或财产关系（这只是生产关系的法律用语）发生矛盾。于是这些关系便由生产力的发展形式变成生产力的桎梏。那时社会革命的时代就到来了”①。正是在生产关系一定要适应生产力状况规律的支配下，人类社会的发展表现为一种自然历史过程，表现为社会形态的依次更替。

① 《马克思恩格斯选集》，3版，第2卷，2～3页。

1. 经典作家对未来社会的构想

19 世纪中叶，马克思、恩格斯运用唯物史观分析资本主义社会的经济运动，发现了资本主义社会的剩余价值规律，揭示了资本主义社会由于生产高度社会化和生产资料私人占有的不可克服的内在矛盾而必然灭亡的历史趋势。他们根据当时世界资本主义的发展状况，曾经设想社会主义革命不可能在一个国家单独取得胜利，而可能在多个发达的资本主义国家同时发生并取得胜利。一旦无产阶级革命取得胜利，就可以实现由社会作为一个整体直接占有全部生产资料，在生产资料公有制的基础上有计划地组织生产。由于产品的生产和分配实行计划调节，商品货币关系已失去了存在的理由，产品归劳动者共享。在第一阶段，实行按劳分配，即等量劳动领取等量产品；在高级阶段，由于物质财富极大丰富，人们的觉悟极大提高，生活消费品实行按需分配。伴随着阶级和国家逐步消亡，整个社会将过渡到自由人的联合体，最终实现每个人都得到自由而全面发展的目标。

马克思主义创始人对未来社会的构想，是建立在对资本主义生产关系发展和经济运行规律的深刻认识和科学分析的基础上的，它抓住了社会主义社会的基本经济特征，揭示了社会发展的一般趋势，具有普遍的指导意义。然而，当时并不存在现实的社会主义经济制度，因此这一理论还不是对一种现实的社会生产关系及其运行的理论概括，而是在揭示资本主义产生、发展、灭亡的客观规律的过程中来研究社会主义产生的历史必然性，是从“科学上解决”而不是在“实际上解决”社会主义代替资本主义的问题。这也就决定了还不能把这一理论直接运用于具体的现实生活，只有把社会主义的普遍原理同各国特殊的历史环境和具体的国情相结合，从实际出发对社会主义的基本原则加以具体化和再创造，才能在社会主义实践中不断丰富和发展这一理论。

2. 社会主义革命的胜利

科学社会主义从理论到实践的飞跃首先是在俄国实现的。19 世纪末 20 世纪初，资本主义由自由竞争阶段过渡到垄断阶段，出现了许多新的特点。列宁根据资本主义经济政治发展不平衡的规律提出了新的论断：社会主义可能首先在世界资本主义链条上的薄弱环节，在少数甚至一个国家中取得胜利。

> 1917 年 3 月（俄历 2 月），饱受帝国主义世界大战之苦的俄国爆发了二月革命。随后出现了工兵代表苏维埃与资产阶级临时政府两个政权同时并存的局面，资产阶级采取血腥手段对付布尔什维克。在这种情况下，布尔什维克党制定了武装起义夺取政权的行动方针。1917 年 11 月 7 日（俄历 10 月 25 日）停泊在涅瓦河畔的阿芙乐尔巡洋舰和彼得-保罗要塞的大炮打响了冲击冬宫的炮声，武装起义队伍经过与拒绝投降的反动军队的战斗，完成了夺取冬宫的任务。俄国十月革命胜利了。

1917 年俄国十月革命是人类历史上的一次划时代的重大事件：它打破了资本主义一统天下的世界格局，创立了世界上第一个由无产阶级领导的、以工农联盟为基础的社会主义国家；它彻底推翻了人剥削人、人压迫人的社会制度，为被压迫人民和被压迫民族争取解放的斗争开辟了一条正确的道路；它推动了马克思主义在世界各地的广泛传播，促进了马克思主义与各国工人运动的结合。在俄国十月革命及其开创的社会主义事业的推动下，世界范围内的民族解放运动和社会主义革命出现了新的高潮。20 世纪中期，世界诞生了180多个共产党组织，有近百个发展中国家取得了民族独立和民族解放的胜利，欧洲、亚洲、拉丁美洲的一系列国家相继走上了社会主义道路，世界政治力量的对比发生了深刻的变化。

人类社会是由低级到高级向前发展的，社会主义社会是比资本主义社会更高的社会发展阶段，社会主义革命应该在发达的资本主义国家发生。但是，社会主义革命率先在经济文化落后国家发生并取得了胜利，并不违背社会发展的一般规律。这是因为，生产力是最活跃最革命的因素，是社会发展的最终决定力量。生产力与生产关系、经济基础与上层建筑的矛盾，构成社会的基本矛盾。而基本矛盾的运动，决定着社会性质的变化和社会发展的方向。社会主义革命率先在经济文化落后国家发生并取得胜利，是世界范围内资本主义基本矛盾逐渐激化的必然结果。资本主义生产方式在世界范围内愈加强其统治地位，社会化的生产同资本主义私人占有的不相容性就愈加明显地暴露出来，高度发达的社会生产力日益成为否定资本主义的物质力量。资本主义的生产力与生产关系的矛盾转移到经济文化相对落后国家使其具备了发生革命的客观条件。

十月革命前夕，俄国资本主义的发展加速了社会生产力从手工工业向大工业的发展，由此造就了代表先进生产力发展要求的无产阶级。然而，先进生产力的发展遇到了最反动的生产关系和上层建筑的严重阻碍。国际资本主义和本国反动统治阶级的剥削和压迫达到了极端残忍的地步，整个社会被推到崩溃的边缘，除了革命已经没有任何出路。同时，世界范围内帝国主义列强之间为争夺势力范围而发动的世界大战极大地削弱了国际资本主义的力量，加剧了无产阶级和资产阶级、宗主国和殖民地之间的矛盾。列宁领导的俄国无产阶级政党准确地判断革命形势并正确地领导革命运动，这一切就使社会主义革命的发生不可避免并取得了胜利。

3. 社会主义制度的确立

旧中国是一个半殖民地半封建社会，在帝国主义、封建主义、官僚资本主义的压迫和剥削下，生产力发展受到阻碍和破坏，各种矛盾加剧并激化，选择非资本主义道路是中国历史发展的必然。从当时的国际条件看，帝国主义为了维护殖民统治和既得利益，绝不允许中国发展独立的、完整的工业体系，不允许中国走上独立发展的资本主义道路。从当时的国内条件看，中国既不具备能够领导中国走独立发展资本主义道路的社会力量，也不具备发展资本主义的社会基础。中国的大资产阶级完全依附于外国帝国主义并且和国内的封建势力相结合，不可能建立独立自主的资本主义共和国；中国的民族资产阶级尽管在一定程度上有反对帝国主义、封建主义和官僚资本主义的要求，但政治上和经济上的软弱性决定其具有很大的动摇性和妥协性，难以担当领导中国彻底摆脱殖民压迫和封建统治的重任。近代以来的中国历史表明，在中国发展资本主义不仅将更加血腥和残酷，给人民带来无穷的灾难，而且即使最终能够发展起来，也绝不可能跻身世界现代化强国的行列，而只能沦为西方列强的附庸。正是在这样的历史条件下，中国共产党领导中国人民选择了社会主义革命的道路。

1949年中国革命的胜利，结束了极少数剥削者统治广大劳动人民的历史，结束了帝国主义、殖民主义奴役中国各族人民的历史，实现了中国从几千年封建专制政治向人民民主的伟大飞跃。在迅速恢复旧中国遭到严重破坏的国民经济的基础上，我国实施的过渡时期的总路线是：要在一个相当长的时期内，逐步实现国家的社会主义工业化，并逐步实现国家对农业、对手工业和对资本主义工商业的社会主义改造。我国建立社会主义经济制度的基本途径是：

第一，没收官僚资本，建立社会主义全民所有制。在旧中国，官僚垄断资本依附于帝国主义，和封建主义相勾结，垄断了旧中国的经济命脉，代表着没落的生产关系，严重阻碍了社会生产力的发展。没收官僚资本，把它变成社会主义全民所有制经济，为无产阶级领导的国家掌握国民经济命脉，实现对生产资料私有制的改造和社会主义建设奠定了物质基础。

第二，和平赎买民族资本，壮大社会主义全民所有制。在过渡时期，民族资本具有两重作用，既有有利于国计民生的积极作用，又有不利于国计民生的消极作用。与此相联系，民族资产阶级既有想发展资本主义的一面，又有拥护共同纲领，接受人民政府领导的一面。这就使得我国对民族资本能够采取利用、限制和改造的政策，利用民族资本主义经济对国计民生有利的作用，限制其不利于国计民生的作用，并通过由初级到高级的国家资本主义形式，把民族资本主义经济改造成为全民所有制经济，把民族资产阶级改造成为自食其力的劳动者。

第三，改造个体私有制，建立社会主义劳动群众集体所有制。个体劳动者既是私有者，又是劳动者，因而对个体经济的改造，只能在自愿的基础上，通过典型示范、思想教育和国家帮助，引导个体劳动者走上合作化的道路，建立社会主义劳动群众集体所有制经济。我国对农民个体经济的改造，是通过从互助组、初级社到高级社三个相互衔接的步骤和形式实现的。对个体手工业的改造，是从流通领域入手，建立供销合作组织，然后逐步发展到生产领域，建立生产合作社。

对资本主义工商业、个体农业、个体手工业的社会主义改造任务基本完成后，在全国范围内确立了社会主义公有制经济的主体地位，这标志着我国过渡时期的结束，基本上完成了从新民主主义社会到社会主义社会的转变，建立起社会主义的经济制度。

社会主义改造的基本完成使国民经济发展日新月异。1957 年全国工业总产值比 1952 年增长 128.3%，平均每年增长 18%。其中生产资料生产比 1952 年增长 210%，平均每年增长 25.4%，消费资料的生产比 1952 年增长 83%，平均每年增长 12.9%。重工业生产在工业总产值中的比重，由 1952 年的 35.5%提高到 45%。

二、 社会主义本质及其体现

社会主义制度的建立，开创了人类社会最伟大变革的历史进程。社会主义在革命、建设、改革中经受了考验和磨炼，特别是中国的社会主义围绕着“什么是社会主义、怎样建设社会主义”的主题，走出了一条中国特色社会主义道路，充分显示了社会主义的强大生命力和创造力。

邓小平作为当代中国的马克思主义者，把马克思主义基本原理与时代变化的新特征结合起来，立足于现实的社会主义和中国的基本国情，对社会主义本质做出了理论概括：“解放生产力，发展生产力，消灭剥削，消除两极分化，最终达到共同富裕。”[①] 这一科学

① 《邓小平文选》，第 3 卷，373 页。

概括，将社会主义的根本任务、根本要求和根本目的凝聚为社会主义本质。从逻辑角度看："解放生产力，发展生产力"是基础和前提，是实现消灭剥削，消除两极分化，最终达到共同富裕的物质基础；"消灭剥削，消除两极分化"是条件和途径，是生产力充分发展的根本要求；"最终达到共同富裕"是出发点和归宿，解放和发展生产力，消灭剥削和消除两极分化，最终都是为了实现共同富裕。

1. 解放和发展社会生产力

解放生产力，发展生产力，是社会主义的根本任务。发展生产力的前提是解放生产力。解放生产力有两层含义：一是通过社会革命，摧毁旧的生产关系，建立新的生产关系，从而使生产力获得解放。因此，革命是解放生产力。二是从根本上改变束缚生产力发展的传统的僵化的经济体制，建立起充满生机和活力的经济体制，促进生产力的发展。因此，改革也是解放生产力。

在社会主义阶段，解放和发展生产力具有特别重要的意义。这是因为：

第一，社会主义社会主要矛盾的解决要求解放和发展社会生产力。我国正处于并将长期处于社会主义初级阶段，这是我国"最大的实际"，中国的一切事情都要从这个实际出发。社会主义初级阶段的主要矛盾始终是人民日益增长的物质文化需要同落后的社会生产之间的矛盾，矛盾的主要方面是解决落后的社会生产问题，这就决定了必须把发展生产力放在首要位置，以经济建设为中心，推动社会全面进步。

第二，社会主义物质基础的建立要求解放和发展社会生产力。任何一种社会生产关系，都必须具有与其相适应的物质基础。社会主义要求建立在社会化大生产基础上，它的物质基础应当是高度社会化的现代化工业、农业和科学技术。因此，解放和发展生产力，创造出比资本主义高得多的劳动生产率，为巩固和发展社会主义提供雄厚的物质技术基础，是社会主义内在的、本质的要求，是社会主义存在的价值和历史意义，也是社会主义最终战胜资本主义的根本保证。

第三，解决中国一切问题的最根本的基础在于解放和发展生产力。在我国进入全面建设社会主义现代化国家新的历史发展阶段，巩固和完善社会主义制度，需要发展生产力；增强综合国力，逐步消除贫穷，改善人民生活，需要发展生产力；全面推进经济、政治、文化和社会建设，协调好城乡发展、区域发展、经济社会发展、人与自然和谐发展、国内发展和对外开放之间的关系，需要发展生产力；实现"一国两制"，完成祖国统一大业，需要发展生产力；反对霸权主义，维护国家独立和主权，保证国家经济安全，需要发展生产力；实现消灭剥削，消除两极分化，最终达到共同富裕，需要发展生产力；为将来过渡到共产主义社会创造物质条件，更需要发展生产力。

> 2022 年，全年国内生产总值（GDP）1 210 207 亿元，按不变价格计算，比上年增长 3%。国民经济顶住压力持续发展，经济总量再上新台阶。按年均汇率计算，120 万亿元折合美元约 18 万亿美元，稳居世界第二位。2022 年，我国人均 GDP 达到 85 698 元，比上年实际增长 3%，按年平均汇率折算，达到 12 741 美元，连续两年保持在 1.2 万美元以上。
>
> 资料来源：国家统计局网站。

2. 消灭剥削和消除两极分化

建立生产资料公有制和实行按劳分配，消灭剥削和消除两极分化，是社会主义经济制度区别于一切私有制度和剥削制度的本质特征，是社会主义生产关系的集中体现。两极分化是指在社会经济生活中，少数人的财富越积累越多，从而越来越富有，多数人则越来越贫穷。两极分化是一切以私有制为基础的社会经济制度中普遍存在的现象。剥削制度、两极分化的深刻经济根源在于生产资料私有制，要消灭剥削、消除两极分化，必须铲除生产资料私有制。

在我国生产资料的社会主义改造基本完成之后，剥削阶级作为一个阶级已不复存在，但这并不意味着剥削的彻底消灭和两极分化的根本消除。在社会主义公有制范围内，两极分化得以产生的经济根源已经被消除。然而，由于存在以公有制为主体的多种所有制经济，不可避免地会在一定范围内出现剥削现象和在一定程度上产生贫富差距，多种形式的分配方式以及收入分配不公，仍然可能产生两极分化。但从发展趋势和最终结果看，坚持以公有制和按劳分配作为社会主义经济制度的基础，剥削和贫富差距不会无限增长和扩大。随着生产力的发展和社会主义制度的巩固完善，最终将从根本上消灭剥削和消除两极分化。消灭剥削和消除两极分化是社会主义的根本要求。

3. 实现共同富裕

共同富裕是社会主义生产关系的本质要求，也是社会主义的根本目的。实现共同富裕意味着消灭贫穷，全体人民共享改革发展成果，实现社会主义富裕、文明、民主的生活方式。

社会主义社会是以生产资料公有制为基础的社会，劳动人民用共同占有的生产资料进行联合劳动，创造的社会财富归劳动人民共同占有和支配。随着社会生产的发展和社会财富的增多，将能够满足全体人民日益增长的物质文化需要。

> 我们经过接续奋斗，实现了小康这个中华民族的千年梦想，我国发展站在了更高历史起点上。我们坚持精准扶贫、尽锐出战，打赢了人类历史上规模最大的脱贫攻坚战，全国八百三十二个贫困县全部摘帽，近一亿农村贫困人口实现脱贫，九百六十多万贫困人口实现易地搬迁，历史性地解决了绝对贫困问题，为全球减贫事业作出了重大贡献。
>
> （习近平：《高举中国特色社会主义伟大旗帜 为全面建设社会主义现代化国家而团结奋斗——在中国共产党第二十次全国代表大会上的报告》，7～8页）

实现共同富裕是一个逐步推进的历史进程，要允许和鼓励一部分人依靠诚实劳动与合法经营先富起来，并提倡先富帮助和带动后富。这种由于一部分人先富起来而产生的富裕程度的差别，是全体社会成员在共同富裕道路上有先有后、有快有慢的差别，而不是少数人变成剥削者，大多数人陷入贫困。在这个过程中，存在一定的收入差距是难免的，但共同富裕要求必须把收入差距控制在合理、适度的范围内，扩大中等收入者比重，提高低收入者的收入水平，绝不允许出现两极分化。

社会主义本质论断的三个方面的内容相互依存、相互作用，共同构成了一个逻辑严密、不可分割的统一整体。解放和发展生产力只有同消灭剥削、消除两极分化结合起来，才能最终达到共同富裕；而共同富裕的实现只能建立在解放和发展生产力，消灭剥削、消除两极分化的基础上。将社会主义本质中某一个方面的内容抽取出来，或片面地强调某一个方面的内容，都不能准确地反映社会主义本质。只有从生产力与生产关系有机统一的角度去认识社会主义本质，才能依据社会主义本质的要求，不断把中国特色社会主义事业推向前进。

进入新时代，我们党对“什么是社会主义、怎样建设社会主义”的认识又向前推进了一步，从理论和实践结合上系统回答了新时代坚持和发展什么样的中国特色社会主义、怎样坚持和发展中国特色社会主义，建设什么样的社会主义现代化、怎样建设社会主义现代化，建设什么样的长期执政的马克思主义政党、怎样建设长期执政的马克思主义政党的重大历史课题，习近平新时代中国特色社会主义思想成为指引全国人民沿着中国特色社会主义道路继续前进的重要理论基础。

坚持“以人民为中心”就是坚持人民群众是历史的创造者这一马克思主义的基本原理，将最广大人民群众的根本利益作为谋求发展的出发点和落脚点，不论在任何时候、任何情况下，都始终坚持人民群众是社会主义经济发展的实践主体，是先进生产力的创造者，是决定党和国家前途命运的根本力量；始终强调人民群众是社会主义发展成果的利益主体，发展的成果惠及全体人民，实现共同富裕和人的全面发展。

然而必须清楚地认识到，我国仍处于并将长期处于社会主义初级阶段，受生产力发展水平的制约，还不可避免地存在着人民日益增长的美好生活需要和不平衡不充分的发展之间的矛盾。坚持以人民为中心，把人民对美好生活的向往作为我们党的奋斗目标，就必须以解决人民群众最关心、最直接、最现实的利益问题为重点，妥善处理和逐步解决现实生活中存在的发展不平衡不充分问题，形成全体人民各尽其能、各得其所而又和谐相处的局面。我国坚持以公有制为主体，广大劳动者共同占有生产资料，体现了广大人民根本利益的一致性，这比其他任何社会制度都有利于从根本上协调社会利益关系，实现好、维护好、发展好最广大人民的根本利益，真正实现人民当家作主。

从社会主义目的的角度看，以人民为中心体现着社会主义本质的根本要求。社会主义所追求的价值目标，不仅包括全体人民在物质财富上的共同占有和支配，也包括在精神财富上的共同享有及自身全面发展方面的共同提高，体现着人与人、人与社会、人与自然之间的整体和谐。由此决定了解放和发展社会生产力是实现物质与精神双重富裕的物质基础，消灭剥削和消除两极分化是推动共同富裕、实现美好生活的社会条件。这就不仅从生产力与生产关系、手段与目标、过程与结果相统一的方面揭示了社会主义的内在规定性，而且科学地说明了社会主义本质与中国特色社会主义道路之间的内在联系，规范了中国特色社会主义的发展方向，开辟了社会主义发展的广阔前景。

理论前沿

理论界对社会主义本质讨论中的不同看法

（1）有的学者认为，把社会主义本质定义为公有制和按劳分配是一种传统的社会主义理论，不符合社会主义市场经济的要求，因而主张对社会主义本质重新认识。社会主义意味着社会公平，而市场经济意味着高效率，社会主义市场经济就是社会公平加市场效率。（2）一些学者不同意这一看法，认为坚持公有制的主体地位不仅是社会主义的一条根本原则，而且是我国社会主义市场经济的根本标志。正如江泽民同志多次强调的：“我们搞的市场经济，是同社会主义的基本制度紧密结合在一起的。如果离开了社会主义基本制度，就会走向资本主义。”“‘社会主义’这几个字是不能没有的，这并非多余，并非‘画蛇添足’，而恰恰相反，这是‘画龙点睛’。”

三、 社会主义初级阶段的所有制和分配制度

社会主义初级阶段的所有制和分配制度的确立，决定着现阶段中国经济制度的根本性质。公有制为主体、多种所有制经济共同发展，按劳分配为主体、多种分配方式并存，作为社会主义基本经济制度的重要内容，为中国特色社会主义的发展奠定了坚实的经济基础。

1. 社会主义公有制及其实现形式

> 共产党人可以把自己的理论概括为一句话：消灭私有制。
>
> （《马克思恩格斯选集》，3版，第1卷，414页）

社会主义公有制是生产资料归社会主义全体劳动者或部分劳动者共同占有和支配的一种新型的所有制。在这种所有制下，劳动者与生产资料实现了直接结合，劳动者在全社会或社会的部分范围内运用共同占有的生产资料共同进行生产，并凭借对生产资料的所有权获得经济利益。劳动者共同占有生产资料是社会主义公有制的基本内涵，剩余产品归劳动者共同占有是社会主义公有制的本质。

按照生产力发展不同阶段不同水平的要求，公有制可以有不同的存在方式。在现阶段，我国的社会主义公有制不仅包括国有经济和集体经济，还包括混合所有制经济中的国有成分和集体成分。

第一，国有经济也就是社会主义全民所有制经济，是由全社会范围内联合起来的劳动者共同占有生产资料的一种公有制形式。在国有经济中，国家作为全民的代表，对国有企业的生产资料拥有最终所有权。在国家所有制的范围内，全体社会成员在生产资料的关系上是平等的。

国有经济掌握着国家的经济命脉、拥有雄厚的经济实力和比较先进的生产技术，在国民经济中起主导作用，是社会主义国家的主要经济基础，对整个国民经济沿着社会主义方向发展起着重要的作用。巩固和发展国有经济，是保障劳动群众集体所有制沿着社会主义方向前进，保障个体经济为社会主义服务的重要条件。为了坚持国民经济发展的社会主义方向，必须坚定不移地巩固和加强国家所有制经济的主导地位，并进一步发挥它对其他经济成分的引导作用。

> 目前，中央企业80%以上的资产集中在石油石化、电力、国防、通信、运输、矿业、冶金、机械等行业和领域。截至2022年，中国（包括台湾省）进入世界500强的企业达到145家，居世界之首。其中，国有企业99家。国有企业为我国经济社会发展、科技进步、国防建设等做出了突出贡献。

第二，集体经济也就是社会主义劳动群众集体所有制经济，是部分劳动者共同占有一定范围的生产资料的一种社会主义公有制形式。集体经济是劳动群众根据自愿互利原则组织起来的，实行独立经营、自负盈亏的合作经济组织。它的特点是：在集体经济内部，劳动者在生产资料的占有关系上是平等的；但

在不同的集体经济之间，劳动者在生产资料的占有关系上存在着差别。

集体所有制经济一般经济规模小，需要投资少，适应市场变化。在我国存在着多层次生产力水平的情况下，发展集体经济对满足人民生活需要，扩大商品流通，活跃城乡市场，扩大劳动就业，促进国民经济发展，实现共同富裕有着重要作用。

目前，我国集体所有制有农村集体所有制和城镇集体所有制两种基本形态，还有股份合作制等新形态。农村集体经济普遍实行以家庭联产承包为主的责任制，农业的基本生产资料归集体所有，农户与集体签订土地使用合同，在约定的土地使用承包期限内，农户可以根据自己的意愿进行农业生产。家庭联产承包责任制把集体的统一领导和家庭的分散经营结合起来，有统有分、统分结合。城镇集体经济广泛存在于手工业、工业、建筑业、运输业、商业和服务业等领域，它由劳动群众自筹资金、独立经营、自负盈亏，在照章缴纳税金后，企业的劳动产品、收入全部归集体所有。

第三，混合所有制经济是指由不同的所有制成分在企业内部以资本为纽带结合而形成的所有制形态。目前主要有股份公司、跨所有制组成的企业和企业集团、中外合资企业和中外合作经营企业等。由社会主义公有制经济与非公有制经济共同投资组成的混合所有制经济中的国有成分和集体成分，其资本和收益归国家和集体所有，属于公有制经济。其中由国家和集体控股的混合所有制经济，更具有明显的公有性，有利于扩大公有经济的支配范围，增强公有制经济的主体地位。

公有制的实现形式是指在公有制前提下，企业的资本组织形式和经营方式，是生产资料占有、支配、使用的具体实现。公有制的实现形式与公有制是有区别的。公有制反映的是生产资料所有制的本质，公有制的实现形式反映的则是财产的组织形式和经营方式。公有制具有相对稳定性，公有制实现形式则具有可变性和灵活性。寻找公有制的实现形式，就是要探索建立公有生产资料在社会再生产过程中更有效的组织方式、经营方式、交换方式和分配方式。

在社会主义初级阶段，公有制实现形式可以而且应当多样化，一切反映社会化生产规律的经营方式和组织形式都可以利用，要努力寻找能够极大促进生产力发展和体现社会主义市场经济发展要求的公有制实现形式。

当前，我国公有制的实现形式主要有：混合所有制、机构法人所有制、股份制、股份合作制、承包经营、租赁经营、委托经营等。其中，股份制经济组织是混合所有制经济的主要存在形式。股份制经济由国家和集体控股，具有明显的公有性，除了上文提及的有利于扩大公有制经济的支配范围，增强公有制经济的主体作用外，还有利于所有权和经营权的分离，提高企业和资本的运作效率，合理配置社会资源。机构法人所有制是由机构投资者占有生产资料的一种社会主义公有制形式。主要有由国家控制的社会保障基金、各种公共基金和非银行金融机构等。社会主义机构投资者的形成有助于优化公司股权结构，拓宽企业筹资渠道，化解投资风险，保持资本市场稳定。

2. 社会主义初级阶段的所有制结构

生产资料所有制结构是一个社会经济形态中各种类型的所有制的构成状况，它们所处的地位、所占的比重、所起的作用以及它们之间的相互关系。其中，居于主体和支配地位的所有制性质，决定该社会经济形态的性质。我国现阶段的生产资料所有制结构是由生产力不发达、多层次的基本国情决定的，是由生产关系一定要适合生产力状况的客观规律决定的。

第一，在我国社会主义初级阶段的生产资料所有制结构中，公有制的主体地位主要体现在：公有资产在社会总资产中占优势；国有经济控制国民经济命脉，对经济发展起主导作用。公有资产占优势，既要有量的优势，更要注重质的提高。国有经济起主导作用，主要体现在控制力上。对关系国民经济命脉的重要行业和关键领域，国有经济必须占支配地位。在其他领域，可以通过资产重组和结构调整加强重点，提高国有资产的整体质量。只要坚持公有制为主体，国家控制国民经济命脉，国有经济的控制力和竞争力得到增强，国有经济比重减少一些，不会影响我国的社会主义性质。

在社会主义生产关系中，生产资料公有制是处于基础地位的、起决定作用的经济关系，它决定人们在直接生产过程中的关系，决定人们在分配、交换和消费领域中的关系。因此，在社会主义初级阶段，必须毫不动摇地坚持公有制的主体地位。

其一，生产资料社会主义公有制是社会主义经济制度的基础。任何一个社会的性质，都是由占主体地位的所有制形式决定的，我国的社会主义性质是由占主体地位的公有制决定的。生产资料公有制的建立和发展，对于保证劳动人民当家作主，保证国民经济沿着社会主义方向健康发展，具有决定意义。

其二，生产资料社会主义公有制是与社会化大生产相适应的。它是社会主义现代化建设的主要支柱，是国家财政收入的主要来源，是国家实行宏观调控的主要物质基础，是促进国民经济各地区、各部门协调发展、共同繁荣的物质条件。

其三，作为主体的公有制经济是保证其他所有制经济为社会主义服务的重要条件。社会主义公有制经济控制了国民经济命脉，因而可以依托政权力量，依靠经济手段去控制和引导个体经济、私营经济和外资经济等非公有制经济沿着有利于社会主义的方向发展。

其四，社会主义公有制经济是贯彻按劳分配和实现共同富裕的根本保证。生产资料所有制性质决定分配性质，只有公有制占主体，才能实行以按劳分配为主体的多种分配方式，才可以避免两极分化，实现共同富裕。

国有经济在国民经济中具有特殊的重要作用：一是国有经济主要集中于能源、交通、通信、金融、基础设施和支柱产业等关系国民经济命脉的重要行业和关键领域，基本代表先进生产力的发展水平，对经济发展起主导作用。二是国有经济支撑、引导和带动社会经济的发展，有利于消除两极分化和实现共同富裕，实现政府调节与市场调节的统一，引导非公有制经济的健康发展。三是国有经济为维护政治和社会的稳定做出了巨大贡献，是国家长治久安的重要保证。四是国有资产高度集中于国有大型、特大型企业和企业集团，有利于加速国内生产和资本的集中、加快产业结构的重组和高新技术的发展、增强我国的国际竞争力。

第二，非公有制经济是社会主义市场经济的重要组成部分，是促进社会生产力发展的重要力量。我国现阶段的非公有制经济形式主要包括个体经济、私营经济和外资经济等。

新中国成立70年来，我国就业总量从1949年的1.8亿人增加到2018年的7.8亿人，扩大了3.3倍，其中城镇就业达到4.3亿人，比1949年增加了27.3倍。2018年，城镇非公有制经济就业人员占比从1978年的0.2%提高到83.6%，其中，城镇私营企业、个体就业人员分别为13 952万人、10 440万人，分别占城镇就业人员的32.1%、24.0%。

资料来源：《统计局：城镇就业70年增加27倍，非公有制经济成为就业主渠道》，https://www.gov.cn/xinwen/2019-08/21/content_5422920.htm。

个体经济是指劳动者在个人占有生产资料的基础上，从事个体劳动和个体经营的一种私有制形式。在个体经济中，劳动者与自己所有的生产资料直接结合，以自己劳动为基础，劳动产品归自己所有，既是劳动者，又是私有者，这是个体经济的显著特征。

个体经济具有手工劳动为主、工具简单、规模小、分散经营等特点。个体经济作为社会主义市场经济的一个组成部分，发挥着其他经济成分所不能取代的作用。个体经济的生产经营活动能增加就业机会，创造财富，满足社会多方面的需要，增加国家财政收入，维护社会稳定。个体经济以分散经营为特点，国家要通过经济的、法律的和行政的方式指导和监督其经营方向，鼓励个体经营者提高自身素质、靠诚实劳动和合法经营致富。

私营经济是以生产资料私人占有和雇佣劳动为基础的私有制经济。私营经济具有依靠雇佣劳动自发经营的特点，是资本主义性质的经济。但作为社会主义市场经济的组成部分，我国的私营经济有别于一般资本主义经济。在公有制经济占优势的条件下，它不但受到公有制经济的影响和约束，而且受到国家的控制和调节，能够成为社会主义公有制经济的有益补充，成为我国国民经济的重要发展力量。

在社会主义初级阶段，私营经济的存在和适当发展，有利于充分利用一切资源，调动各方面的积极性，发展生产，活跃市场，扩大就业，满足人们多方面的需要。国家应保护私营经济的合法权益，充分发挥其积极作用，同时加强管理、监督和引导，使其在社会主义市场经济中健康发展。

外资经济是指通过引进境外资本（包括港、澳、台资本）在我国建立的中外合资、中外合作经营和外商独资经济。外资经济须经中国政府批准，在尊重中国主权、遵守中国法律、接受中国政府监督和监管的前提下，开展生产经营活动。其中，中外合资经济是由中外双方共同投资、共同经营、共担风险、共负盈亏的一种经济形式。中外合作经营经济是一种契约式经营企业，一般由我方提供土地、厂房和其他的设施与劳动力，由外方提供资金、设备和原材料等，通过签订协议、合同规定合作双方的权利、责任、义务，确定收益分配。外商独资企业是由境外投资者在我国境内租赁土地、独自投资、独立经营、自担风险、自负盈亏的企业。

以中外合营方式形成的外资经济是一种混合所有制经济，其中的外资部分属于私有经济成分，而国有或集体部分则属于公有经济成分。外资经济不是一般的资本主义经济，而是社会主义条件下我们能够加以监督管理、规定其活动范围的资本主义经济。

外资经济的存在和发展，有利于引进国外的先进技术设备，推动国民经济的技术改造；有利于吸收和利用国外资金，弥补我国建设资金的不足；有利于学习和借鉴国外先进的管理方法，提高我国企业的生产管理水平；有利于开拓国外市场，扩大产品出口增加外汇收入；有利于扩大国内就业，培养技术和经营管理人才。但是，外资经济的发展也可能增大维护我国经济安全的难度，加剧外部经济风险对我国经济的冲击。

第三，公有制为主体、多种所有制经济共同发展，是我国社会主义初级阶段的一项基本经济制度。坚持公有制为主体，不搞"纯而又纯"的公有制，大力发展非公有制，不搞私有化，正确处理公有制经济与非公有制经济的关系，是坚持中国特色社会主义的基本原则，是完善社会主义市场经济的根本条件。

> 2013—2021 年，我国非金融领域累计利用外商直接投资金额 1.2 万亿美元，2021 年利用外资金额比 2012 年增长 55.3%，年均增长 5%。利用外资规模连续多年居发展中国家首位。外商投资企业数量快速增加，市场主体活力不断增强。2021 年，我国新设外商投资企业 4.8 万家，较 2012 年增长近 1 倍。
>
> 资料来源：国家统计局网站。

其一，毫不动摇地巩固和发展公有制经济。坚持公有制的主体地位，是社会主义的一项根本原则。我国是人民当家作主的社会主义国家，必须坚持把公有制作为社会主义经济制度的基础。坚持公有制为主体，对于发挥社会主义制度的优越性，增强我国经济实力、国防实力和民族凝聚力，防止两极分化，维护社会公平正义，逐步实现共同富裕，为社会主义国家政权的巩固提供强大物质基础，促进社会和谐，具有十分重要的意义。

其二，毫不动摇地鼓励、支持、引导非公有制经济发展。非公有制经济是我国社会主义市场经济的有机组成部分。发展非公有制经济，有利于调整和优化所有制结构，使经济发展更加具有活力，同时也可以为公有制发展提供多种有效的实现形式；有利于促进市场竞争，推动产业结构的优化和升级，促进国民经济快速发展；有利于引进吸收先进技术与管理经验，促进国际经济合作；有利于调动人民群众和社会各方面的积极性，方便人民生活，扩大就业，维护社会稳定。

其三，坚持平等保护物权，形成各种所有制经济平等竞争、相互促进新格局。平等保护物权是市场经济的特点决定的。坚持平等保护物权，就是国家、集体、私人的物权和其他权利人的物权受法律保护，任何单位和个人不得侵犯。坚持平等保护物权有助于完善平等竞争、优胜劣汰的市场环境，有助于完善现代产权制度和现代企业制度。要让各种所有制经济各自发挥优势，平等竞争，相互促进。

3. 社会主义按劳分配

> 消费资料的任何一种分配，都不过是生产条件本身分配的结果；而生产条件的分配，则表现生产方式本身的性质。
>
> 《马克思恩格斯选集》，3 版，第 3 卷，365 页

按劳分配是社会主义个人消费品的分配原则。按劳分配的主要内容是：凡是有劳动能力的人都应尽自己的能力为社会劳动，社会以劳动作为分配个人消费品的尺度，按照劳动者提供的劳动数量和质量分配个人消费品，等量劳动领取等量报酬，多劳多得，少劳少得，不劳动者不得食。

在社会主义公有制范围内，对个人消费品实行按劳分配，是由生产资料的社会主义

公有制和人们在生产过程中的相互关系所决定的，归根到底，是受社会主义社会生产力发展状况制约的。

第一，生产资料社会主义公有制是实行按劳分配的前提条件。在生产资料社会主义公有制条件下，劳动者是生产资料的共同所有者，实现了在生产资料占有上的平等关系，排除了凭借对生产资料的私有权来无偿占有他人劳动成果的可能性，这就决定了只能实行有利于劳动者的个人消费品分配方式。

第二，劳动是谋生的手段，还没有成为生活的第一需要，是实行按劳分配的直接原因。由于旧的社会分工的存在，劳动还没有成为人们生活的第一需要，而仅仅是个人谋生的手段。因此，劳动者不仅作为生产资料的共同所有者参加生产过程，而且把劳动作为个人谋生的手段参加生产过程，劳动者向社会提供的劳动在数量和质量上还存在差别，只有承认这种差别，并在个人消费品的分配上体现这种差别，才能充分调动劳动者的积极性，保证劳动者各尽所能地为社会提供劳动。

第三，社会主义生产力发展水平是实行按劳分配的物质条件。分配方式在本质上取决于可分配的社会产品的数量，而可分配的社会产品的数量又取决于生产力的发展水平。在社会主义社会，生产力还没有达到高度发达的状态，社会产品还没有达到极大丰富的程度，还不能根据人们的实际需要进行分配，即不具有实行按需分配的物质条件，只能实行按劳分配。

按劳分配体现着个人消费品分配领域中社会主义性质的分配关系，它从根本上否定了凭借占有生产资料而剥削他人劳动成果的权利，是对一切剥削制度的否定；按劳分配体现着劳动者在分配领域中的相互平等的关系，它能够把每个劳动者的劳动和报酬直接联系起来，从而使每个劳动者从物质利益上关心自己的劳动成果，这有利于促进社会生产力的发展；按劳分配既要求反对平均主义，又要求反对高低悬殊，实现了劳动平等和报酬平等，有利于实现社会分配的公平与公正，从而可以调动劳动者的生产积极性。从这样的意义上说，实行按劳分配是人类历史上分配制度的一场深刻革命。

> 美国智库政策研究院报告称，1990 年至 2021 年，美国亿万富翁的总体财富增长了 19 倍，而同期美国中位数财富只增加了 5.37%。这揭示了美国“富者愈富、穷者愈穷”的残酷现实。美联储 2021 年 10 月统计数据显示，截至当年 6 月，美国收入在中间 60%的“中产阶级”拥有的财富在国家总财富中占比已经跌至 26.6%，创过去 30 年来新低，而收入前 1%的富人却拥有 27%的国家财富，超过了“中产阶级”。
>
> 资料来源：《美国民主情况》，载《人民日报》，2021-12-06。

在社会主义市场经济中，人们的一切经济活动，包括个人消费品的分配活动，都要通过市场来进行。这就决定了按劳分配通过三个阶段来实现：第一阶段，企业的总劳动在产品市场上实现，劳动者的劳动经过商品交换才能转化成社会劳动。第二阶段，企业通过销售产品取得收入后，依据每个职工的实际劳动贡献进行分配。第三阶段，劳动者取得货币收入后，在储蓄和消费之间分流。用于消费的部分在商品市场上购买消费品，实现个人消费。由此，按劳分配的实现具有以下特点：

第一，按劳分配不能在全社会范围内按统一标准实行，只能在局部范围内实行。在社会主义初级阶段，对劳动者进行分配的主体是企业。企业是商品生产和经营的经济实体，以自身的生产和经营活动从市场获得收入，然后再将收入分配给劳动者。对劳动者如何进行分配，完全由企业自主决定。因此，现阶段按劳分配的主体是企业，它还不可能在全社会范围内按统一的标准实现等量劳动领取等量报酬。

第二，按劳分配不能按照劳动者实际提供的劳动量来计量，只能按照被社会承认的劳动量来计量。劳动者向企业提供劳动，提供的这部分劳动是否都能被社会承认，取决于企业经营的好坏。这样，劳动者实际提供的劳动与被社会承认的劳动之间就有可能出现不一致。企业对劳动者的分配，是按照被社会承认的劳动量进行的，这就会出现在同一企业发展的不同时期，由于企业经营状况的不同，劳动者即使提供了相同数量和质量的劳动也会存在收入上的差别的情况。

> 他从社会领得一张凭证，证明他提供了多少劳动（扣除他为公共基金而进行的劳动），他根据这张凭证从社会储存中领得一份耗费同等劳动量的消费资料。他以一种形式给予社会的劳动量，又以另一种形式领回来。
>
> （《马克思恩格斯选集》，3版，第3卷，363页）

第三，按劳分配必须通过商品货币的形式来实现。在社会主义市场经济条件下，经济活动采取了价值形式，按劳分配也必须借助商品货币形式来实现。劳动者提供劳动所得到的是价值形式的货币，再用货币去购买所需要的商品，市场上价格的变动也不可避免地会影响劳动者的实际收入水平，从而影响按劳分配的实现程度。

4. 社会主义初级阶段的分配制度

按劳分配为主体、多种分配方式并存是社会主义初级阶段的分配制度，也是我国社会主义基本经济制度的重要内容。按劳分配为主体包括两层含义：一是在公有制经济中，劳动者的按劳分配收入在他们的个人收入总额中占主体地位。二是在整个社会分配方式中，按劳分配为主体，决定社会主义初级阶段分配的基本性质。多种分配方式并存主要是指按资分配、按个人资产分配、按土地和其他自然资源分配、按风险和机遇分配、按劳动力价值分配等分配方式共同存在于社会主义市场经济中。

确立社会主义初级阶段分配制度的依据是：

第一，公有制为主体、多种所有制经济共同发展的社会主义初级阶段所有制结构，决定了在收入分配领域必须实行按劳分配为主体、多种分配方式并存。分配是所有制的具体实现，有什么样的所有制形式，就会有什么样的分配方式与之相联系。我国现阶段不仅存在着占据主体地位的公有制经济，而且还存在着非公有制经济，那么，按劳分配只是占据主体地位的公有制经济的分配方式，在非公有制经济中，由于生产资料占有关系的不同，必然存在着其他的分配方式。

第二，社会主义市场经济的发展要求实行按劳分配为主体、多种分配方式并存的分配制度。一方面，公有制与市场经济的结合，使按劳分配方式在市场经济条件下必须通过市场来实行；另一方面，市场经济运行的自身规律又要求按照市场规则来对个人进行收入分配。在市场经济中，一切生产要素都具有商品性质，投入经济活动中，都要追求收入的最大化。为保证生产要素所有者能够把生产要素投入经济活动中去，必须对投入的生产要素在经济利益上给予一定的回报。同时，市场经济发展过程中存在着多种经营方式，不同的经营方式也要求有与之相联系的分配方式。因此，社会主义市场经济的发展是建立这一分配制度的现实要求。

第三，社会主义初级阶段实行按劳分配为主体、多种分配方式并存的分配制度，归根到底是由生产力的发展状况决定的。社会主义初级阶段生产力发展不平衡、多层次和不够高的状况是分配方式呈现多样性的深层次原因。实行按劳分配为主体、多种分配方式并存的分配制度，适合社会主义初级阶段的生产力发展水平，有利于调动社会广大成员的积极性，把各种生产要素动员起来进行现代化建设，实现社会资源的充分利用和合理配置。

在社会主义初级阶段，除了按劳分配外，还存在着按生产要素分配。生产要素参与分配是生产资料所有者的所有权在分配领域的实现，在社会主义市场经济条件下，它是通过商品生产和商品交换实现的分配方式。

第一，按资分配，即资本所有者凭借其投入的资本来获得利润的分配关系。主要存在于私营企业、股份制企业和外商投资企业。

第二，按个人资产分配，即社会居民以个人财产进行投资或让渡使用权并获取一定货币收入的分配方式。社会居民的个人资产有货币和实物两种存在形式：居民把货币财产变成银行存款或直接投资证券市场，并按存款或证券数量获得相应的收入；把私人住宅等实物资产租给他人使用，并借以获得一定的租金。

第三，按土地和其他自然资源分配。土地的收益表现为地租。

第四，风险收入和机遇收入。风险收入是经营者承担风险的报酬，机遇收入是对市场应变能力的报酬，两者都是与管理要素有关的收入。

第五，按劳动力价值分配。在外资和私营企业中工作的劳动者是依靠转让劳动力使用权取得工资收入的，工资实际上是劳动力价值或价格的转化形式。

第六，个体经济收入。个体劳动者既是生产资料的私有者，又是直接的生产者，其收入的数量不仅取决于个体劳动者的劳动，而且取决于他们拥有生产资料的数量和质量，取决于市场状况。个体经济中的劳动者收入既是一种资产收入，又是一种非按劳分配的劳动收入。

理论前沿

关于按生产要素分配的理论分歧

(1) 由于生产要素在价值形成中发挥着各自的作用，所以，社会主义的工资、利息、地租，不过是根据劳动、资本、土地等生产要素所做的贡献而给予这些要素所有者的报酬。社会主义的分配原则，就是在社会必要劳动所创造的价值的基础上，按各种生产要素在价值形成中所做的贡献进行分配，简称按贡献分配。(2) 一些学者认为上述观点是错误的，其“错误在于混同了价值创造和收入分配问题，硬把取决于生产关系的收入分配说成是取决于生产要素在创造价值中的贡献”，“把特定历史阶段上索取权的合法性当作自然的必然性和永恒的合理性”。

实行按劳分配为主体、多种分配方式并存的分配制度，必须坚持把按劳分配与按生产要素分配结合起来，提高资源配置的效率。

按劳分配作为公有制经济的客观要求和具体实现，是现阶段对劳动者进行个人收入分配的基本方式。按生产要素分配作为市场经济的客观要求和生产要素所有权的实现，是对生产要素所有者进行收入分配的基本方式。正是由于这两种分配方式在社会范围内的结合，使社会主义经济的性质和市场经济的特征能够在个人收入分配领域得到体现，从而保证了社会主义市场经济的顺畅发展。

> 1978 年，我国农村家庭的恩格尔系数（食品支出总额占个人消费支出总额的比重，国际上通用的衡量居民生活水平高低的一项指标）为 67.7%，城市家庭为 57.5%。2006 年，这一比例已经降低至 43% 和 35.8%。2015 年，城乡居民的恩格尔系数进一步降为 30.6%。根据联合国粮农组织规定的“40% ～ 50% 为小康，30%～40%为富裕”的恩格尔系数标准，我国社会整体的生活水平得到了提高，城乡消费已达到小康和富裕水平。2022 年，我国居民恩格尔系数为 30.5%，其中城镇为 29.5%，农村为 33.0%。这说明我国城乡居民的生活水平有了进一步的提高。

按劳分配与按生产要素分配的结合，意味着个人收入呈现出多样化趋势。在我国现阶段，相当一部分个人收入不仅来源于按劳分配，而且来源于按生产要素分配。这表明，拥有这部分收入的人不仅是劳动者，同时也是生产要素所有者。在公有制企业中，个人收入主要来源于按劳分配，但也会有一部分来源于按生产要素分配。在非公有制企业中，个人收入主要来源于按生产要素分配，但也会有一部分来源于其他劳动收入。

在社会主义初级阶段，要处理好收入分配关系，还必须构建初次分配、再分配、三次分配协调配套的基础性分配制度体系。以市场机制为主导的初次分配，从按劳分配和按生产要素分配方面，以及对不完善的生产要素市场的规范等方面，正确处理了公平与效率的关系。以政府为主导的再分配，通过加大税收、社保、转移支付等调节力度并提高精准性，调节收入过高的群体，在效率提高的基础上最大程度地保障公平。第三次分配以社会为主导，在习惯、道德的影响下，通过合法合规途径，以募集、捐赠和资助等慈善公益方式对社会资源和社会财富进行分配，驱使高收入企业和人群回报社会，有利于缩小社会差距。

本章小结

社会主义经济制度的建立，开辟了人类历史的新纪元，为社会主义建设和发展奠定了坚实的基础。实践中的社会主义必须把社会主义的普遍原理同各国特殊的历史环境和具体的国情相结合，从实际出发对社会主义的基本原则加以具体化和再创造。

从生产力与生产关系的统一中说明社会主义存在的根据和准则，揭示社会主义的本质，对于回答和解决“什么是社会主义、怎样建设社会主义”的课题具有重要意义。科学发展和社会和谐体现着社会主义本质的根本要求，科学地说明了社会主义本质与中国特色社会主义道路之间的内在联系，规范了中国特色社会主义的发展方向。

生产资料社会主义公有制是社会主义生产关系的基础。公有制为主体、多种所有制经济共同发展，是我国社会主义初级阶段的生产资料所有制结构，是我国社会主义基本经济制度的重要内容。必须毫不动摇地巩固和发展公有制经济，毫不动摇地鼓励、支持、引导非公有制经济发展，坚持平等保护物权，形成各种所有制经济平等竞争、相互促进的新格局。

按劳分配为主体、多种分配方式并存的分配制度，也是我国社会主义基本经济制度的重要内容。健全劳动、资本、技术、管理等生产要素参与分配的制度，处理好收入分配关系，构建初次分配、再分配、三次分配协调配套的基础性分配制度体系。

阅读书目

1. 马克思．哥达纲领批判．见：马克思恩格斯选集．3版．第3卷．北京：人民出版社，2012

2. 马克思，恩格斯．共产党宣言．见：马克思恩格斯选集．3版．第1卷．北京：人民出版社，2012

3. 邓小平．在武昌、深圳、珠海、上海等地的谈话要点．见：邓小平文选．第3卷．北京：人民出版社，1993

4. 邓小平．建设有中国特色的社会主义．见：邓小平文选．第3卷．北京：人民出版社，1993

5. 胡锦涛．坚定不移沿着中国特色社会主义道路前进，为全面建成小康社会而奋斗．见：十八大以来重要文献选编（上）．北京：中央文献出版社，2014

6. 习近平．中共中央关于全面深化改革若干重大问题的决定．见：十八大以来重要文献选编（上）．北京：中央文献出版社，2014

7. 习近平．切实把思想统一到党的十八届三中全会精神上来．见：十八大以来重要文献选编（上）．北京：中央文献出版社，2014

8. 习近平．高举中国特色社会主义伟大旗帜 为全面建设社会主义现代化国家而团结奋斗——在中国共产党第二十次全国代表大会上的报告．北京：人民出版社，2022

思考题

1. 从理论与实践的结合上说明社会主义经济制度建立的必然性。

2. 为什么说共同富裕是社会主义的本质要求？

3. 怎样理解公有制为主体、多种所有制经济共同发展是我国社会主义初级阶段的所有制结构，是我国社会主义基本经济制度的重要内容？

4. “衡量我国现阶段所有制结构改革的成绩，就看非公有制经济成分在国民经济中所占比重的大小。”应该如何看待这一观点？

5. 我国现阶段为什么必须实行按劳分配为主体、多种分配方式并存的分配制度？

6. 有人认为，在现阶段，所有非劳动收入都属于剥削收入。这种看法正确吗？

7. 结合实际，谈一谈如何正确认识我国当前的收入分配状况。

8. 分析材料并回答问题：

多种经济成分并存是当代资本主义和社会主义共有的经济现象。当代资本主义经济中不仅有私有制经济成分，也有国有制经济成分以及其他经济成分；在社会主义经济中不仅有公有制经济成分，也有私有制经济成分以及其他经济成分。但是资本主义和社会主义的基本经济制度的性质是根本不同的。在分析我国社会主义初级阶段生产资料所有制结构问题时，有人以“八宝饭”为例做了形象比喻：八宝饭中的糯米是主要成分，没有糯米不是八宝饭，但只有糯米还不是八宝饭；八宝饭里还有其他成分，红枣、莲子、核桃、花生、红豆、砂糖等，没有这些成分也不是八宝饭，但这些东西本身也不同于八宝饭。只有把糯米和其他成分组合在一起并以糯米为主才是八宝饭。

请回答：

(1) 判断一个社会的经济制度的性质的根本标准是什么？

(2) 我国社会主义初级阶段公有制经济和其他经济成分之间是什么关系？

9. 分析材料并回答问题：

材料 1　改革开放以来，民营企业在促进增长、扩大就业、增强活力等方面发挥了重要作用。2017年末，规模以上私营工业企业达到 22.2 万家，占全部规模以上工业的比重为 57.7%；吸纳就业 3 271 万人，占比达 36.9%；资产总计达到 25.1 万亿元，占比达 22.3%；主营业务收入 40 万亿元，占比达 34.4%。

资料来源：国家统计局网站。

材料 2　改革开放以来，非公有制经济就业人数迅速增长。2018 年，城镇非公有制经济就业人员占比从 1978 年的 0.2%提高到 83.6%，其中，城镇私营企业、个体就业人员分别为 13 952 万人、10 440 万人，分别占城镇就业人员的 32.1%、24.0%。

资料来源：国家统计局网站。

材料 3　2023 年 7 月，中共中央、国务院发布的《关于促进民营经济发展壮大的意见》指出，坚持“两个毫不动摇”，加快营造市场化、法治化、国际化一流营商环境，优化民营经济发展环境，依法保护民营企业产权和企业家权益，全面构建亲清政商关系，使各种所有制经济依法平等使用生产要素、公平参与市场竞争、同等受到法律保护，引导民营企业通过自身改革发展、合规经营、转型升级不断提升发展质量，促进民营经济做大做优做强，在全面建设社会主义现代化国家新征程中作出积极贡献，在中华民族伟大复兴历史进程中肩负起更大使命、承担起更重责任、发挥出更大作用。

资料来源：《中共中央国务院关于促进民营经济发展壮大的意见（2023 年 7 月 14 日）》，载《人民日报》，2023-07-20。

请回答：

(1) 改革开放以来，我国所有制结构发生了哪些变化？

(2) 为什么必须毫不动摇地鼓励、支持和引导非公有制经济发展？

第十章

社会主义在实践中的发展

要点提示

● 经济文化相对落后国家的社会主义发展具有阶段性、长期性和艰巨性、多样性、曲折性等特征。

● 马克思主义政党是新型的革命政党，是社会主义事业的领导核心。

● 坚持党的领导必须不断改善党的领导。

● 改革是社会主义社会发展的直接动力，是社会主义制度的自我完善和发展。

关键词

社会主义　发展阶段　多样性　马克思主义政党　领导核心　改革　自我完善和发展

社会主义是不断发展的，社会主义在发展过程中呈现出阶段性、长期性和艰巨性、多样性、曲折性等特征。马克思主义政党是新型的革命政党，是社会主义事业的领导核心，坚持党的领导是社会主义发展的根本保证。改革是社会主义社会发展的直接动力，社会主义社会在改革中不断自我完善和发展。

一、社会主义发展的特征

经济文化相对落后的国家先于发达资本主义国家进入社会主义社会，具有历史必然性，是科学社会主义的胜利。但同时，这些国家社会主义事业的发展又不可避免地面临由于经济文化相对落后而产生的一系列困难和问题，从而使社会主义发展呈现出阶段性、长期性和艰巨性、多样性、曲折性等重要特征。

1. 社会主义社会发展的阶段性

社会主义社会的发展具有阶段性。在社会主义条件下，生产力和生产关系、经济基础和上层建筑之间的矛盾，仍然是社会的基本矛盾，是社会发展的基本动力。生产力经常革新、不断发展，达到一定程度，生产关系和上层建筑的某些方面和环节就会与它不相适应。通过改革，矛盾得到解决，社会又会进入一个新的相对稳定的发展时期。然后，在新的基础上又会出现新的不适应，又需要进行调整和改革。这样，社会主义社会的发展就必然会出现若干相互联系又相互区别的不同发展阶段。

对社会主义社会发展阶段性的认识经历了一个长期的探索过程。马克思在深入研究资本主义社会内在矛盾和阶段斗争规律的基础上提出，在资本主义社会到共产主义社会之间，将经历从资本主义社会到共产主义社会的过渡阶段、“共产主义社会第一阶段”和“共产主义社会高级阶段”三个阶段，并对每个阶段的图景和构想进行了原则性描绘。列宁根据俄国经济文化落后的现实和社会主义建设的实践经验，把马克思所设想的“共产主义社会第一阶段”称为社会主义阶段，把“共产主义社会高级阶段”称为共产主义阶段，并认为在社会主义阶段也有初级形式的社会主义和发达的社会主义的不同历史阶段。列宁认为，经济文化落后的俄国，不仅从资本主义向社会主义过渡的时间要长一些，而且在过渡时期结束后也不可能马上进入“发达的社会主义社会”，而必须经过“最初级形式的社会主义”。中国的社会主义革命是在半殖民地半封建的土壤上取得胜利的，经济文化更为落后。1956 年社会主义制度建立后，毛泽东指出，我国的社会主义制度才刚刚建立，还没有完全建成，还不完全巩固。1959 年底到 1960 年初，毛泽东进一步把社会主义社会分为“不发达的社会主义”和“比较发达的社会主义”两个阶段，并强调后一阶段可能比前一阶段需要更长的时间。1987 年，中国共产党第十三次全国人民代表大会正式提出并阐释了社会主义初级阶段的理论。

把践行中国特色社会主义共同理想和坚定共产主义远大理想统一起来，坚决抵制抛弃社会主义的各种错误主张，自觉纠正超越阶段的错误观念和政策措施。

（《习近平谈治国理政》，11 页，北京，外文出版社，2014）

社会生产力的发展程度以及与此相适应的社会主义生产关系的成熟程度，是整个社会主义社会发展的基础，也是划分社会主义社会发展阶段的基本标志。正确划分社会主义的发展阶段，对社会主义社会各个阶段特别是它的初级阶段的特征和发展特点进行比较研究，可以深化对社会主义社会发展规律的认识；正确划分并确定社会主义社会的发展阶段，是社会主义国家党和政府制定正确的路线和政策，顺利进行社会主义建设的根本依据和前提；正确划分社会主义社会的发展阶段，可以帮助我们澄清对社会主义的一些错误认识，坚定社会主义必胜的信念。

2. 社会主义建设的长期性和艰巨性

社会主义不是从天而降的空中楼阁，而是在原有社会的基础上建立和发展起来的。经济文化相对落后国家由于自身先天不足，特别是没有经过资本主义阶段的充分发展，没有高度发达的生产力，以及与之相匹配的政治文明和精神文明，因而社会主义建设必然表现出特殊的长期性和艰巨性。

第一，社会主义建设的经济基础比较薄弱。从根本上说，社会主义只有建立在高度发达的社会化大生产基础之上，才能取得最终的全面胜利。走上社会主义道路的国家虽然具备了一定的建设社会主义的经济基础，但是这些国家的经济基础普遍比较薄弱，多数国家的工业产值所占国民生产总值的比例不足 50%，而且生产的社会化程度低，商品经济不发达，自然经济、半自然经济仍占很大比重。因此，经济文化相对落后的国家社会主义建设要取得最终的全面胜利，就必须把大力发展商品经济、创造高度发达的社会化大生产作为根本任务。而要完成这一艰巨的历史任务，赶上和超过发达资本主义国家，无疑需要经过长时间的努力。

第二，封建主义的影响广泛且深远。经济文化相对落后国家进入社会主义后，由于没有经过资本主义的充分发展，所以农民还占人口的多数，封建主义残余在各方面还有着广泛影响。这种影响在经济上，主要体现为商品经济不发达，生产的社会化程度低，自然经济、半自然经济仍占很大比重；在政治上，主要体现为个人集权制、终身制、等级制、家长制等流毒未肃清，缺乏近代民主的传统；在文化思想上，主要体现为封闭、狭隘、保守的观念及文化专制主义影响深远。这种状况极大地阻碍着这些国家的社会主义建设。

第三，国际生存环境复杂险恶。经济文化相对落后国家在建设社会主义的过程中，首先，面临发达资本主义国家在经济、政治、军事、文化乃至地理上的包围，处理好同发达资本主义国家关系的任务艰巨。既要防备和对付帝国主义的武装入侵，又要防备和对付帝国主义的和平演变，还要善于在同帝国主义和平共处中发展多种联系。其次，大力支持发展中国家反对帝国主义列强的斗争，同它们结成广泛持久的联盟，在政治上、经济上、思想上给予必要的援助。最后，社会主义国家还面临着如何处理好同其他社会主义国家之间的关系问题。既要按照国际主义原则加强互助合作，又要坚持各国完全平等、独立自主、互相尊重、互不干涉内部事务，反对大国主义和各种形式的民族主义。复杂险恶的国际生存环境，决定了经济文化相对落后国家的社会主义建设必然是一个长期的、艰巨的历史任务。

第四，社会主义建设没有现成的经验可以借鉴。社会主义是一项崭新的事业，如何建设社会主义，尚没有现成的经验可以借鉴。马克思、恩格斯对社会主义的一些设想，是以社会主义建立在高度发达的资本主义国家基础之上为前提的，而实际走上社会主义道路的国家却都是经济文化相对落后的国家。这就需要这些国家在实践中去发展马克思主义，探索适合本国发展的社会主义建设道路和模式。探索的过程不可能一帆风顺，难免会出现不同程度的失误，会走曲折的道路，甚至可能出现历史倒退现象，这无疑都会增加经济文化相对落后国家建设社会主义的长期性和艰巨性。

> 我们搞社会主义才几十年，还处在初级阶段。巩固和发展社会主义制度，还需要一个很长的历史阶段，需要我们几代人、十几代人，甚至几十代人坚持不懈地努力奋斗，决不能掉以轻心。
>
> （《邓小平文选》，第3卷，379～380页）

必须正确看待经济文化相对落后国家建设社会主义的长期性和艰巨性，既不能因为苏联和东欧社会主义国家的失败而否认经济文化相对落后国家建设社会主义的历史必然性，也不能因为社会主义建设取得的一些成就而看不到经济文化相对落后国家建设社会主义的长期性和艰巨性。要清醒地认识到，在经济文化相对落后国家建立起社会主义制度，是社会制度的根本变革。同资产阶级革命不同，无产阶级取得政权只是万里长征走完了第一步，任重而道远，它还面临着崇高宏伟而又艰巨复杂的历史任务，建设社会主义必然要经历一个漫长的历史过程。

3. 社会主义发展道路的多样性

巩固和发展社会主义是经济文化相对落后国家的无产阶级取得国家政权后的首要任务。由于同处一个世界历史时代以及任务和目标的一致性，各国社会主义的发展道路具有一些共同的特点，反映了社会主义事业发展的普遍规律，这是每一个社会主义国家在发展社会主义过程中应当遵循的。但是，由于各国的历史情况和现实条件的差异，各国的社会主义发展道路又呈现出多样性的特征。

第一，社会主义发展道路的多样性是矛盾普遍性和特殊性辩证关系原理的体现。人类社会发展道路是普遍性与特殊性、共性与个性的统一。共性是个性的抽象概括，个性是共性的具体体现，共性寓于个性之中，共性只能通过个性而存在。任何事物一般的内容都要通过个别的形式表现出来，社会主义发展的共同规律，必须通过各国具体的民族的形式表现出来。这是各国社会主义发展道路多样性的理论依据。

> 一切民族都将走向社会主义，这是不可避免的，但是一切民族的走法却不会完全一样，在民主的这种或那种形式上，在无产阶级专政的这种或那种形态上，在社会生活各方面的社会主义改造的速度上，每个民族都会有自己的特点。
>
> （《列宁选集》，3版修订版，第2卷，777页）

第二，各个社会主义国家的不同国情决定了其社会主义发展道路具有不同的特点。“相同的经济基础——按主要条件来说相同——可以由于无数不同的经验的情况，自然条件，种族关系，各种从外部发生作用的历史影响等等，而在现象上显示出无穷无尽的变异和色彩差异，这些变异和差异只有通过对这些经验上已存在的情况进行分析才可以理解。”① 这里所说的自然条件、种族关系等，就是通常所说的“国情”。在发展社会主义的过程中，各国的国情不同，即经济、政治和文化发展水平高低不同，历史特点和民族传统各有差异，阶级构成和力量对比情况以及自然条件和国际环境也不一样，这就决定了各个国家在发展社会主义的方式方法、具体政策、发展阶段与速度等方面，都必然表现出各自的特色。

第三，各国人民各具特色的实践活动是社会主义发展道路具有多样性的重要影响因素。一国建设社会主义的形式和道路，归根结底必须由本国人民在实践中去探索和创造。每个国家在建设过程中，都会遇到许多特殊的情况和问题。照抄照搬别国经验和别国模式从来都不能成功，特殊的情况和问题只能由各国人民根据本国的国情，创造性地加以解决。时代是不断前进的，实践是不断发展的。各国人民也会随着时代和实践的不断发展变化，适时地选择适合本国国情的社会主义发展道路。

> 当代中国的伟大社会变革，不是简单延续我国历史文化的母版，不是简单套用马克思主义经典作家设想的模板，不是其他国家社会主义实践的再版，也不是国外现代化发展的翻版，不可能找到现成的教科书。
>
> （《习近平谈治国理政》，第2卷，344页，北京，外文出版社，2017）

各国无产阶级政党必须领导本国人民，以马克思主义为指导，从本国实际出发，吸收人类文明一切优秀成果，努力探索适合本国国情的社会主义发展道路。

第一，探索社会主义发展道路，必须坚持以马克思主义为指导。马克思主义是科学的世界观和方法论，只有以马

① 《马克思恩格斯文集》，第7卷，894～895页。

克思主义为指导，才能正确分析本国的情况，把握本国社会主义建设的特点和规律。马克思主义不是教条，也没有提出现成的方案，以马克思主义为指导，决不是照搬照抄马克思主义的已有结论，而是要求人们依据它的基本原则和方法，不断结合变化的新情况，探索并解决社会主义新问题。

> 把马克思主义的普遍真理同我国的具体实际结合起来，走自己的道路，建设有中国特色的社会主义，这就是我们总结长期历史经验得出的基本结论。
>
> （《邓小平文选》，第3卷，3页）

第二，探索社会主义发展道路，必须坚持把马克思主义的基本原理同本国的具体实际相结合。从本国实际出发，走自己的路，是社会主义历史经验的总结，是马克思主义的一条基本原则。社会主义各国在把马克思主义基本原理与本国建设的具体实际相结合的过程中，“随时随地都要以当时的历史条件为转移”①，走自己的路。只有这样，才能对“什么是社会主义、怎样建设社会主义”这一根本问题做出正确的回答。

> 社会主义要赢得与资本主义相比较的优势，就必须大胆吸收和借鉴人类社会创造的一切文明成果，吸收和借鉴当今世界各国包括资本主义发达国家的一切反映现代社会化生产规律的先进经营方式、管理方法。
>
> （《邓小平文选》，第3卷，373页）

第三，探索社会主义发展道路，必须充分吸收人类一切文明成果。当今的世界是开放的世界，任何一个国家要想发展，都不能闭关自守，让自己孤立于世界之外。社会主义事业是一项前无古人的崭新事业，没有现成经验可以借鉴。社会主义各国要想探索出一条保证社会主义事业顺利推进的发展之路，就必须注意学习和借鉴别国发展模式的优点和长处。但是，借鉴不等于脱离本国国情照抄照搬。不同国家试图用“一条道路”、一种模式发展社会主义是行不通的。照抄照搬别国经验和模式，从来不能得到成功，这是一个被历史反复证明了的颠扑不破的真理。

4. 社会主义发展的曲折性

同任何事物的发展都不会一帆风顺一样，社会主义事业也会出现曲折。这除了经济文化相对落后国家建设社会主义的任务艰巨外，还在于：

第一，社会主义所面临的历史任务繁重。以生产资料公有制为基础的社会主义生产关系，在从无到有的建立过程中，所遇到的阻力是空前强大的，其困难要比以往任何生产关系的建立遇到的困难大得多。巨大的阻力和空前的困难，决定了社会主义建设事业不可能一帆风顺，更不可能一蹴而就。而且，社会主义制度的建立，对于整个社会主义事业来说，只是万里长征走完了第一步。要彻底消灭剥削阶级和剥削制度，逐步建立和完善社会主义经济制度和政治制度，建设高度发达的社会主义物质文明、政治文明和精神文明，需要通过经济、政治和文化条件的长期积累。完成这样崇高宏伟而又艰巨复杂的任务，其过程必然是长期的、曲折的。

第二，主观指导上的失误也会使社会主义的发展出现曲折。人们不能够穷尽真理，

① 《马克思恩格斯选集》，3版，第1卷，376页。

只能不断地接近真理。实践、认识、再实践、再认识，循环往复以至无穷，人的认识是一个螺旋式的曲折上升过程，在克服谬误的过程中逐渐趋于正确。无产阶级及其政党对于社会主义的认识同对于其他客观事物的认识一样，也是一个辩证的过程。在这个过程中出现的认识上的失误，是社会主义事业发生曲折的主观原因。我国历史上先后发生的“大跃进”、人民公社化运动、“文化大革命”，都是我们在认识社会主义的过程中出现的失误。

第三，在外有压力、内有困难的情况下，有些社会主义国家的执政党内部滋生了严重的机会主义思潮。这种思潮泛滥使党的指导思想急剧右转，直至改变党的性质，瓦解党的组织，最终断送社会主义事业。这是当前世界社会主义事业发生曲折的根本原因。

在曲折中前进是社会主义运动的辩证法。我们应该正确认识社会主义发展的曲折性，坚定社会主义必胜的信念。第一，社会主义的发展是前进性与曲折性的统一。任何事物的发展都不可能是一帆风顺、直线前进的。社会主义事业是前无古人的伟大事业，在前进的路途上出现曲折是不可避免的。在社会主义发展的曲折面前，我们既不应大惊小怪，也不必惊慌失措，而应看到社会主义向前发展的必然趋势，这是我们对社会主义充满信心的坚实基础。第二，社会主义社会的发展呈现高潮与低谷相互交替。社会主义是在波浪式的运动中向前发展的。在这一过程中，有高潮也有低谷，高潮与低谷交替出现。中国革命的历史及整个国际共产主义运动的历史都已充分证明了这一点。我们要在社会主义发展的低谷中看到社会主义发展的高潮必然到来的历史趋势，坚定社会主义必胜的信念。第三，社会主义将最终从曲折中走向胜利。社会主义事业是正义的事业，符合人类社会的发展规律，因而它必然会胜利。社会主义事业处于低谷之时，也正是它开始向高潮转变之时。但是，社会主义事业并不会自发地走出低谷、进入高潮，需要无产阶级政党从挫折和失败中总结经验教训，通过确立正确的路线、方针和政策进行指导。

社会主义经历一个长过程发展后必然代替资本主义。这是社会历史发展不可逆转的总趋势，但道路是曲折的。资本主义代替封建主义的几百年间，发生过多少次王朝复辟？所以，从一定意义上说，某种暂时复辟也是难以完全避免的规律性现象。一些国家出现严重曲折，社会主义好像被削弱了，但人民经受锻炼，从中吸收教训，将促使社会主义向着更加健康的方向发展。因此，不要惊慌失措，不要认为马克思主义就消失了，没用了，失败了。哪有这回事！

（《邓小平文选》，第3卷，382～383页）

二、社会主义发展的根本保证

马克思主义政党是工人阶级的先锋队，是在马克思主义指导下为实现共产主义而奋斗的政党。马克思主义政党的领导，是巩固和发展社会主义政治制度、顺利进行社会主义建设的根本保证。没有马克思主义政党的领导，就没有社会主义革命和建设事业的胜利。要坚持党的领导，就必须根据形势的变化不断改善党的领导。

1. 马克思主义政党是新型的革命政党

政党是代表一定阶级、阶层的利益和意志，有独立的纲领、路线、策略，为参与或掌握政权而斗争的政治组织。政党由本阶级中最活跃、最积极的分子组成，代表着一定阶级、阶层或政治集团的利益，是进行阶级斗争的有力工具。政党是社会经济和阶级斗争发展到资产阶级时代的产物。无产阶级在反对资产阶级的斗争中，建立了马克思主义政党，形成了强大的阶级力量来推翻资产阶级的统治。马克思主义政党也被称作共产主义政党，简称共产党。

马克思主义政党是科学社会主义理论与工人运动相结合的产物，与历史上一切旧式的政党有着根本的区别，是新型的革命政党。

> 1847 年 6 月成立的共产主义者同盟是第一个国际性的党组织。1869 年成立的德国社会民主工党是最早在一个国家内建立起来的马克思主义政党。1898 年，列宁把马克思主义与俄国工人运动相结合，创立了与第二国际各党完全不同的新型的马克思主义政党——俄国社会民主工党（布）。1921 年，以俄国布尔什维克党为榜样，马克思列宁主义与中国工人运动相结合，产生了中国共产党。

第一，马克思主义政党是以马克思主义为指导的党。党的指导思想是决定党的性质的重要条件，马克思主义政党的“整个世界观是以科学社会主义即马克思主义为基础的”①。这是党成为无产阶级先锋队组织、共产党员成为无产阶级先进分子的最具有决定性意义的因素。马克思主义政党正是由于坚持以马克思主义作为自己一切行动的指导思想，作为制定纲领、路线、政策和策略的理论依据，作为全党团结统一的思想基础，所以才能够形成区别于其他任何政党的革命风格和优良作风，才能够保持无产阶级政党的先锋队性质，才能够领导社会主义革命和建设不断取得胜利。

第二，马克思主义政党是由无产阶级的先进分子所组成的党。共产党人不同于一般工人群众，“**在实践方面**，共产党人是各国工人政党中最坚决的、始终起推动作用的部分；**在理论方面**，他们胜过其余无产阶级群众的地方在于他们了解无产阶级运动的条件、进程和一般结果”②。马克思主义政党由那些对无产阶级革命事业无限忠诚、最坚定、最有觉悟，全心全意为人民服务，能在革命中起模范作用的无产阶级先进分子组成，同时，也不拒绝其他阶级出身的优秀分子入党。但是，马克思主义政党要求“如果其他阶级出身的这种人参加无产阶级运动，那么首先就要求他们不要把资产阶级、小资产阶级等等的偏见的任何残余带进来，而要无条件地掌握无产阶级世界观”③。实践已经证明，吸收非无产阶级出身、世界观已经得到改造、具备党员条件的人加入党，并不会影响党的无产阶级性质，而且有利于增强党的阶级基础、扩大党的群众基础。

第三，马克思主义政党是按照民主集中制原则组织起来并有严格纪律的党。共产党不是各个党员的随意聚合，而是按照民主集中制组织起来的统一整体。民主集中制是在

---

① 《列宁选集》，3 版修订版，第 2 卷，247 页。
② 《马克思恩格斯选集》，3 版，第 4 卷，2 页。
③ 《马克思恩格斯选集》，3 版，第 3 卷，739 页。

高度民主的基础上实行高度的集中，一方面充分发扬党内民主，另一方面实行正确的集中领导。充分发扬党内民主，就是在党内必须尊重党的基层组织的各种民主权利，反对个人和少数人独断专行。实行正确的集中领导，就是坚决反对各自为政，党的各级组织和个人必须在政治上同党中央保持一致，党员个人服从组织，少数服从多数，下级组织服从上级组织。实行民主集中制是保持党的无产阶级先锋队性质、完成党的历史使命的重要保证。

第四，马克思主义政党是立党为公、不谋私利的政党，是无产阶级和广大人民群众利益的忠实代表。为无产阶级和广大人民群众谋利益，不为少数剥削者谋利益，立党为公，全心全意为人民服务，是共产党的根本宗旨。共产党人为实现共产主义而不懈奋斗就是这一宗旨的集中体现。因为共产主义理想是工人阶级和广大人民群众的根本利益在奋斗目标上的最高体现，是工人阶级解放与全人类解放的统一。当然，共产党人致力于工人阶级的解放，领导工人阶级所进行的革命斗争，不只反映了工人阶级自身的要求，同时也反映了包括农民以及其他劳动者在内的最广大人民群众的利益要求。马克思说："过去的一切运动都是少数人的，或者为少数人谋利益的运动。无产阶级的运动是绝大多数人的，为绝大多数人谋利益的独立的运动。"[①] 为了实现人民的利益，马克思主义政党不仅欢迎人民的批评和监督，而且随时进行自我批评。勇于自我革命，是马克思主义政党具有"内在力量"的标志。

> 中国共产党是中国工人阶级的先锋队，同时是中国人民和中华民族的先锋队，是中国特色社会主义事业的领导核心，代表中国先进生产力的发展要求，代表中国先进文化的前进方向，代表中国最广大人民的根本利益。
>
> （《中国共产党章程》，1页，北京，人民出版社，2022）

2. 马克思主义政党是社会主义事业的领导核心

推翻资本主义、建立社会主义、最终实现共产主义的伟大历史使命的完成，有赖于马克思主义政党的坚强领导。马克思主义政党在社会主义事业中的领导地位既不是自封的，也不是偶然形成的，而是历史的选择、人民的选择。

第一，马克思主义政党的领导是无产阶级取得革命胜利的根本保证。无产阶级要完成解放全人类的伟大事业，必须有本阶级的革命政党的领导；党的领导是无产阶级革命事业获得胜利的根本保证。这是被国际共产主义运动和中国革命实践反复证明了的伟大真理。

只有坚持马克思主义政党的领导，才能使无产阶级由自在阶级变成自为阶级，形成强大的阶级力量与资产阶级做斗争。在无产阶级反对资产阶级斗争的初期，由于缺乏科学理论指导和政党的领导，无产阶级只是作为一个自在的阶级存在，无产阶级斗争也只是处于自发阶段，斗争是分散的、零星的，斗争的目的也只局限于改善劳动和生活条件，还不能提出彻底推翻资本主义制度，建立没有压迫、没有剥削的新的社会制度的任务，斗争也不可避免地遭到失败。马克思主义政党是无产阶级的教育者、领导者和组织者，

---

① 《马克思恩格斯选集》，3版，第1卷，411页。

只有它才能把科学社会主义理论灌输给无产阶级，使无产阶级认清自己的历史地位和历史使命，统一思想、统一意志、统一行动，由自在的阶级变成自为的阶级，使无产阶级斗争从自发阶段上升到自觉阶段，发展成为伟大的革命运动。

只有坚持马克思主义政党的领导，才能保证无产阶级革命取得胜利。无产阶级革命的首要任务是夺取政权。面对无产阶级革命斗争，资产阶级为了维护它的统治，必然要进行顽固抵抗和残酷镇压。旧的统治阶级不但掌握着庞大的国家机器，拥有强大的经济实力和阶级实力，具备丰富的统治经验，而且还拥有比无产阶级思想体系影响范围更大的资产阶级思想体系。他们用反革命的两种手段即镇压和收买来对付革命群众。在这种极端困难和复杂的革命斗争中，只有通晓阶级斗争和社会发展规律的无产阶级政党，才能集中无产阶级以及人民群众的智慧和经验，科学分析形势，指明革命方向，提出符合本国实际的纲领和目标，制定正确的路线和政策，引导无产阶级革命斗争获得胜利。

只有坚持马克思主义政党的领导，才能战胜机会主义等各种错误思潮，保证无产阶级革命沿着正确的方向和道路前进。在无产阶级革命中，由于斗争的复杂性和资产阶级思想的影响腐蚀，不可避免会产生机会主义等各种错误思潮。机会主义是革命事业的大敌，它扰乱无产阶级的思想，瓦解无产阶级的革命斗志，分裂革命队伍，从而使革命走入歧途，给革命事业造成严重危害。因此，同机会主义进行不懈的、坚决的斗争，是确保革命事业顺利发展的一项重要任务。而这项任务的完成，必须依靠无产阶级政党的领导。无产阶级政党以马克思主义为指导，注重把马克思主义基本原理同具体实际相结合，重视向广大工人阶级进行科学理论的灌输，注重同各种非无产阶级思想做斗争，从而有利于维护党的指导思想的纯洁性，确保无产阶级革命的正确方向。

> 无产阶级在反对有产阶级联合力量的斗争中，只有把自身组织成为与有产阶级建立的一切旧政党不同的、相对立的政党，才能作为一个阶级来行动。
>
> 为保证社会革命获得胜利和实现革命的最高目标——消灭阶级，无产阶级这样组织成为政党是必要的。
>
> （《马克思恩格斯选集》，3版，第3卷，173～174页）

只有马克思主义政党才能成为工人阶级其他组织的领导核心。无产阶级在争取解放的过程中，除了工人阶级先锋队组织以外，还有工会组织、青年组织、妇女组织，以及军队、政权组织、经济组织、社会团体等各种组织。这些组织对于发动群众、组织力量和完成任务都是绝对必需的。马克思主义政党善于制定适合这些组织活动的方针和政策，促使所有组织能够统一意志、统一目标，协调一致地行动。同时，马克思主义政党还善于把握斗争时机，灵活运用无产阶级革命的策略原理，通过建立革命统一战线，团结一切反对反动统治的团体和社会力量，争取最广大的同盟军，最大限度地孤立和打击敌人，不断壮大革命队伍。

第二，马克思主义政党的领导是社会主义现代化建设顺利进行的根本保证。社会主义现代化建设是社会生产力获得巨大发展、社会主义制度不断完善的过程，也是生产关系、人们的社会关系、生活方式和思维方式不断变革的过程。进行社会主义现代化建设的伟大事业，要比无产阶级夺取政权的斗争更为艰巨和复杂，没有共产党的领导，社会主义现代化建设根本不可能取得胜利。

只有坚持马克思主义政党的领导，才能保证现代化建设的正确方向。从世界现代化发展史来看，社会主义现代化起步较晚，具有后发优势，既可以借鉴发达国家现代化的成功经验和做法，也可以吸取其失败的教训。但是，社会主义现代化不同于资本主义现代化，因而不能完全照搬资本主义现代化的模式。只有坚持党的领导，才能确定符合社会主义发展规律、适合本国国情和人民利益的建设道路，确定改革和发展社会主义经济体制和政治体制的基本方向，确定社会主义建设的战略目标、战略步骤和一系列方针政策，从而保证现代化建设的社会主义方向。

> 中国特色社会主义最本质的特征是中国共产党领导，中国特色社会主义制度的最大优势是中国共产党领导，中国共产党是最高政治领导力量。
>
> （习近平：《高举中国特色社会主义伟大旗帜 为全面建设社会主义现代化国家而团结奋斗——在中国共产党第二十次全国代表大会上的报告》，6页）

只有坚持马克思主义政党的领导，才能充分调动现代化建设的一切积极因素。实现社会主义现代化是宏伟而艰巨的任务，没有广大人民群众的参与是不可能成功的。共产党以全心全意为人民服务为根本宗旨，并且在长期的革命和建设实践中形成了崇高威望和强大战斗力，因此具有善于组织群众、宣传群众和联系群众的政治优势。只有坚持党的领导，才能不断巩固发展各族人民团结，充分调动一切积极因素，凝聚起社会主义现代化建设的磅礴力量。

> 自有国际共产主义运动以来，就证明了没有无产阶级的政党就不可能有国际共产主义运动。自从十月革命以来，更证明了没有共产党的领导就不可能有社会主义革命，不可能有无产阶级专政，不可能有社会主义建设。
>
> （《邓小平文选》，2版，第2卷，169页，北京，人民出版社，1994）

只有坚持马克思主义政党的领导，才能为社会主义现代化建设创造一个安定团结的国内社会环境与和平的国际环境。国家的统一、社会的安定，是进行现代化建设不可缺少的条件。坚持共产党的领导是创造稳定环境的重要保证，“这是总结近代以来中国发展的历程得出的结论，也是分析许多国家发展的经验教训得出的结论”①。只有坚持党的领导，才能从社会整体利益的全局出发，正确处理各种矛盾，协调各种利益关系，从而保证社会的政治稳定和国家的长治久安；也只有坚持党的领导，才能正确处理各种国际关系，顶住各种压力，克服各种困难，从而为社会主义现代化建设创造良好的国际环境。

3. 坚持和改善马克思主义政党的领导

马克思主义政党的领导是实现无产阶级历史使命的根本保证。为了保证社会主义建设事业顺利推进，必须始终坚持和不断改善党的领导。

坚持党的领导是发展社会主义民主政治的根本保证。社会主义民主的实质是人民当家作主，指人民享有通过各种形式管理国家事务、经济和文化事业以及社会事务的权利。社会主义民主是迄今为止人类历史上最高类型的民主，它不但是形式上的民主，而且是实质上的民主。马克思主义政党代表着人民群众的根本利益，领导人民实现着管理国家

---

① 《江泽民文选》，第3卷，281页，北京，人民出版社，2006。

和社会事务的权利。坚持和发扬社会主义民主，必须坚持马克思主义政党的领导，这是基本原则，绝不能动摇。

> 全党必须牢记，全面从严治党永远在路上，党的自我革命永远在路上，决不能有松劲歇脚、疲劳厌战的情绪，必须持之以恒推进全面从严治党，深入推进新时代党的建设新的伟大工程，以党的自我革命引领社会革命。
>
> （习近平：《高举中国特色社会主义伟大旗帜 为全面建设社会主义现代化国家而团结奋斗——在中国共产党第二十次全国代表大会上的报告》，64 页）

坚持党的领导必须不断改善党的领导。社会主义现代化建设是一个过程，现代化建设的内部环境和外部环境始终处于变动的状态，机遇和挑战并存。因此，党要确保始终成为社会主义事业的坚强领导核心，就不能因循守旧、故步自封，必须根据改革开放和现代化建设的新形势、新任务和新要求，加强自身建设，不断改革和完善党的领导。

第一，把党的政治建设摆在首位。旗帜鲜明讲政治是马克思主义政党的鲜明特征。党的政治建设是党的根本性建设，决定党的建设方向和效果。党的政治建设要以保证全党服从中央，坚持党中央权威和集中统一领导为首要任务。全党要坚定执行党的政治路线，严格遵守政治纪律和政治规矩，在政治立场、政治方向、政治原则和政治道路上同党中央保持高度一致。

第二，加强党的思想建设。思想建设是党的基础性建设，坚定理想信念是思想建设的首要任务，要教育引导全党同志牢记党的宗旨，挺起共产党人的精神脊梁，解决好世界观、人生观、价值观这个“总开关”问题。同时，注重用马克思主义理论武装全党，不断提高广大党员特别是领导干部的马克思主义思想觉悟和理论水平，保持对远大理想和奋斗目标的清醒认知和执着追求。

第三，加强党的组织建设。民主集中制是正确处理党内关系的准则，是马克思主义政党的根本的组织制度和领导制度。加强党的组织建设，根本目的是坚持和加强党的全面领导，为推进社会主义事业提供坚强保证。党的干部是党和国家事业的中坚力量，党的先进性要靠千千万万高素质的党员来体现，加强党的组织建设要注重建设高素质专业化干部队伍，严格党员管理教育。同时，还要特别重视党的基层组织的建设和管理，使每个基层党组织都能充分发挥战斗堡垒作用。

第四，加强党的作风建设。党的作风就是党的形象，关系人心向背，关系党的生死存亡。加强党的作风建设，必须紧紧围绕保持党同人民群众的血肉联系，增强群众观念和群众感情，不断厚植党执政的群众基础。必须坚持党的群众路线，把纠治形式主义、官僚主义作为重点任务。作风建设是攻坚战和持久战，要坚持抓常、抓细、抓长，锲而不舍、持之以恒。

第五，加强党的纪律建设。铁的纪律是马克思主义政党与生俱来的内在品质，加强党的纪律建设是无产阶级政党增强凝聚力和战斗力、完成历史使命的重要保证。加强党的纪律建设，要强化政治纪律和组织纪律，带动廉洁纪律、群众纪律、工作纪律、生活纪律严起来。同时，还要加强纪律教育、强化纪律执行，让党员、干部知敬畏、存戒惧、守底线，养成在受监督和约束的环境中工作生活的习惯。

第六，加强党的制度建设。法规制度带有根本性、全局性、稳定性、长期性。坚持和改善党的领导，要把制度建设贯穿于党的建设全过程，坚持思想建党与制度治党相结合，注重运用党的法规制度管党治党。要以党章为根本，以民主集中制为核心，完善党内法规制度体系。同时，要坚决维护制度的严肃性和权威性，形成尊崇制度、遵守制度和捍卫制度的良好氛围。此外，加强党的建设，还要深入推进反腐败斗争，不断提高党的建设质量，把党建设成为经得起各种风险考验、朝气蓬勃的马克思主义执政党。

总之，必须坚持党要管党、全面从严治党，以加强党的执政能力建设、先进性和纯洁性建设为主线，以党的政治建设为统领，以坚定理想信念宗旨为根基，以调动全党积极性、主动性、创造性为着力点，全面推进党的各项建设，不断加强和改善党的领导。

三、 社会主义的自我完善和发展

同任何社会制度一样，社会主义也有一个由低级向高级、由幼稚到成熟的不断发展和完善的成长过程。“所谓‘社会主义社会’不是一种一成不变的东西，而应当和任何其他社会制度一样，把它看成是经常变化和改革的社会。”① 社会主义是在改革中不断完善和发展的。

1. 改革是社会主义社会发展的直接动力

改革是指在一定的社会制度建立后，随着社会生产力的不断发展，在不改变原有社会基本制度的前提下，对不适应生产力发展的生产关系和上层建筑领域的具体体制进行的调整、改良、变革和完善。改革是一种与社会主义相伴随的、推动社会主义前进的历史运动，是社会主义社会发展的直接动力。

首先，改革是解决社会主义基本矛盾的根本途径和方法。同其他社会一样，社会主义社会的基本矛盾也是生产力和生产关系、经济基础和上层建筑的矛盾。社会主义的生产关系和生产力、经济基础和上层建筑之间总体上是相适应的，只是在某些环节和具体实现形式以及运行方式方面，还有不相适应的一面。由于社会主义基本矛盾与以往社会的基本矛盾的性质不同，不再具有剧烈对抗的性质，因此，它不需要通过激烈的矛盾对抗和冲突的形式来解决，只要通过改革，变旧体制为新体制，即直接推动作为社会主义生产关系实现形式的经济体制以及其他各方面体制的变革，就能解决生产力和生产关系、经济基础和上层建筑的矛盾，从而推动整个社会的发展与进步。

其次，改革是解放和发展生产力的必由之路。解放生产力，发展生产力，消灭剥削，消除两极分化，最终达到共同富裕，既是社会主义的本质，又是社会主义优越性的具体表现。从本质上看，社会主义基本制度有利于促进社会生产力的迅速发展和人民生活水平的大幅度提高。但基本制度的实现有赖于体制机制的完善。社会主义各国原来的经济政治体制大都是脱胎于革命战争年代，在社会主义改造时期基本确立，在大规模的群众运动和不断强化指令性计划的过程中发展起来的。这种体制的运行一定程度上阻碍了生产力的发展，致使社会主义制度的优越性得不到充分发挥。只有通过改革体制中与生产

① 《马克思恩格斯选集》，3版，第4卷，601页。

力发展不相适应的方面和环节，才能不断地为社会主义社会生产力的发展创造良好的环境，开辟更加广阔的前景。

最后，改革是完善和发展社会主义制度的基本手段。社会主义社会既有自己的基本制度，也有一套与基本制度相适应的体制和具体制度。各种体制和具体制度体现基本制度的本质要求，并对基本制度的巩固和发展起着巨大作用。社会主义制度和历史上其他一切新的社会制度一样，不可能一开始就十分完善。社会主义改革的意义就在于，它能够在不改变社会主义基本制度的前提下，使社会主义的体制和具体制度不断得到更新和完善，从而促进生产力的发展和社会主义基本制度的巩固。

2. 改革是社会主义制度的自我完善和发展

正确理解社会主义基本制度和体制的辩证关系是准确把握社会主义改革性质的关键所在。社会主义基本制度是指生产关系和上层建筑中体现社会主义本质特征的制度，具有普遍性、原则性和稳定性。社会主义各种具体体制是基本制度在一定时期、一定国家的具体表现形态，是社会主义生产关系和上层建筑在不同发展阶段上的具体形式或结构，也就是人们通常所说的经济、政治、文化体制，具有特殊性、灵活性和可变性。社会主义基本制度决定体制，各种体制必须反映和符合基本制度逐步提出的要求，否则就要进行改革。同时，社会主义基本制度又要借助各方面体制机制表现出来，并通过体制机制的改革不断得以完善。

> 社会主义制度的自我完善和发展，说到底，是一个体制创新的问题。……不改革，不进行体制创新，很多问题的解决就没有出路。
>
> （《江泽民文选》，第3卷，120页）

改革是社会主义制度的自我完善和发展，而不是从根本上否定社会主义制度。社会主义基本矛盾的非对抗性，决定了社会主义改革的性质和方向。它是在党的领导下，在坚持社会主义基本制度的前提下，对经济、政治、文化体制进行改革，目的是使各种体制更好地反映和体现基本制度，从而更充分地发挥社会主义制度的优越性。一方面，社会主义要不断发展、继续前进，就必须不断对各种体制进行改革；另一方面，改革是坚持社会主义方向的改革，任何情况下都不能有悖于社会主义制度。这两个方面互为表里、密切相关，缺一不可。只有这样，才能确保改革沿着正确道路健康发展。

> 全面深化改革的总目标是完善和发展中国特色社会主义制度，推进国家治理体系和治理能力现代化。
>
> （中共中央文献研究室：《十八大以来重要文献选编》（上），512页，北京，中央文献出版社，2014）

社会主义改革，就其革除旧体制、建立新体制的任务而言，就其进一步解放和发展生产力的作用而言，就其系统性、复杂性和长期性而言，就其引起社会变革的广度和深度而言，又是一场深刻的社会革命。但是，这种革命不是一个阶级推

> 在改革中坚持社会主义方向，这是一个很重要的问题。
>
> （《邓小平文选》，第3卷，138页）

翻另一个阶级的政治大革命，不是要改变社会主义社会的根本制度，不是否定社会主义制度的生命力和优越性，而是在坚持社会主义基本制度的前提下，从根本上改变束缚生产力发展和社会进步的各种具体制度。所以说，社会主义改革的性质是社会主义制度的自我完善和发展。

20 世纪 80 年代的社会主义实践表明，当代社会主义国家存在两种不同目标、不同性质的改革：一种是坚持社会主义基本制度的改革，把改革作为社会主义自我完善和发展的途径；另一种是打着改革旗号，否定社会主义基本制度，改革变成了“改向”。不同目标和性质的改革，导致了两种不同的结果：坚持社会主义方向的改革，促进了社会主义制度的自我完善和发展，使社会主义制度焕发出新的生机和活力，推动了社会主义理论和实践的进一步发展；否定社会主义基本制度的改革，最终将使社会制度倒退到资本主义制度，把人民推入社会动荡之中。在对待改革的问题上，既要反对借口坚持社会主义基本制度而拒绝对社会主义具体制度做任何变动、调整的保守僵化思想，也要反对借改革之名，行根本取消或背离社会主义基本制度、改变社会主义方向之实。改革不是改向，变革不是变色。不实行改革与搞否定社会主义方向的改革都是死路一条。

习近平总书记在庆祝改革开放四十周年大会上，强调了改革开放是党的一次伟大觉醒，是中国人民和中华民族发展史上一次伟大革命。经过 40 多年的改革开放，我国的改革开放事业和社会主义现代化建设取得了举世瞩目的伟大成就，实现了从生产力相对落后的状况到经济总量跃居世界第二的历史性突破，实现了人民生活从温饱不足到全面小康的历史性跨越，推进了中华民族从站起来到富起来的伟大飞跃。党的十八大以来，中国特色社会主义进入新时代，以习近平同志为核心的党中央发出了将改革开放进行到底的伟大号召，不断推动全面深化改革向广度和深度进军，中国特色社会主义制度更加成熟更加定型，国家治理体系和治理能力现代化水平不断提高，党和国家事业焕发出新的生机活力，实现中华民族伟大复兴进入了不可逆转的历史进程。

中国改革的伟大历程和辉煌成就充分说明，要取得社会主义改革的成功，必须要有正确的理论指导，要坚持改革的正确方向，要选择正确的改革方式和步骤，要妥善处理好改革中的各种重大关系，坚持把马克思主义基本原理同本国具体实际相结合，探索适合本国实际、具有本国特色的社会主义发展道路。

《本章小结》

社会主义发展呈现出阶段性、长期性和艰巨性、多样性、曲折性等重要特征。

社会主义建设的经济基础比较薄弱、封建主义的影响广泛而深远、国际生存环境复杂险恶、社会主义建设没有现成的经验可以借鉴，决定了社会主义发展具有长期性和艰巨性。社会主义发展道路的多样性是矛盾普遍性和特殊性的辩证关系原理的体现，各个社会主义国家的国情不同决定了其社会主义发展道路具有不同的特点，各国人民各具特色的实践活动是社会主义发展道路具有多样性的重要影响因素。社会主义所面临的历史任务艰巨繁重，且外有压力内有困难，主观指导上的失误，以及一些国家的执政党内机会主义思潮滋长泛滥，是社会主义发展出现曲折性的主要原因。

马克思主义政党是新型的革命政党，它以马克思主义为指导，由无产阶级的先进分子组成，按照民主集中制原则进行组织，是无产阶级和广大人民群众利益的忠实代表。马克思主义政党的先进性决定了它是社会主义事业的领导核心，马克思主义政党的领导是无产阶级取得革命胜利和社会主义现代化建设顺利推进的根本保证。坚持马克思主义政党的领导必须不断改善党的领导，而加强和改善党的领导，必须加强马克思主义政党的先进性建设。

社会主义社会是在改革中不断完善和发展的。改革是社会主义社会发展的直接动力，它是解决社会主义社会基本矛盾的根本途径和方法，是解放和发展生产力的必由之路，是完善和发展社会主义制度的基本手段。改革是社会主义制度的自我完善和发展，而不是对社会主义制度的根本否定，这是社会主义改革的性质和方向。要取得社会主义改革的成功，必须要有正确的理论指导，要坚持改革的正确方向，要选择正确的改革方式和步骤，要妥善处理改革、发展与稳定的关系，坚持把马克思主义基本原理同本国具体实际相结合，探索适合本国实际、具有本国特色的社会主义发展道路。

阅读书目

1. 马克思，恩格斯．共产党宣言．见：马克思恩格斯选集．3版．第1卷．北京：人民出版社，2012

2. 马克思．哥达纲领批判．见：马克思恩格斯选集．3版．第3卷．北京：人民出版社，2012

3. 恩格斯．社会主义从空想到科学的发展．见：马克思恩格斯选集．3版．第3卷．北京：人民出版社，2012

4. 列宁．论粮食税（新政策的意义及其条件）．见：列宁选集．3版修订版．第4卷．北京：人民出版社，2012

5. 毛泽东．论十大关系．见：毛泽东文集．第7卷．北京：人民出版社，1999

6. 毛泽东．关于正确处理人民内部矛盾的问题．见：毛泽东文集．第7卷．北京：人民出版社，1999

7. 邓小平．建设有中国特色的社会主义．见：邓小平文选．第3卷．北京：人民出版社，1993

8. 江泽民．论“三个代表”．北京：中央文献出版社，2001

9. 胡锦涛．坚定不移沿着中国特色社会主义道路前进，为全面建成小康社会而奋斗．见：十八大以来重要文献选编（上）．北京：中央文献出版社，2014

10. 习近平．关于坚持和发展中国特色社会主义的几个问题．见：十八大以来重要文献选编（上）．北京：中央文献出版社，2014

11. 习近平．决胜全面建成小康社会 夺取新时代中国特色社会主义伟大胜利——在中国共产党第十九次全国代表大会上的报告．北京：人民出版社，2017

12. 习近平．在庆祝改革开放40周年大会上的讲话．北京：人民出版社，2018

13. 习近平．高举中国特色社会主义伟大旗帜 为全面建设社会主义现代化国家而团结奋斗——在中国共产党第二十次全国代表大会上的报告．北京：人民出版社，2022

思考题

1. 为什么说经济文化相对落后国家建设社会主义具有长期性和艰巨性？

2. 胡锦涛总书记在纪念党的十一届三中全会召开三十周年大会上指出："三十年的历史经验归结到一点，就是把马克思主义基本原理同中国具体实际相结合，走自己的路，建设中国特色社会主义。"谈谈你对社会主义发展道路多样性的认识。

3. 如何理解马克思主义政党是新型的革命政党？

4. 为什么说马克思主义政党是社会主义事业的领导核心？怎样坚持和改善马克思主义政党的领导？

5. 为什么说改革是社会主义社会发展的直接动力？

6. 试述社会主义制度与体制的关系。

7. 有人认为，20 世纪 80 年代末期和 90 年代初期的苏联解体、东欧剧变表明社会主义失败了。请对这一观点进行评析。

8. 分析材料并回答问题：

材料 1　从 1928 年到 1940 年十多年间，苏联工业增长了 9 倍，年均增长 16.8%，而且建立了完整独立的大工业体系，到 1937 年已实现了机器设备的自给，在较短的时间里实现了从一个落后的小农国家到强大的工业国家的飞跃。后来，随着形势的发展，苏联模式越来越不能适应社会发展的需要，其原有的优势逐渐减弱，弊病日益凸显。

由于种种因素的影响和制约，苏联对原有体制的改革总是改改停停，反反复复，改革始终没有从根本上触动原有体制的弊端，始终没有取得实质性的进展。最后，苏联共产党在困难面前，丧失了对社会主义的信心，主动迎合资产阶级的需要，提出并贯彻了一条修正主义的路线——人道的民主的社会主义，完全背离了科学社会主义，在短短的五六年时间内，就葬送了社会主义。

资料来源：顾海良、张雷声：《"马克思主义基本原理概论"课疑难解析》，修订版，280、281 页，北京，高等教育出版社，2008。

材料 2　1952 年我国国内生产总值仅为 679 亿元，人均国内生产总值为 119 元。经过长期努力，1978 年我国国内生产总值增加到 3 679 亿元，占世界经济的比重为 1.8%，居全球第 11 位。改革开放以来，我国经济快速发展，1986 年经济总量突破 1 万亿元，2000 年突破 10 万亿元大关，超过意大利成为世界第六大经济体，2010 年达到 412 119 亿元，超过日本并连年稳居世界第二。党的十八大以来，我国综合国力持续提升，2018 年经济总量达到 900 309 亿元，占世界经济的比重接近 16%。按不变价计算，2018 年国内生产总值比 1952 年增长 174 倍，年均增长 8.1%；其中，1979—2018 年年均增长 9.4%，远高于同期世界经济 2.9%左右的年均增速，对世界经济增长的年均贡献率为 18%左右，仅次于美国居世界第二。2018 年我国人均国民总收入达到 9 732 美元，高于中等收入国家平均水平。

2022 年我国经济总量突破 120 万亿元，达到 121 万亿元，这是继 2020 年、2021 年连续突破 100 万亿元、110 万亿元之后，又跃上新的台阶。按年均汇率计算，120 万亿元折合美元约 18 万亿美元，稳居世界第二位。从人均水平来看，2022 年我国人均 GDP 达到了 85 698 元，比上年实际增长 3%。按年平均汇率折算，达到 12 741 美元，连续两年保持在 1.2 万美元以上。

资料来源：国家统计局网站。

材料 3　中国共产党和中国人民以英勇顽强的奋斗向世界庄严宣告，改革开放是决定当代中国前途命运的关键一招，中国特色社会主义道路是指引中国发展繁荣的正确道路，中国大踏步赶上了时代。

党的十八大以来，以习近平同志为核心的党中央领导全党全军全国各族人民砥砺前行，全面建成小康社会目标如期实现，党和国家事业取得历史性成就、发生历史性变革，彰显了中国特色社会主义的强大生机活力，党心军心民心空前凝聚振奋，为实现中华民族伟大复兴提供了更为完善的制度保证、更为坚实的物质基础、更为主动的精神力量。

资料来源：《中共中央关于党的百年奋斗重大成就和历史经验的决议》，23 页、61 页，北京，人民出版社，2021。

请回答：

（1）如何理解改革是社会主义社会发展的直接动力？

（2）改革为什么必须坚持社会主义发展方向？

第十一章

经济全球化与当代世界

要点提示

● 国际分工、生产国际化与资本国际化的发展是经济全球化产生的客观基础。

● 经济全球化的主要内容包括生产全球化、贸易全球化和资本全球化。经济全球化的实质是发达资本主义国家占优势、为主导的经济。

● 发达资本主义国家是经济全球化的主要受益者。经济全球化给发展中国家的发展带来了机遇和挑战。

● 发达资本主义国家与发展中国家之间经济关系的实质是剥削与反剥削、控制与反控制的关系。

● 经济全球化对社会主义国家既有积极作用，也有消极影响。中国要不断提高对外开放的水平。

关键词

国际分工　生产国际化　资本国际化　经济全球化　发达资本主义国家　发展中国家　社会主义　对外开放

经济全球化是当代世界经济发展的趋势。经济全球化对发达资本主义国家和发展中国家的经济发展产生了不同的影响。经济全球化对社会主义的发展既有积极效应，也有负面影响。经济全球化背景下中国实行对外开放政策，并不断提高对外开放水平。

一、 经济全球化及其本质

经济全球化是在国际分工不断深化、生产国际化和资本国际化程度不断提高的情况下产生的，它包括生产全球化、贸易全球化和资本全球化三方面的内容。经济全球化是一把“双刃剑”，既促进了现代生产力的巨大发展，又会对世界经济产生消极影响。经济全球化的实质是发达资本主义国家占优势、为主导的经济。

1. 经济全球化的形成与发展

国际分工的不断深化，生产国际化和资本国际化的不断发展，是经济全球化形成与发展的基础。

国际分工是指随着生产力水平和生产社会化程度的不断提高，社会分工越出国界而形成的国与国之间的分工。国际分工萌芽于资本主义生产方式确立之前。资本主义生产方式确立后，第一次产业革命建立的机器大工业，使“一种与机器生产中心相适应的新的国际分工产生了，它使地球的一部分转变为主要从事农业的生产地区，以服务于另一部分主要从事工业的生产地区”①。由此形成了宗主国与殖民地之间的国际分工，即宗主国主要生产工业制成品，殖民地主要生产农产品和原材料。19 世纪后半期，第二次科技革命使交通运输工具和资本输出飞速发展，同时，帝国主义列强在经济上和领土上对世界进行瓜分。这些进一步促进了宗主国与殖民地之间的国际分工体系的发展，形成了工业制成品生产国和初级产品生产国之间的国际分工。

第二次世界大战以后，第三次科技革命使生产进一步突破了国家的界限，同时，资本主义殖民体系逐渐土崩瓦解，跨国公司迅速发展。这些使资本主义国际分工体系也有了新的发展：工业国和农业国之间的国际垂直分工逐渐演变为以劳动密集型产品、资金密集型产品和技术密集型产品生产为基础的国际水平分工；以自然资源为基础的国际分工，发展为以产品和工艺专业化为基础的国际分工；宗主国与殖民地之间的国际分工转变为发达国家与发展中国家之间的国际分工；企业内部分工发展为跨国公司内部的国际化分工。20 世纪 90 年代以来，国际分工又有了新的发展：生产内部的分工向科研与生产之间的分工发展，工业制成品与初级产品生产之间的分工向高新技术产品与传统工业产品生产之间的分工发展。

随着国际分工的发展，生产国际化也发展起来。人类生产的分工和协作是紧密联系的，国际分工的形成与发展，使一国国内的社会分工超出本国国界，形成国与国之间的分工，这就必然使一国国内的生产超出本国范围，形成国与国之间的生产要素、生产过程和生产产品的相互联系和相互依赖，从而形成了生产的国际化。国际分工不断深化的过程实际上也就是生产国际化不断发展的过程。

生产的国际化又促进了资本的国际化。生产的国际化使资本活动越出国界，使国内的商业资本、借贷资本和产业资本的运动向国际范围扩展，形成了商业资本国际化、借贷资本国际化和产业资本国际化。在自由竞争资本主义阶段，资本国际化主要表现为商业资本的国际化；在垄断资本主义阶段，除了商业资本国际化之外，借贷资本国际化所占比重越来越大；第二次世界大战以后，随着私人垄断资本和国家垄断资本在国外直接投资的急剧增长，产业资本国际化的进程大大加快，成为资本国际化的主要形式。

生产国际化和资本国际化的不断发展，促使国际经济关系逐步向深度和广度扩展，导致了经济全球化的产生。经济全球化是指在生产不断发展、科技加速进步、社会分工和国际分工不断深化、生产的社会化和国际化程度不断提高的情况下，各国各地区之间的经济活动相互依存、相互开放。经济全球化的主要内容包括生产全球化、贸易全球化和资本全球化。

生产全球化是指随着科学技术的发展和高精尖产品及工艺技术的出现，生产领域的国际分工和协作得到增强，各国各地区在生产上密切合作，形成了全球性的生产体系。在经济全球化阶段，生产由以垂直型国际分工为基础发展为以水平型国际分工为基础，

---

① 《马克思恩格斯文集》，第 5 卷，519～520 页。

由以自然资源为基础的分工发展为以现代工艺和技术为基础的分工，跨国公司在世界范围内配置生产要素。这使得各国各地区的生产不再是孤立地进行，而成为全球生产体系的有机组成部分，全球生产形成了一个世界性的网络。

垂直型国际分工是指经济发展水平不同的国家之间的分工，一般是指先进国家与落后国家之间的分工。这种分工主要表现为初级产品和工业制成品、劳动密集型产品和资本密集型产品之间的分工。

水平型国际分工是指经济发展水平相同或接近的国家之间的分工，一般是指发达国家之间的分工。这种分工在产业间没有较强的关联度，体现了平等合作的关系。

贸易全球化是指随着科学技术的发展和各国对外开放程度的提高，流通领域中国际交换的范围、规模不断扩大，程度不断提高。在新科技革命中，发达国家不断更新技术，开拓新兴产业，实现产业结构的优化和升级，并把技术较为陈旧、科技含量较低的产业在各国各地区之间进行梯度转移，引发了世界范围内产业结构的调整，使各国各地区之间交流产品的必要性大大增加。新科技革命推动下的高效率、大批量生产，也要求在全球范围内开拓市场、扩大国际贸易规模。关税及贸易总协定的签订，以及在此基础上建立的世界贸易组织，使全球贸易的范围和规模日益扩大。另外，新的更便捷、更灵活的贸易方式，也使各国各地区之间的贸易联系日益加强。表 11－1 为世界贸易进出口总额情况。

表 11－1　世界贸易进出口总额　（单位：亿美元）

类型	2005 年		2010 年		2015 年		2019 年		2022 年	
	出口	进口	出口	进口	出口	进口	出口	进口	出口	进口
货物贸易	105 103	107 853	153 040	154 381	165 581	167 335	190 147	192 842	249 257	256 701
服务贸易	26 286	25 509	39 032	37 652	49 279	47 942	61 502	58 513	71 270	66 015

资料来源：世界贸易组织数据库。

资本全球化是指随着科学技术的发展和各国各地区对外开放程度的提高，资本在国际上的流动速度加快。国际直接投资是资本全球化的基础，发达国家与发展中国家都成为国际直接投资的主体。国际直接投资的方式多种多样，既包括设立新企业、收购兼并，也包括股权投资、非股权投资；国际直接投资的总量也迅速增长，成为世界经济增长的主要推动力；发达资本主义国家国际直接投资的产业分布由初级产品部门转向制造业，特别是转向资本和技术密集型的制造业，对第三产业特别是其中的信息服务和金融服务的投资，不仅增长速度最快，所占比重也最高；国际直接投资集中分布在发达资本主义国家，目前对发展中国家的投资有明显增长。国际金融市场的形成是资本全球化的重要内容。表 11－2 是世界主要国家外商直接投资和对外直接投资情况。

表 11－2　世界主要国家外商直接投资和对外直接投资　（单位：亿美元）

国家或地区	外商直接投资			对外直接投资		
	2010 年	2019 年	2022 年	2010 年	2019 年	2022 年
世界	13 962.0	15 398.8	12 947.4	13 960.3	13 137.7	14 897.6

续表

国家或地区	外商直接投资			对外直接投资		
	2010 年	2019 年	2022 年	2010 年	2019 年	2022 年
中国	1 147.3	1 412.3	1 891.3	688.1	1 369.1	1 465.0
日本	−12.5	145.5	325.1	562.6	2 326.3	1 614.7
加拿大	284.0	505.4	526.3	347.2	775.0	792.8
美国	1 980.5	2 299.3	2 850.5	2 777.8	203.4	3 728.0
法国	138.9	131.0	364.1	481.5	438.1	480.3
德国	656.4	526.8	110.5	1 254.5	1 510.8	1 429.8
意大利	91.8	181.5	199.5	326.9	197.9	−18.7
英国	582.0	539.2	141.0	480.9	117.2	1 296.0

资料来源：联合国贸发会议 FDI 数据库。

随着科学技术、生产力和国际分工的深入发展，各国各地区之间的经济关系日益密切，经济全球化呈现新的发展趋势，主要表现为：

第一，跨国公司不断推动经济全球化向纵深发展。跨国公司作为适合经济全球化发展的企业组织形式，在经济全球化过程中得到了快速发展。跨国公司的快速发展反过来又推动了经济全球化的进一步发展，并在经济全球化过程中发挥主导作用。跨国公司通过母公司与子公司、分公司之间的内部联系，在世界范围内配置资源和组织生产，形成了包括各国各地区在内的空前巨大的生产网络，从而使全球化的经济成为网络型经济，促进了经济全球化的深入发展。跨国公司之间还通过在投资、科研、生产和市场开拓等方面进行合作，组建了更大规模的经济实体——跨国联盟，使世界各地的经济联系更加紧密，推动了经济全球化向纵深发展。这些反映了跨国公司在推动经济全球化中的作用日益增强。

> 2023 年 8 月，美国《财富》杂志发布了 2023 年世界 500 强榜单。中国有 142 家上榜公司、美国有 136 家上榜公司、日本有 41 家上榜公司，占据上榜企业数量的 64%，以及营收总额的 68%。

第二，区域经济集团化成为经济全球化的重要表现形式。经济全球化使世界市场竞争更加激烈，一些在地域上邻近、经济发展水平比较接近或经济发展互补性较强的国家和地区，为了维护共同的经济利益，在世界市场竞争中占据有利地位，通过签署某种条约或协议，形成了区域性的国际经济或贸易集团。根据缔约国经济联合程度的不同，区域经济集团可分为五种组织形式：其一，自由贸易区，即要求废除区域内部各成员国之间的贸易障碍，但各成员国对区域外的国家和地区仍然保持自主的贸易政策。其二，关税同盟，即除了要求废除成员国之间的关税和限额外，还要求有统一对外的关税制度和外贸政策。其三，共同市场，即除了实行区域商品自由流通和统一对外关税外，还实行了生产要素自由流动，协调各成员国的货币，联合干预汇率浮动幅度，进而建立起统一的货币制度。其四，经济同盟，即在区域内实行毫无限制的生产要素自由流动，制定统一的产业政策，协调各成员国的经济、金融、科技和社会政策，废除政策上的歧视。其五，完全一体化，即各成员国统一市场、统一货币、统一经济发展规划、统一制定财政和社会政策，设立一个中央机构负责对所有事务进行调控，制约各成员国。二战后，随着经济全球化进程的深入，区域经济集团蓬勃发展，世界各地相继出现了 100 多个不同类型的区域经济集团，区域经济集团化已成为经济全球化的重要表现形式。目前影响较大的区域经济集团主要有欧洲联盟、亚太经济合作组织、北美自由贸易区、中国-东盟自由贸易区等。

第三，国际经济协调推动经济全球化的作用不断增强。经济全球化加强了各国各地区之间的经济联系，同时也使竞争愈演愈烈，这些客观上要求加强国际经济领域的协调，建立相对统一的国际经济秩序，以推动经济全球化的不断深入发展。目前，国际经济协调主要是通过各种国际经济组织、区域经济集团和政府首脑会晤等形式开展的。在众多的国际经济组织中，国际货币基金组织、世界银行、世界贸易组织被认为是协调国际经济关系的三大支柱。区域经济集团主要通过条约或协议协调集团内部的经济关系。政府首脑会晤主要有“西方七国首脑会议”“二十国集团领导人峰会”等。国际经济协调在一定程度上缓和了经济全球化过程中出现的一些矛盾，推动了经济全球化的发展。

欧洲联盟是成立最早、影响最大、一体化程度最高、运作最规范的区域经济集团。欧洲联盟的前身是欧洲经济共同体。欧洲经济共同体成立以后，经过四次扩大，到 1995 年 1 月 1 日止，发展成为一个拥有 3.7 亿人口的经济集团。欧洲经济共同体各成员国之间合作的内容也因欧洲联盟的成立、发展而不断扩大，由最初只是单纯的关税和非关税领域的合作及建立统一大市场的经济政策协调，扩展为经济与货币、外交与安全、司法与社会事务等领域的合作。1999 年 1 月 1 日，随着欧元的正式启动，欧洲联盟已成为一个真正的经济联盟。

第四，经济全球化遭遇逆流。经济全球化推动了世界经济的增长，各国各地区也都分享了经济全球化的积极成果，但 2008 年国际金融危机以来，逆全球化浪潮暗流涌动。一些发达国家在应对本国经济矛盾和危机时，为保护本国在国际贸易领域的优势地位和本国的市场及产业，片面强调自身利益，甚至以邻为壑，催生了各种形式的保护主义，特别是美国在“美国优先”的口号下大搞单边主义、保护主义和经济霸权主义。这些做法冲击了全球供应链和国际分工体系，破坏了国际经济秩序，给世界经济稳定运行带来不确定风险。同时，近年来欧美各国兴起的民粹主义，也对经济全球化产生怀疑，主张重新强化国家边界，反对国际组织和机制干预经济，对经济全球化提出了新的挑战。必须认识到，困扰当今世界的许多问题不是经济全球化造成的，比如 2008 年爆发的国际金融危机，是金融资本过度逐利、金融监管严重缺失的结果，而不是经济全球化的必然结果。经济全球化仍然是世界经济发展的趋势，即使全球遭遇的新冠疫情这样的重大事件，对经济全球化的影响也是短期的，从长期来看经济全球化的大方向不会改变。

三大国际经济组织

国际货币基金组织（IMF），政府间的国际金融组织，是联合国的专门机构，1947 年 3 月开始运作，截至 2023 年共有 190 个成员组织。其宗旨是稳定国际汇率，增进国际货币合作，协助成员组织克服国际支付困难，促进国际贸易的扩大与平衡发展。其通过成员组织筹集资金，通过短期贷款帮助成员组织解决外汇资金需要。

世界银行（WB)，联合国的专门机构，1945 年成立，截至 2023 年共有 189 个成员组织。其宗旨是向成员组织提供长期贷款，促进其经济发展。

世界贸易组织（WTO)，前身是 1947 年签署的关税及贸易总协定，1995 年 1 月 1 日改组为世界贸易组织，截至 2023 年共有 164 个成员组织。其宗旨是建立没有贸易壁垒的世界单一市场，实现贸易自由化。经过 15 年的谈判，我国于 2001 年 12 月 11 日正式成为其成员组织。

2. 经济全球化的作用与实质

经济全球化的作用具有二重性：一方面促进了生产力的巨大发展，另一方面也给世界经济的发展带来了消极影响。

经济全球化的积极作用主要表现为：第一，经济全球化提高了资源的利用效率。经济全球化促使生产要素在世界范围内空前自由地快速流动，有利于资源的合理配置，同时也促进了科学技术在世界范围内的传播和应用，这些都大大推动了社会生产力的发展。第二，经济全球化加快了世界产业结构调整的步伐。经济全球化使国际产业链逐步形成，产业结构可以在世界范围内实现梯度转移，这为不同发展水平的国家和地区加快产业结构的调整提供了契机。第三，经济全球化推动了各国各地区经济的发展。经济全球化扩大了贸易自由化的范围，推动了金融国际化的进程，把世界各地都纳入了世界市场体系，为更多国家和地区提供了经济发展的机会。同时，激烈的国际竞争也促使各国各地区加快贸易和金融体制改革，这些都促进了各国各地区经济的发展。第四，经济全球化在一定程度上缓和了国际矛盾。经济全球化使各国各地区经济联系日益密切，客观上要求国际经济协调放弃对抗，通过对话、协商寻求合作与发展，从而在一定程度上缓和了国际矛盾，促进了世界经济的发展。表 11－3 为若干年份世界及不同类型国家国内生产总值增长率。

表 11－3　若干年份世界及不同类型国家国内生产总值增长率　（%）

国家或地区	2000 年	2005 年	2010 年	2015 年	2019 年	2020 年	2021 年	2022 年
世界	4.5	4.1	4.5	3.2	2.6	−3.4	8.0	3.0
高收入国家	4.1	3.0	3.0	2.5	1.7	−4.6	5.3	2.8
中等收入国家	5.8	7.3	7.8	4.5	4.0	−1.4	7.2	3.5
中低收入国家	5.8	7.3	7.8	4.4	4.0	−1.4	7.11	3.5
低收入国家	3.1	7.0	7.1	−0.3	4.5	1.2	1.78	3.5

资料来源：世界银行 WDI 数据库。

经济全球化的消极作用主要表现为：第一，经济全球化增加了各国各地区经济发展的连带波动风险。经济全球化加强了各国各地区之间的经济联系，但高度发达的世界市场，既会使一国和地区的经济波动很快传递到其他国家和地区，也会使其他国家和地区的经济波动影响到本国和地区经济发展，从而增加了各国各地区经济发展的不确定性。第二，经济全球化使市场经济体制的缺陷扩散到世界范围。经济全球化是以市场为基础把各国各地区经济联系在一起的，经济全球化的发展，必然使市场经济体制向全球扩散，也必然把市场经济的盲目性、自发性、滞后性等消极影响扩展到世界范围，同时资本追逐利润的本性，也会随着市场经济体制的扩散，扩展到人类的一切活动中。第三，经济全球化扩大了世界各国各地区的贫富差距。经济全球化是在旧的国际经济秩序下发展起来的，经济全球化的发展推动了新的经济霸权的形成，使经济落后国家不得不接受发达国家的剥削和控制，不但损害了其国家主权和经济的正常发展，而且在发达国家财富不断增加的同时，一些国家却走向贫穷化，加剧了世界经济政治发展的不平衡。

经济全球化的实质是发达资本主义国家占优势、为主导的经济。这一实质的形成与世界资本主义体系的产生和发展紧密关联。

在资本主义国家发展早期，殖民者通过殖民掠夺和奴隶贸易，获得了大量的货币财富，宗主国逐步成为发达国家，殖民地逐步成为不发达国家。同时，形成了宗主国与殖民地国家之间的分工，即宗主国从事工业生产，殖民地国家成为它们的原料和粮食的供应地，以这种国际分工为基础形成的资本主义世界市场体系，奠定了发达资本主义国家在世界资本主义体系中占优势和居于主导地位的基础。世界资本主义体系的产生意味着经济全球化进程的开始。

第一次科技革命后，随着宗主国生产力的快速提高，以及资本主义在世界范围的扩张，宗主国占优势、为主导的世界资本主义体系得到了进一步的巩固和发展。第二次科技革命后，发达国家的生产迅猛发展，加之在经济上和领土上对世界进行瓜分，使以发达国家为主导的世界资本主义体系在更高层次上和更大范围内得以展开。“这个时代的典型的国家形式不仅有两大类国家，即殖民地占有国和殖民地，而且有各种形式的附属国，它们在政治上、形式上是独立的，实际上却被金融和外交方面的依附关系的罗网缠绕着。”①

第三次科技革命后，世界经济朝着全球化的方向发展，帝国主义殖民体系也土崩瓦解，殖民地国家纷纷独立，发展中国家成为世界上一支独立的经济政治力量。但是，世界经济的全球化仍然是国际经济旧秩序下的全球化，它的产生和发展并未使发展中国家摆脱历史形成的国际分工的影响，也并未改变发展中国家作为发达资本主义国家商品市场、原料基地和投资场所的地位。这时，原有的世界资本主义体系格局进一步发展为发达资本主义国家与发展中国家的对立，即“中心”与“外围”的对立，这实际上意味着发展中国家仍然处于受发达资本主义国家剥削和控制的地位。随着经济全球化的发展，世界范围的“富国”与“穷国”的分化将更加剧烈。当今世界资本主义体系“发达”与“不发达”的对立、“发达”对“不发达”的剥削和控制，反映了经济全球化是发达资本主义国家占优势、为主导的经济这一实质。

二、 经济全球化与资本主义

经济全球化的发展对发达资本主义国家和发展中国家经济发展的影响是不同的。经济全球化的实质决定了它的发展必然有利于发达资本主义国家。发展中国家要在经济全

① 《列宁选集》，3 版修订版，第 2 卷，648 页。

球化中获得与发达国家同样的利益，必须努力建立国际经济新秩序。

1. 经济全球化对发达资本主义国家的影响

在经济全球化进程中，发达资本主义国家能够极大地享有经济全球化带来的经济利益，是经济全球化的主要受益者。

第一，经济全球化使发达资本主义国家的优势能够更好地发挥。发达资本主义国家与发展中国家相比，不仅在资金、技术和管理等生产要素方面具有较大的优势，而且在经济体制、法律制度、企业制度等体制机制方面也具有较大的优势。生产、贸易和资本的全球化，能够使发达资本主义国家的这些优势迅速转化为竞争优势和利益分配优势，从世界各地获得大量的利润，从而成为经济全球化“红利”的最大享有者。

第二，经济全球化的多数规则由发达资本主义国家主导制定。发达资本主义国家在资本主义世界体系中占据主导位置，因此，全球化进程、利益分配格局等诸多方面，均按照发达资本主义国家的需要来安排和制定，发达资本主义国家控制经济全球化规则的制定权和修改权，排斥和压制其他国家参与决策。这就必然使发达资本主义国家受益，在世界经济范围内形成有利于发达资本主义国家的经济格局和经济秩序。例如国际货币基金组织、世界银行和世界贸易组织等国际经济协调组织，在很大程度上是由少数几个发达资本主义国家操纵和控制的，实行有利于发达资本主义国家的制度和规则，使发达资本主义国家在不平等的国际经济关系中获取巨大经济利益。

第三，经济全球化有利于发达资本主义国家转移国内经济矛盾。资本主义经济向世界范围的扩张并没有消除资本主义社会的基本矛盾，资本积累规律仍在发挥作用，在经济全球化背景下资本主义经济危机或金融危机还会不断发生。经济全球化带来的生产、贸易和资本的国际化，使得发达资本主义国家能够更加便利地向其他国家转移危机，缓解国内经济矛盾。表 11－4 为若干年份世界及不同类型国家国内生产总值情况。

表 11－4　若干年份世界及不同类型国家国内生产总值（现价美元）

（单位：亿美元）

国家或地区	2000 年	2010 年	2019 年	2020 年	2021 年	2022 年
世界	338 456	666 198	877 281	852 152	968 824	1 005 620
高收入国家	277 641	457 598	553 155	539 380	600 167	615 358
中等收入国家	57 768	198 895	316 675	305 473	360 662	381 643
中低收入国家	59 578	204 654	321 104	309 835	365 373	386 877
低收入国家	1 865	5 916	4 423	4 360	4 679	5 216

资料来源：世界银行 WDI 数据库。

经济全球化一方面加强了发达资本主义国家之间的经济联系，另一方面也加剧了发达资本主义国家之间的经济矛盾。这些经济矛盾主要表现在贸易、投资和金融三个领域，其中贸易领域的矛盾最为突出。

第一，加剧了贸易领域的矛盾。由于资本主义经济政治发展的不平衡，各发达资本主义国家的贸易发展也不平衡：有的国家市场开放程度高，有的国家市场开放程度低；有的国家是贸易顺差，有的国家是贸易逆差。各发达资本主义国家为了维护和扩大本国垄断资本的利益，实行不同的贸易政策，彼此通过调整关税税率、实行进口配额和许可证管理制度等方式，在进出口贸易方面展开激烈的竞争，从而进一步加剧了各发达资本主义国家在贸易领域的矛盾。

第二，加剧了投资领域的矛盾。一方面，二战后发达资本主义国家之间的相互投资不断增加，各国不断要求其他国家改善投资环境，加剧了投资领域的矛盾；另一方面，为在发展中国家争夺有利投资场所，各发达资本主义国家也展开了激烈竞争。

第三，加剧了金融领域的矛盾。主要发达资本主义国家为巩固和加强本国货币在国际货币市场和金融事务中的地位，展开激烈争夺；同时，围绕不同货币之间的汇率变动，各国在货币贬值和升值问题上的斗争也此起彼伏，这些都导致国际贸易和投资等领域的冲突不断发生。

虽然发达资本主义国家之间也试图通过各种方式协调和化解这些矛盾，但由于各国资本和实力存在差异，以及保护自身利益的不同立场，使发达资本主义国家之间的经济矛盾不可避免，并随着经济全球化的发展而不断加剧。

2. 经济全球化对发展中国家的影响

经济全球化对发展中国家的影响是双重的，既有机遇也有挑战。经济全球化给发展中国家经济发展提供的机遇主要表现为以下三个方面：

第一，经济全球化促进了发展中国家的产业结构升级。经济全球化使生产要素在世界范围内加速流动，加快了世界产业结构调整和升级的步伐。在世界产业结构调整中，发达资本主义国家主要依靠技术密集型产业获取高额利润，同时把劳动和资源密集型产业以及高新技术产业中的劳动密集型生产环节向发展中国家转移，这为发展中国家产业结构的调整和升级带来了机遇。发展中国家可以根据自身需要从发达资本主义国家引进资金、先进的技术和管理方式，加快本国产业结构的升级，充分发挥比较优势，加速经济发展。

第二，经济全球化拓展了发展中国家的发展空间。经济全球化使发展中国家的国内市场与国际市场实现融合，成为世界市场的有机组成部分。发展中国家的生产和销售不仅面向国内，而且面向国际，这就给发展中国家提供了一个广阔的市场发展空间。经济全球化还使世界各国的外贸依存度大大提高，加强了国际间的经济协调，这也在一定程度上为发展中国家提供了良好的国际市场环境。发展空间的拓展有利于发展中国家扩大企业规模，实现规模经济，降低生产成本，开拓国际市场，促进本国经济发展。

第三，经济全球化加快了发展中国家的科技进步。在经济全球化过程中科技进步占有特殊重要的地位，虽然发达资本主义国家拥有科技比较优势，但经济全球化可以使发展中国家更加便利地向发达资本主义国家学习，引进先进的科技和管理方式，快速提升本国科技发展水平，从而缩短与发达资本主义国家之间的科技差距。同时，经济全球化带来的科技竞争压力，也促使发展中国家加大科技投入，建立科技激励机制，发展高新技术企业，努力在世界科技的某些领域居于领先地位。

经济全球化给发展中国家经济发展带来的挑战主要表现为以下三个方面：

第一，经济全球化使发展中国家出现经济波动的可能性增加。经济全球化增加了各国之间的经济联系，同时也使各国对外经济的依存度不断增加。由于发达资本主义国家在经济全球化中处于优势地位，所以当其出现经济危机时更容易向发展中国家转嫁危机，使发展中国家比发达资本主义国家承担更大的经济风险。特别是在金融领域，由于金融衍生产品快速增加、信息传播手段迅速发展，金融市场固有的风险进一步增加。大部分发展中国家开放了金融市场，但本国金融体制不够健全、金融监管不够完善，更易于被国际大投机财团所利用，这就使发展中国家的金融安全面临更大风险。

第二，经济全球化使发展中国家与发达资本主义国家的差距进一步加大。发达资本主义国家在经济全球化中处于主导地位，因此其和发展中国家在经济全球化中的风险和收益是不均等的。在国际分工体系中，发展中国家不得不接受发达资本主义国家扩散的低层次产业，并依附于发达资本主义国家，遭受发达资本主义国家的剥削。在国际贸易中，发达资本主义国家通过提高工业制成品和高新技术产品价格、压低原料和初级产品价格，实行不平等、不等价交换，使发展中国家剩余价值大量流失。在国际投资中，发达资本主义国家大量向发展中国家输入资本，对发展中国家进行残酷剥削和掠夺，获取高额利润，还使发展中国家债务不断积累，最终掉入债务陷阱。这些都导致经济全球化进程中发展中国家与发达资本主义国家的贫富差距越拉越大。

第三，经济全球化使发展中国家的经济主权受到威胁。经济全球化的发展要求各国在一定程度上让渡和共享一部分经济主权，以协调全球经济的发展，但这种让渡和共享是不对称的。由于发达资本主义国家控制着协调国际经济发展的主导权，它们利用国际经济组织和其他协调国际经济的形式，迫使发展中国家接受有利于发达资本主义国家的世界经济规则，使发展中国家的经济主权受到损害。另外，发达资本主义国家跨国公司在发展中国家的快速扩张，给发展中国家的民族经济带来巨大压力，甚至有些关系国计民生的重要产业也受到控制，使发展中国家管理经济的职能受到冲击和挑战。表 11－5 为若干年份世界及不同类型国家人均国内生产总值情况。

表 11－5　若干年份世界及不同类型国家人均国内生产总值（现价美元）

（单位：美元）

国家或地区	2000 年	2005 年	2010 年	2015 年	2019 年	2020 年	2021 年	2022 年
世界	5 512	7 305	9 559	10 223	11 395	10 909	12 282	12 647
高收入国家	25 761	33 913	39 391	40 444	45 407	43 953	48 351	49 430
中等收入国家	1 252	1 943	3 825	4 755	5 480	5 207	6 078	6 388
中低收入国家	1 177	1 811	3 538	4 369	4 998	4 745	5 502	5 793
低收入国家	272	357	625	714	688	689	682	741

资料来源：世界银行 WDI 数据库。

3. 发达资本主义国家与发展中国家之间的关系

经济全球化使发达资本主义国家与发展中国家之间的经济联系越来越密切，但也使它们之间的经济矛盾日益突出。发达资本主义国家与发展中国家之间经济关系的实质是剥削与反剥削、控制与反控制的关系。

发达资本主义国家利用不合理的国际经济旧秩序对发展中国家进行剥削和控制。国际经济旧秩序是在发达资本主义国家主导下制定的，反映了发达资本主义国家的意志和需要，而发展中国家的正当利益和要求却没有得到应有的体现，因此，国际经济旧秩序是不平等、不合理的国际经济秩序。国际经济旧秩序的基本内容是：以不合理的国际分工为基础的国际生产体系，以不平等交换为基础的国际贸易体系，以垄断资本为基础的国际金融体系。以不合理的国际分工为基础的国际生产体系使发达资本主义国家控制了技术和资本密集型的产业，而发展中国家只能发展技术含量低、能源消耗大的低层次产业，使发展中国家的生产与技术严重依附于发达资本主义国家，不得不接受发达资本主义国家的剥削。以不平等交换为基础的国际贸易体系使发达资本主义国家控制了国际贸易中产品的定价权，抬高它们生产的高新技术产品和工业制成品的价格，压低发展中国家生产的农产品和初级产品的价格，形成价格“剪刀差”，由此从发展中国家获取大量剩余价值。以垄断资本为基础的国际金融体系使发达资本主义国家通过附带条件的贷款和投资等形式，控制发展中国家的经济和政治，并获得高额利润。总之，国际经济旧秩序造成了发达资本主义国家对发展中国家的剥削与控制。

> 20世纪50年代以来，发展中国家为改革国际经济旧秩序、建立国际经济新秩序做出了不懈的努力。50年代召开的万隆会议，60年代召开的两次不结盟国家首脑会议、成立“七十七国集团”，以及70年代通过的有关联合国大会决议都是其斗争的重要成果。90年代以来，发展中国家在经济上虽仍十分落后，但已发展成为世界上一支重要的政治经济力量，开始把发展经济作为斗争的主要任务。

发展中国家要消除发达资本主义国家的剥削与控制，必须努力改变国际经济旧秩序，建立国际经济新秩序。发展中国家要求建立的国际经济新秩序的基本内容是：改变现有不平等的国际生产、贸易和金融体系，使发展中国家平等地参与国际分工和国际贸易；保证发展中国家对其资源开发的有效控制，根据主权原则限制和监督跨国公司的活动；改变发展中国家在国际事务中无权的状况，改组国际经济组织，使发展中国家能够平等、充分、有效地参与国际经济事务决策。发展中国家主张建立的国际经济新秩序，反映了发展中国家要求与发达资本主义国家在经济全球化中获得平等权利的要求，有利于各国在公平的基础上进行更加广泛的合作，消除世界上的贫富差距，促进各国在经济全球化中共同繁荣发展。

国际经济秩序是每个国家经济发展的外部环境和条件，发达资本主义国家不会轻易放弃自己主导的国际经济旧秩序，需要发展中国家通过进行长期斗争努力建立国际经济新秩序。

三、 经济全球化与社会主义

经济全球化的发展，为社会主义的发展提供了新的历史机遇，同时也不可避免地带来了严峻的挑战。中国要适应经济全球化的新形势，直面挑战，不断提高对外开放的水平。

1. 经济全球化给社会主义发展带来机遇和挑战

经济全球化对社会主义的发展既有积极效应，也有负面影响，机遇与挑战并存。

经济全球化为社会主义发展提供的机遇主要表现为以下三个方面：

第一，经济全球化为社会主义的发展提供了相对宽松的国际环境。在经济全球化条件下，和平与发展取代战争与革命成为时代主题，促使发达资本主义国家认识到只有放弃对抗，通过对话、交流和合作，才能实现互惠互利和“共赢”，这为经济文化落后国家发展社会主义争取到了宝贵的时间和有利环境。而且，随着经济全球化进程的深入，世界性的经济和社会问题日益突出，社会主义国家在国际舞台上将发挥越来越重要的作用，这有利于社会主义国家国际地位和影响力的不断提高。

第二，经济全球化有利于社会主义学习资本主义的先进经验。社会主义要优于资本主义，就必须向资本主义学习，必须“把资本主义所积累的一切最丰富的、从历史的角度讲对我们是必然需要的全部文化、知识和技术由资本主义的工具变成社会主义的工具”①。经济全球化加强了资本主义国家与社会主义国家的经济联系，社会主义国家可以利用经济全球化的平台，学习发达资本主义国家的先进技术和管理经验，充分发挥后发优势，少走弯路，在较短的时间内实现跨越式发展，增强社会主义的竞争力。

第三，经济全球化有利于促进对社会主义发展的反思。在经济全球化条件下如何处理社会主义制度与资本主义制度的关系、如何建设社会主义等重大问题，是社会主义国家必须面对的严峻课题。对这些问题进行冷静思考，有利于总结世界社会主义实践的经验教训、梳理经济全球化条件下社会主义的发展理念、明确经济全球化条件下社会主义的发展道路，这些都将大大促进社会主义发展开辟新境界。

经济全球化给社会主义发展带来的挑战主要表现为以下三个方面：

第一，经济全球化给社会主义国家经济安全带来威胁。发达资本主义国家控制着高层次领域科技的开发和研究，社会主义国家从资本主义国家引进的一般只能是较低层次、较低等级的科技，导致社会主义国家在科学技术上对发达资本主义国家存在较高的依存度。社会主义国家引进外资必然会造成外资经济与民族经济在市场占有和股权控制方面的激烈竞争，引进外资的规模越大，外资的影响力和控制力也就越大，如果超过一定程度，就会威胁到社会主义国家的产业安全乃至经济安全。在经济全球化条件下的国际贸易分工体系中，发达资本主义国家根据自身的实力和比较优势，抢占了一些产业或产品的高技术和高附加值生产环节，而把劳动密集型的和低附加值的生产环节留给了社会主义国家和其他国家。

第二，经济全球化给社会主义国家的意识形态带来冲击。发达资本主义国家借助经济全球化的发展，利用各种手段极力推行资本主义的民主制度、价值观念和生活方式，企图用“普世价值”遏制和“规范”社会主义国家的价值取向。发达资本主义国家还利用自己控制的迅猛发展的互联网和日益扩大的国际文化产业贸易，加强对社会主义国家进行文化渗透和扩张。这些都使社会主义意识形态安全面临风险，使社会主义处于不利地位。

第三，经济全球化对社会主义国家的主权构成一定威胁。经济全球化的开放性和渗透性，使传统主权的对外独立性和对内权威性受到前所未有的侵蚀和挑战，发达资本主义国家利用社会主义国家在资金、技术等方面对它们的需求，以经济相要挟，干涉社会主义国家的内政，试图让社会主义国家在政治问题上让步。而且，随着经济全球化的加深，资本主义国家利用经济手段达到政治目的的倾向还会加强。

2. 经济全球化与中国的对外开放

经济全球化是当代经济发展的大趋势，中国的发展离不开世界，中国必须走对外开放的道路。改革开放以来，中国的对外开放取得了重大进展。中国要想进一步发展，就

---

① 《列宁选集》，3版修订版，第3卷，547页。

需要全面提高对外开放的水平。

在经济全球化进程中，中国要获得经济发展就必须实行对外开放，这是因为：第一，在经济全球化条件下，国际贸易和资本国际流动日益频繁，开放使各个国家的生产和流通紧密地联系在一起，所有国家都被卷入了世界市场，中国也不例外。第二，由于世界各国各地区在自然条件、资源禀赋、技术条件等方面都存在着很大的差别，在经济发展方面也各有优势和劣势，所以通过实行对外开放，可以使我国与世界各国各地区在经济资源上互通有无、在经济发展上取长补短，使我国在经济发展领域的有限资源得到有效配置和充分利用，提高我国经济发展的效益。第三，通过实行对外开放，我们可以积极合理地利用外资，弥补我国社会主义现代化建设中资金的不足；通过实行对外开放，我们可以引进先进技术成果，促进我国科学技术的进步和产业结构的优化、升级；通过实行对外开放，我们还可以吸收借鉴国外先进的经营方式和管理经验，提高我国政府、市场、企业的管理水平。

> 要实现四个现代化，就要善于学习，大量取得国际上的帮助。要引进国际上的先进技术、先进装备，作为我们发展的起点。
>
> （《邓小平文选》，2版，第2卷，133页）

中国实行对外开放的基本形式主要有四种：第一，对外贸易。对外贸易是我国实行对外开放的基础和主要形式。对外贸易包括货物贸易和服务贸易。随着对外开放进程的逐步深入，货物贸易规模由小到大，逐年扩大；服务贸易从无到有，发展不断加快。当前，基本形成了以旅游、运输服务为基础，以通信、保险、金融、计算机信息服务、咨询和广告等新兴服务贸易为增长点的服务贸易全面发展格局，服务贸易已经发展成为我国对外贸易的重要组成部分。

1978年我国货物进出口总额206亿美元，占全球份额的0.8%，列第29位。2013年我国货物进出口规模首次达到4万亿美元后，2021年又连续跨过5万亿、6万亿美元两大台阶，达到了历史高点。我国货物进出口占国际市场份额从2012年的10.4%提升到2021年的13.5%，2017—2021年连续五年保持全球货物贸易第一大国的地位。

我国服务进出口规模持续扩大，2014—2021年连续八年稳居全球第二。2013—2021年，我国累计服务进出口年均增长6.4%，比货物贸易年均增速高1个百分点。其中服务出口年均增长8%，进口年均增长5%。服务出口竞争力不断增强，带动服务贸易逆差大幅收窄。2021年，服务出口增速高于进口26.6个百分点，服务贸易逆差同比下降69.5%。

资料来源：国家统计局网站。

第二，利用外资。利用外资是解决社会主义现代化建设中资金缺乏问题的一个重要途径。利用外资主要包括三种形式：（1）财政信贷，包括出口信贷、政府贷款、银行间的往来、在国际市场上筹集的资金、国际组织提供的贷款等。（2）商品信贷，即补偿贸易以及加工装配业务中利用的信贷。（3）直接投资，包括中外合营和外商独资经营企业。外商投资企业在促进国民经济增长、带动产业技术进步、扩大出口、提供就业和增加财政收入等方面，发挥着日益重要的作用。

2022年中国外商直接投资及对外直接投资情况

2022年外商直接投资新设立企业38 497家，比上年下降19.2%。实际使用外商直接投资金额12 327亿元，增长6.3%，折1 891亿美元，增长8.0%。其中“一带一路”沿线国家对华直接投资（含通过部分自由港对华投资）新设立企业4 519家，下降15.3%；对华直接投资金额891亿元，增长17.2%，折137亿美元，增长18.6%。全年高技术产业实际使用外资4 449亿元，增长28.3%，折683亿美元，增长30.9%。全年对外非金融类直接投资额7 859亿元，比上年增长7.2%，折1 169亿美元，增长2.8%。其中，对“一带一路”沿线国家非金融类直接投资额1 410亿元，增长7.7%，折210亿美元，增长3.3%。

资料来源：《中华人民共和国2022年国民经济和社会发展统计公报》。

第三，引进先进技术。引进先进技术是促进社会主义现代化建设的重要条件。引进先进技术的方式多种多样，包括购买国外的专利权和非专利技术，举办中外合资企业和合作企业、外资企业，以及技术咨询、技术服务等。引进先进技术，可以加速我国技术进步和发展，推动国民经济的技术改造和设备更新，提高劳动生产率，大大缩短在技术上赶超先进国家所需的时间；可以减少研究和试制费用，节省建设资金，提高我国的科学研究水平和经营管理水平。

第四，设立自由贸易试验区和自由贸易港。设立自由贸易试验区和自由贸易港，是党的十八大之后，我国准确把握经济全球化新趋势和我国对外开放新要求，推进更高水平对外开放的重要举措。自由贸易试验区，是在主权国家或地区的关境之外划出特定的区域，准许外国商品豁免关税自由进出，在贸易和投资等方面比世界贸易组织有关规定更加优惠的贸易安排。自由贸易港，是开放程度更高的自由贸易区，取消或最大程度地简化了入港货物的贸易管制措施，货物可以完全自由流动。建设具有中国特色的自由贸易试验区和自由贸易港，能够更好帮助我国企业开拓国际市场，为我国经济发展注入新动力、增添新活力、拓展新空间，对于加快构建开放型经济新体制，形成更高水平开放新格局具有重要意义。

我国的对外开放经过40多年的发展，已逐步形成了经济特区，沿海开放城市，沿海经济开放区，沿边、沿江和内陆中心城市的全方位、多层次、宽领域的具有中国特色的对外开放战略格局。所谓全方位，就是不论对资本主义国家还是对社会主义国家，不论是对发达资本主义国家还是对发展中国家都实行开放政策；不仅在经济建设方面坚持对外开放，而且在精神文明建设方面也坚持对外开放。所谓多层次，就是根据各地区的实际情况和特点，通过经济特区、沿海开放城市和沿海经济开放区以及沿边、沿江和内陆中心城市等开放程度不同的各种形式，形成全国范围内的对外开放。所谓宽领域，就是立足国情，对国际商品市场、国际资本市场、国际技术市场、国际劳务市场开放，把对外开放拓宽到能源、交通等基础设施和基础产业，以及金融、保险、房地产、科技教育、服务等领域。2012年以来，我国适应经济全球化新形势，主动参与和推动经济全球化进程，构建开放型经济新体制，发展更高层次的开放型经济，推动形成陆海内外联动、东西双向互济的全面开放新格局，我国的对外开放进入了新的发展阶段。

今天，经济全球化的范围和规模都大大扩大，我国要发展、要富强，就必须不断丰富对外开放的内容和形式，拓展对外开放的广度和深度，提高对外开放的水平。

第一，加快转变外贸增长方式。转变外贸增长方式就是要在继续保持外贸适度增长的基础上，实现外贸增长由规模速度型增长向质量效益型增长转变，提高我国对外贸易的竞争力和综合效益，加快从贸易大国向贸易强国转变。实现外贸增长方式转变：一要调整进出口结构。支持自主性高的技术产品、机电产品和高附加值产品出口，控制高污染、高能耗和资源型产品出口；巩固传统出口市场的同时，积极开拓非传统出口市场，推进出口市场多元化；大力扶持民营企业自主开拓国际市场；扩大先进技术、关键设备及零部件和国内短缺的能源、原材料进口，促进资源进口多元化。二要促进加工贸易转型升级。提高我国产业在国际价值链中的地位，严格控制低层次加工贸易的发展规模；增强加工贸易自主创新能力，逐步实现从代加工向代设计和自创品牌发展。三要大力发展服务贸易。扩大服务贸易出口，建设若干服务业外包基地；积极稳妥扩大服务业开放，建立服务贸易监管体制和促进体系。

中国对外开放的历程

1980 年，中央决定设立深圳、珠海、汕头、厦门经济特区。1984 年，开放大连、秦皇岛、天津、烟台、青岛、连云港、南通、上海、宁波、温州、福州、广州、湛江、北海 14 个沿海港口城市。1985 年，将长江三角洲、珠江三角洲、闽南厦漳泉三角地区开辟为沿海经济开放区。1988 年，辽东半岛和山东半岛全部对外开放；兴建我国最大的经济特区——海南经济特区。1990 年，开发开放上海浦东。1991 年，开放满洲里、丹东、绥芬河、珲春 4 个北部口岸。1992 年，开放重庆、岳阳、武汉、九江、芜湖 5 个沿江城市和三峡库区；开放哈尔滨、长春、呼和浩特、石家庄 4 个边境和沿海地区省会城市；开放黑河、二连浩特、伊宁、塔城、博乐、瑞丽、畹町、河口、凭祥、兴东等沿边城市；开放太原、合肥、南昌、郑州、长沙、成都、贵阳、西安、兰州、西宁、银川 11 个内陆省会城市。2000 年，对外开放进一步扩大到广大西部地区。2013 年，在上海设立首个自由贸易试验区，随后又在广东、天津、北京等地进行了增设。截至 2022 年 12 月，我国共设立了 21 个自由贸易试验区。2017 年党的十九大提出探索建设自由贸易港。2020 年 6 月，中共中央、国务院印发了《海南自由贸易港建设总体方案》，2025 年前适时启动全岛封关运作。

第二，提高利用外资的水平和质量。进一步扩大利用外资的规模，优化利用外资的结构，提高利用外资的质量和水平：一要创新利用外资方式，如境外上市、投资基金、发行境外债券等利用外资方式；鼓励外商风险投资公司和风险投资基金来华投资；允许我国具备条件的金融机构和企业在境外融资。二要利用外资推动自主创新，鼓励和引导外资企业进行原始技术创新和在引进技术的基础上做好消化、吸收、再创新；鼓励跨国公司和国内研发机构及企业开展研发合作；鼓励设立外商投资企业进行创业投资。三要利用外资推动产业升级，鼓励外商投资高新技术产业、先进制造业、现代农业、现代服务业和节能环保产业等；严格限制外商投资高能耗、高污染的产业和房地产等。四

1978 年至 2018 年，我国出口商品中工业制成品所占比重由 46.5%提升至 94.6%。1990 年至 2018 年，我国机电产品出口占出口总额的比重从 17.9%提升至 58.7%。2021 年我国出口商品中机电产品、高新技术产品所占比重分别比 2012 年增长 68.4%、62.9%，增速明显高于全部出口的。

资料来源：国家统计局网站。

要利用外资促进区域经济协调发展，适度放宽中西部地区外资准入条件；创造条件，促进中西部及东北地区承接东部地区开放型产业和国外产业转移。

目前，我国外商投资产业结构得到很大改善，外商投资的重点由一般制造业发展为高新技术产业、基础产业、基础设施建设，尤其是近几年外商投资的研发中心、集成电路、计算机和通信产品等高技术项目明显增加，商业、外贸、电信、金融、保险等服务业逐渐成为外商投资的新热点。外商投资形式更加多样化，由以绿地投资为主逐步发展为绿地投资、并购投资和国际资本市场融资等多种方式相结合。

资料来源：国家统计局网站。

第三，实施“引进来”和“走出去”相结合的战略。“引进来”和“走出去”是我国对外开放基本国策两个紧密联系、相互促进的方面，要在积极“引进来”的同时，引导和鼓励我国企业“走出去”，利用好国外市场和资源。以“一带一路”建设为重点，坚持“引进来”和“走出去”相结合的战略，是我国对外开放发展到新阶段的一项重大举措。

“一带一路”建设成果显著

“一带一路”倡议得到越来越多国家和国际组织的积极响应，成为当今世界深受欢迎的国际公共产品和国际合作平台。截至2021年末，我国已与145个国家、32个国际组织签署200多份共建“一带一路”合作文件；有关合作理念和主张写入了联合国、二十国集团、亚太经合组织、上海合作组织等重要国际机制的成果文件。截至2022年1月底，中欧班列累计开行突破5万列，运送货物超455万标箱，货值达2 400亿美元，通达欧洲23个国家180个城市。我国已成为25个沿线国家最大的贸易伙伴。2013—2021年，中国与“一带一路”沿线国家进出口总值由6.5万亿元增长至11.6万亿元，年均增长7.5%，占同期我国外贸总值的比重由25%提升至29.7%。2013—2021年，我国对沿线国家直接投资累计1 613亿美元，年均增长5.4%，“一带一路”沿线国家已成为我国企业对外投资的首选地；沿线国家在华投资设立企业3.2万家，实际累计投资712亿美元。截至2019年末，我国已与24个“一带一路”沿线国家签署高等教育学历学位互认协议。截至2021年末，我国与84个共建国家建立科技合作关系，支持联合研究项目1 118项，累计投入29.9亿元。

资料来源：国家统计局网站。

实施“走出去”战略：一要创新对外投资和合作方式。支持有条件的企业对外直接投资，以优势产业为重点，引导企业开展境外加工贸易，促进产品原产地多元化；鼓励企业参与境外基础设施建设，提高工程承包水平，稳步发展劳务合作；支持企业在研发、生产、销售等方面开展国际化经营。二要支持发展我国的跨国公司和国际知名品牌。通过跨国并购、参股、上市、重组联合等方式，培育和发展我国的跨国公司；树立自己的国际知名品牌，打入发达资本主义国家的主流市场。

第四，推动“一带一路”高质量发展。“一带一路”倡议是以习近平同志为核心的党中央深刻思考人类前途命运及中国和世界发展大势所提出的宏伟构想和中国方案。“一带一路”建设以共商、共建、共享为原则，以政策沟通、设施联通、贸易畅通、资金融通、民心相通为主要内容，积极利用现有双多边合作机制，促进区域合作蓬勃发展。“一带一路”建设充分发挥我国国内各地区比较优势，实行更加积极主动的开放战略，加强东中西互动合作，全面提升开放型经济水平；同时，也契合了沿线国家的共同需求，为沿线国家优势互补、开放发展带来了新的机遇，有利于促进沿线各国经济繁荣与区域经济合作。“一带一路”建设，是我国在新的历史条件下实行全方位对外开放的重大举措，也是推动构建人类命运共同体的重要平台。

改革开放前，我国基本没有对外直接投资。改革开放后，我国对外直接投资大幅增长，对外直接投资额从 1982 年的 0.4 亿美元增至 2018 年的 1 298.3 亿美元，年均增长 25.2%。1982 年，我国对外直接投资额居世界第 29 位，2013—2015 年稳居世界第 4 位，2016 年首次跃居世界第 2 位。2021 年，我国对外直接投资流量为 1 788.2 亿美元，同比增长 16.3%，占当期全球对外直接投资流量的 10.5%，排名世界第 2 位。截至 2021 年末，我国对外直接投资存量 27 851.5 亿美元，占当期全球存量的 6.7%，比 2012 年提高 4.4 个百分点，排名由第 13 位上升到第 3 位。

资料来源：国家统计局网站。

本章小结

经济全球化是国际分工不断深化、生产国际化与资本国际化不断发展的必然产物。经济全球化的主要内容包括生产全球化、贸易全球化和资本全球化。当前，跨国公司、区域经济集团化、国际经济协调成为经济全球化的重要表现形式。经济全球化既促进了生产力的巨大发展，又对世界经济产生了消极影响。经济全球化的实质是发达资本主义国家占优势、为主导的经济。

经济全球化的发展对发达资本主义国家和发展中国家的经济发展产生了不同的影响。发达资本主义国家是经济全球化的主要受益者。经济全球化给发展中国家经济发展带来了机遇和挑战。在经济全球化条件下，发达资本主义国家与发展中国家之间经济关系的实质是剥削与反剥削、控制与反控制的关系。

经济全球化对社会主义的发展既有积极效应，也有负面影响。实行对外开放，是经济全球化背景下中国的一项重大决策和基本国策，其基本形式主要包括：对外贸易、利用外资、引进先进技术。经过 40 多年的发展，中国已形成全方位、多层次、宽领域的对外开放战略格局。全面提高对外开放水平，一要加快转变外贸增长方式，二要提高利用外资的水平和质量，三要实施“引进来”和“走出去”相结合的战略。

阅读书目

1. 马克思．第一册：资本的生产过程．见：马克思恩格斯文集．第 5 卷．北京：人民出版社，2009

2. 胡锦涛．坚定不移沿着中国特色社会主义道路前进，为全面建成小康社会而奋斗．见：十八大以来重要文献选编（上）．北京：中央文献出版社，2014

3. 习近平．共同建设“丝绸之路经济带”．见：习近平谈治国理政．北京：外文出版社，2014

4. 习近平．共同建设二十一世纪“海上丝绸之路”．见：习近平谈治国理政．北京：外文出版社，2014

5. 习近平．高举中国特色社会主义伟大旗帜 为全面建设社会主义现代化国家而团结奋斗——在中国共产党第二十次全国代表大会上的报告．北京：人民出版社，2022

思考题

1. 经济全球化是如何形成的？其发展趋势如何？
2. 理论界有观点认为，经济全球化的实质是经济市场化。对此，你是怎么理解的？
3. 经济全球化对发达资本主义国家和发展中国家的影响分别有哪些？
4. 经济全球化给社会主义国家带来了哪些发展的机遇和挑战？
5. 中国的对外开放有哪些形式？如何全面提高中国对外开放的水平？
6. 分析材料并回答问题：

材料 1 有关统计资料表明，40 年前，全世界最富的人口和最穷的人口人均收入比是 30 ：1，而现在已上升到 74 ：1，目前联合国成员国中有 48 个最不发达国家，而 20 年前仅 20 有余。

资料来源：《江泽民主席在联合国千年首脑会议分组讨论会上发言》，载《人民日报》（海外版），2000－09－08。

材料 2 西方发达国家的人口仅占世界人口的 20%，消耗的能源和物质材料却占全世界的 80%，人均消耗能源和物质材料分别是发展中国家的 35 倍和 50 倍。美国人口不足世界人口的 5%，每年却消耗全世界开发资源的 34%，人均消耗能源及产生的废物分别相当于发展中国家的 500 倍和 1 500 倍。如果全世界都像美国那样消费，整个地球将不堪重负，所有的不可再生资源将在 40 年内被消耗殆尽。

西方发达国家所用的主要原料，大部分来自发展中国家。对 13 种主要原料和石油资源，西方发达国家取自发展中国家的比例分别为：美国，60%和 45%；欧共体，90%和 96%；日本，92%和 99%。

资料来源：本刊课题组：《资本主义新变化及其本质上的腐朽性》，载《求是》，2001（4）。

材料 3

中等收入国家及低收入国家 2010 年外债及其构成（单位：亿美元）

国家和地区	外债总额	长期外债	私人非担保外债	政府及政府担保外债	国际货币基金组织贷款
中等收入国家	39 597.05	28 756.28	13 889.71	14 866.57	605.05
低收入国家	1 165.93	996.31	37.03	959.29	41.56

资料来源：世界银行 WDI 数据库。

材料 4

中等收入国家及低收入国家 2020 年外债及其构成（单位：亿美元）

国家和地区	外债总额	长期外债	私人非担保外债	政府及政府担保外债	国际货币基金组织贷款
中等收入国家	85 205.90	61 242.79	28 092.24	33 203.99	2 100.65
低收入国家	1 662.91	1 383.14	145.02	1 238.32	135.82

资料来源：世界银行 WDI 数据库。

请回答：

（1）发达资本主义国家与发展中国家之间经济关系的实质是什么？

（2）发展中国家贫穷落后，与发达国家差距进一步扩大的根本原因是什么？

第十二章
共产主义的崇高理想

要点提示

● 共产主义是人类最崇高的社会理想。马克思主义经典作家运用科学方法对共产主义社会的基本特征做了探讨。

● 实现共产主义是人类社会历史发展的必然趋势，是不可抗拒的历史潮流。

●“两个必然”和“两个决不会”相互补充，从不同角度和侧面揭示了人类社会的发展规律。

● 社会主义是实现共产主义的必经阶段，中国特色社会主义是中华民族走向共产主义的必由之路。

● 当代大学生在建设中国特色社会主义的实践中，应当坚定中国特色社会主义共同理想，并进一步树立共产主义远大理想，为实现共产主义而奋斗。

关键词

共产主义社会　科学方法　基本特征　“两个必然”“两个决不会”　中国特色社会主义　共产主义理想

共产主义是人类最崇高的社会理想。实现共产主义是人类社会历史发展的必然趋势，同时也是一个漫长的历史过程。中国特色社会主义是中华民族走向共产主义的必由之路。当代大学生应该准确把握人类历史的发展规律，树立共产主义远大理想和中国特色社会主义共同理想，在建设中国特色社会主义伟大实践中为实现共产主义崇高理想而奋斗。

一、共产主义社会的基本特征

马克思主义经典作家站在科学的立场上，提出并自觉运用预见未来社会的科学方法，揭示了共产主义社会的基本特征，描绘了共产主义社会的美好蓝图。

1. 探索未来社会的科学方法

科学的方法是正确预见未来社会的基本前提。马克思、恩格斯预见未来社会的科学方法，为我们正确认识共产主义社会的基本特征提供了科学的方法论指导。

> 马克思丝毫不想制造乌托邦，不想凭空猜测无法知道的事情。马克思提出共产主义的问题，正像一个自然科学家已经知道某一新的生物变种是怎样产生以及朝着哪个方向演变才提出该生物变种的发展问题一样。
>
> （《列宁选集》，3版修订版，第3卷，187页）

第一，立足历史发展规律揭示未来社会的发展方向。在马克思主义诞生以前，不少空想社会主义者都对未来社会做过详尽的描绘，其中不乏一些天才的设想和主张。但是，由于他们不了解人类社会发展的客观规律，更缺乏预见未来的科学方法，所以对未来社会所做的描绘具有虚幻和空想的性质。马克思、恩格斯以唯物史观为指导，第一次揭示了人类社会发展的一般规律和资本主义社会发展的特殊规律，从而对未来社会做出科学的展望。马克思、恩格斯认为，人类社会的发展同自然界的发展一样，是一个自然历史过程，具有不以人的意志为转移的客观规律，生产力与生产关系的矛盾运动是推动社会历史发展的根本动力。在资本主义社会，随着社会化大生产的日益发展，资本主义所固有的基本矛盾不断激化，资本主义必然要被新的更高级的社会形态——共产主义所取代，实现共产主义是人类社会历史发展的必然趋势。

第二，在批判旧世界中预测新世界。空想社会主义者由于不了解自己的主张得以实现的物质条件和阶级力量，只能从人道主义的原则出发，以理性为评判标准，在思维中建构未来社会的美好景象。马克思、恩格斯则认为，未来社会的状况根源于现实，只有通过对现实社会进行深入研究，才有可能对未来社会做出科学预测。而且，历史科学也像自然科学一样，通过对历史上已经出现过的和现存的生产方式进行考察，可以得出一些原始的“方程式”，根据这些方程式既能够说明过去，也可以推断出未来。共产主义社会是人类历史发展的必然结果，对这一未来社会形态的研究，必须建立在对以往社会形态及其演变的科学研究基础之上。正是基于这样的认识和科学研究态度，马克思、恩格斯在对已有的社会形态，特别是资本主义社会形态深入剖析的基础上，对未来共产主义社会进行了科学预测。

> 新思潮的优点又恰恰在于我们不想教条地预期未来，而只是想通过批判旧世界发现新世界。
>
> （《马克思恩格斯文集》，第10卷，7页，北京，人民出版社，2009）

第三，对未来社会进行粗线条描绘。空想社会主义者在关于未来社会的设想中，对理想社会的图景做了详尽描绘。马克思、恩格斯则认为，对未来设想得愈是具体，就愈可能陷入纯粹的幻想。因此，他们不主张对未来社会做具体描绘，“没有为未来的食堂开出调味单”[①]，告诉未来社会的人应当干什么，而是把揭示人类历史发展的一般规律，揭示资本主义通向未来社会的历史必然性当作主要任务，对未来社会的一般特征进行粗线条的和原则性的描述。正如列宁所指出的：“科学社会主义其实从未描绘过任何未来的远景，它仅限于分析现代资产阶级制度，研究资本主义社会组织的发展趋势，如此而已。……例如《资本论》这部叙述科学社会主义的主要的和基

① 《马克思恩格斯文集》，第5卷，19页。

本的著作，对于未来只是提出一些最一般的暗示，它考察的只是未来的制度所由以长成的那些现有的因素。”① 在回答未来实施社会主义的步骤时，马克思明确指出，“现在提出这个问题是**不着边际的**，因而这实际上是一个幻想的问题”②，因为“在将来某个特定的时刻应该做些什么，应该**马上**做些什么，这当然完全取决于人们将不得不在其中活动的那个既定的历史环境”③。未来社会将采取哪些具体措施，应该由那个社会中的人自己来决定。

无论如何，共产主义社会中的人们自己会决定，是否应当为此采取某种措施，在什么时候，用什么办法，以及究竟是什么样的措施。我不认为自己有向他们提出这方面的建议和劝导的使命。那些人无论如何也会和我们一样聪明。

（《马克思恩格斯选集》，3版，第4卷，539页）

第四，在实践中不断探索未来社会的基本特征。马克思、恩格斯运用唯物辩证法，以发展的观点来分析和理解未来社会，认为“所谓‘社会主义社会’不是一种一成不变的东西，而应当和任何其他社会制度一样，把它看成是经常变化和改革的社会”④。他们反对把未来社会的设想看作一成不变的包罗万象的方案，让后人照着这个方案去做。马克思、恩格斯一再声明，他们的理论不是教条，只是行动的指南，要求人们在实践中逐步探讨未来社会的特征。基于以上认识，马克思、恩格斯对自己关于未来社会的设想持严肃认真的态度，在实践中不断补充、发展和完善对未来社会的认识。在《共产党宣言》等著作中，他们从社会历史发展过程的角度，对未来社会发展的总体方向做了整体把握。后来，在《资本论》及其手稿中，马克思通过对资本主义的深入剖析，提出了关于未来社会形态的一些较为具体的认识。巴黎公社之后，马克思又在总结巴黎公社经验和批判机会主义思潮的基础上，在《哥达纲领批判》中完整地阐述了未来共产主义社会发展阶段的学说。

无论如何应当声明，我所在的党并没有任何一劳永逸的现成方案。我们对未来非资本主义社会区别于现代社会的特征的看法，是从历史事实和发展过程中得出的确切结论；不结合这些事实和过程去加以阐明，就没有任何理论价值和实际价值。

（《马克思恩格斯选集》，3版，第4卷，582页）

2. 共产主义社会的宏伟蓝图

共产主义社会是人类社会发展史上一种崭新的社会制度。根据马克思主义经典作家的阐述，共产主义社会的基本特征主要有以下几个方面：

第一，社会生产力高度发展，社会产品极大丰富。这是共产主义社会赖以建立的物质基础，也是共产主义社会的首要特征。在共产主义社会，束缚生产力发展的生产关系方面的桎梏被打破，从而使生产力获得空前发展。剥削被消灭，社会生产由为资产阶级

① 《列宁选集》，3版修订版，第1卷，51页。

②③ 《马克思恩格斯选集》，3版，第4卷，541页。

④ 同上书，601页。

谋取高额利润变成为全社会谋福利，劳动者既是物质财富和精神财富的创造者，同时又是这些财富的直接享受者，这就极大地调动了劳动者的生产积极性，促进了劳动生产率的提高。而且，每个人都得到全面发展，人的劳动能力，尤其是创造发明的能力得到巨大提高。由于社会占有生产资料，生产得到合理的组织管理，从而有可能在全社会范围内运用最科学的管理方法和技术，有计划、按比例地组织社会生产和消费。一切自然资源和人类的劳动力将得到充分的开发和利用，资本主义制度下的巨大浪费、生产无政府状态、各种形式的经济危机、大幅度的经济波动以及种种不合理的消费都将随之消失。由于战争的消灭，一大批物质资料和智力资源将从军事活动中解放出来，全力以赴地投入解决人与自然的矛盾中，从而可以极大地提高生产的能力和水平。这样，社会财富源源不断地涌流出来，社会产品极大丰富，从而为全体社会成员都能过上“富足的生活”提供了物质保证。

第二，社会占有生产资料并有计划地组织生产。在共产主义社会，与高度发展的社会生产力相适应，一切生产资料和社会产品归全社会直接占有。这种所有制形式比社会主义社会的公有制更加成熟和完善，它在全社会范围内实现了生产资料和劳动者的结合，从而使每个劳动者都能平等地共同拥有生产资料的占有权、支配权、使用权和管理权。

与生产资料由社会直接占有相适应，共产主义社会的生产不再由价值规律的自发作用和市场价格的变动来调节，而是按照自然资源的情况和社会成员的需要，自觉地建立起社会生产和社会需要之间的平衡，对生产进行有计划的组织和管理。这样，就完全克服了由资本主义基本矛盾的尖锐化造成的整个社会生产的无政府状态。同时，由于全社会占有生产资料和共同组织生产，以及共同分配产品，个人劳动与社会劳动、个人利益与社会利益达成了直接统一，全体社会成员的劳动在全社会范围内成为直接的社会劳动，他们之间的交换活动不再通过交换劳动产品的形式来实现。于是，“以交换价值为基础的生产便会崩溃”①，商品与货币将自然地退出历史舞台。

第三，个人消费品分配实行“各尽所能，按需分配”的原则。所谓“各尽所能”，是指每个社会成员都自觉自愿地尽自己最大的努力为社会工作。这是因为，在共产主义社会，劳动的性质发生了重大的变化，它不再是人们谋生的手段和分配劳动成果的尺度，而成为人们生活的第一需要。所谓“按需分配”，是指每个社会成员根据自己的需要使用社会的生活资料，不再需要按照自己的劳动领取报酬。这是因为，社会产品极大丰富，社会在分配个人消费品时就不必规定数量，每个社会成员可以按照自己的爱好和需要领取。而且，人们的精神境界极大提高，物质需要及其发展日趋合理，不会再像私有者那样贪婪地、无止境地占有生活资料，这为“按需分配”的顺利实现提供了保证。

> 共产党人可以把自己的理论概括为一句话：消灭私有制。
>
> （《马克思恩格斯选集》，3版，第1卷，414页）

“各尽所能”和“按需分配”是相互联系和不可分割的。只有当全体社会成员都尽其所能地为社会自觉劳动，创造出极大丰富的社会产品，个人消费品才能实行按需分配。

① 《马克思恩格斯文集》，第8卷，197页。

同时，也只有满足每一个社会成员在物质和文化生活方面的一切合理需要，促使他们成为全面发展的共产主义新人，才能使他们尽其所能，自觉地、全心全意地投入生产劳动中。“各尽所能，按需分配”的实现具有重大的意义，它完全克服了在社会主义阶段实行的“按劳分配”原则所具有的“资产阶级法权的狭隘眼界”，第一次实现了人类在分配上的真正平等。

> 在共产主义社会高级阶段，在迫使个人奴隶般地服从分工的情形已经消失，从而脑力劳动和体力劳动的对立也随之消失之后；在劳动已经不仅仅是谋生的手段，而且本身成了生活的第一需要之后；在随着个人的全面发展，他们的生产力也增长起来，而集体财富的一切源泉都充分涌流之后，——只有在那个时候，才能完全超出资产阶级权利的狭隘眼界，社会才能在自己的旗帜上写上：各尽所能，按需分配！
>
> （《马克思恩格斯选集》，3版，第3卷，364～365页）

第四，全体社会成员都具有高度的思想觉悟和道德品质。在共产主义社会，旧社会遗留下来的精神和道德方面的各种痕迹消失了，全体社会成员摆脱了小生产者的狭隘视野，摆脱了资产阶级权利的私有观念，摆脱了一切旧思想、旧习惯的影响，成为具有高尚的思想觉悟和道德品质的共产主义新人。他们具有辩证唯物主义和历史唯物主义的世界观，具有全心全意为整个人类服务的精神。由于个人利益与社会利益达到完全的统一和一致，每个社会成员都具有为社会造福、不计报酬的工作和劳动态度，自觉地维护公共秩序和尊重社会公德，处处为公共利益着想，事事服从整体利益。共产主义的思想觉悟和道德品质将在社会生产和生活的各个环节得到体现，人类进入一个真正和谐和美好的时代。

> 生产劳动给每一个人提供全面发展和表现自己的全部能力即体能和智能的机会，这样，生产劳动就不再是奴役人的手段，而成了解放人的手段，因此，生产劳动就从一种负担变成一种快乐。
>
> （《马克思恩格斯选集》，3版，第3卷，681页）

第五，阶级彻底消灭，国家完全消亡。在共产主义社会，阶级将会消灭。“社会阶级的消灭是以生产高度发展的阶段为前提的，在这个阶段上，某一特殊的社会阶级对生产资料和产品的占有，从而对政治统治、教育垄断和精神领导地位的占有，不仅成为多余的，而且在经济上、政治上和精神上成为发展的障碍。”① 这个阶段就是共产主义社会。阶级的彻底消灭，不仅意味着阶级剥削和压迫不复存在，阶级斗争随之消失，而且意味着工业与农业、城市与乡村、脑力劳动与体力劳动，以及其他各种劳动分工之间的对立和差别也随之消失。

随着阶级的彻底消灭，作为阶级统治工具的国家也会随之消亡。当然，国家的消亡只是指作为阶级压迫工具的国家机器的消亡，并不意味着作为社会组织管理机构的消亡。

① 《马克思恩格斯选集》，3版，第3卷，814页。

在共产主义社会，取代国家的将是一个生产者自由、平等的联合体。这个联合体从“对人的统治”转变为“对物的管理和对生产过程的领导”，只具有社会组织和管理功能，而不再具有政治压迫和暴力镇压的功能。它完全依靠社会成员的自觉和习惯，将社会的生产和公共事务安排得更有秩序、更有组织。

> 随着阶级的消失，国家也不可避免地要消失。在生产者自由平等的联合体的基础上按新方式来组织生产的社会，将把全部国家机器放到它应该去的地方，即放到古物陈列馆去，同纺车和青铜斧陈列在一起。
>
> （《马克思恩格斯选集》，3版，第4卷，190页）

第六，每个人自由而全面的发展。一方面，在共产主义社会，由于彻底消灭了阶级和阶级差别以及旧式社会分工，科学文化教育事业也高度发展，所以每个人都具有丰富的科学文化知识和广泛的专业知识，能够“根据社会需要或者他们自己的爱好，轮流从一个生产部门转到另一个生产部门”①，从而摆脱了社会分工所造成的个人畸形、片面发展的状态，在体力、智力等方面得到全面发展。另一方面，随着劳动生产率的极大提高，整个社会用于物质生产的劳动时间将大大缩短，人们可以有更多的自由时间用于科学、文化和艺术等具有创造性的活动，从而使每个人的才能、志趣和禀赋能够得到充分而又全面的发展。而且，“随着社会生产的无政府状态的消失，国家的政治权威也将消失。人终于成为自己的社会结合的主人，从而也就成为自然界的主人，成为自身的主人——自由的人”②。这是人类从必然王国向自由王国的飞跃，人类将第一次成为能够驾驭自然、驾驭社会、驾驭自身发展规律的真正自由的人，完全自觉地创造自己的历史，实现人的“自由个性”的全面发展。在共产主义社会，每个人的自由发展并不构成其他一切人自由发展的障碍，恰恰相反，“在那里，每个人的自由发展是一切人的自由发展的条件”③。

二、 实现共产主义的必然性

共产主义社会是人类最理想最美好的社会。实现共产主义是历史发展规律的必然要求，但又是一个漫长的历史过程，必须正确认识“两个必然”和“两个决不会”的关系。

1. 共产主义的实现是人类历史发展的必然趋势

人类社会的发展是一个自然历史过程，具有不以人的意志为转移的客观规律性。共产主义的实现，是人类社会历史发展的必然趋势，是不可抗拒的历史潮流。

人类社会由低级向高级不断发展的规律，决定了资本主义社会只是人类社会发展进程中的一个特定历史阶段，它终将被更高级的社会形态所取代。资本主义生产方式的确立，创造了前所未有的巨大生产力，破坏了落后的生产关系，建立了统一的民族国家，开拓了世界市场，促进了社会发展。所以，资本主义社会代替封建社会是历史的一大进步。但是，资本主义从它产生之日起，就包含着不可克服的基本矛盾，即生产社会化同生产资料资本主义私人占有之间的矛盾。这一矛盾是生产力和生产关系之间的矛盾在资

---

① 《马克思恩格斯选集》，3版，第1卷，308页。
② 《马克思恩格斯选集》，3版，第3卷，817页。
③ 《马克思恩格斯选集》，3版，第4卷，647页。

本主义社会的具体体现，反映在阶级关系上，就是无产阶级和资产阶级的对立；反映在生产上，就是个别企业生产的有组织性和整个社会生产的无政府状态之间的对立。随着社会生产力的发展，资本主义基本矛盾的尖锐化不可避免，从而引发经济危机的周期性爆发。而经济危机又会进一步加深资本主义基本矛盾。尽管资产阶级采取股份公司、国有化等种种手段，力图化解这一基本矛盾，但都无法彻底根除这一基本矛盾，反而使生产社会化的程度越来越高，从而为社会主义的实现创造物质条件。同时，无产阶级和资产阶级之间不可调和的对立和斗争，也必然导致资本主义政治危机的发生。这充分表明，资本主义生产关系已经成为社会生产力进一步发展的障碍。通过无产阶级革命推翻资本主义制度，用社会主义公有制代替资本主义私有制，是人类社会由低级向高级发展的客观规律的必然要求。

人类社会由低级向高级不断发展的规律，决定了社会主义社会必将走向共产主义社会。社会主义社会是共产主义社会的第一阶段，它最终还要向共产主义社会的高级阶段发展。社会主义社会的建立，为社会生产力的发展开辟了广阔的道路，它比过去一切社会都具有无比的优越性。但是，社会主义社会并不是最理想的社会，它还有许多不完善的地方：生产关系同生产力的发展，既存在基本相适应的一面，又存在相矛盾的一面；社会主义的政治制度还不能完全适应经济基础的需要；等等。这就需要通过自觉调整和改革，有计划、有步骤地促使生产力和生产关系、经济基础和上层建筑关系的不断协调；同时，通过大力发展生产力，促进生产关系的改革和政治、文化的不断进步，为最终向共产主义社会的高级阶段过渡创造条件。社会主义运动的实践，特别是社会主义国家的兴起和不断发展，已经并正在用事实证明着共产主义理想实现的必然性。随着条件的逐渐成熟，社会主义社会终将实现向共产主义社会的过渡，这是人类社会历史发展不可逆转的总趋势，是任何力量也阻挡不了的历史潮流。

2. 共产主义的实现是一个长期的实践过程

共产主义作为人类社会历史发展的必然趋势，它的实现并非一朝一夕之功，而是一个艰难、曲折和漫长的历史过程，需要若干代人付出不懈努力。

第一，社会主义自身的巩固、发展和完善是一个长期的历史过程。社会主义是共产主义的第一阶段，共产主义只有在社会主义社会充分发展和高度发达的基础上才能实现。因此，在全世界实现共产主义，首先将取决于社会主义国家的巩固和发展，取决于这些国家所经历的社会主义建设的历史进程。而社会主义自身的巩固、发展和完善则是一个长期的历史过程，这是因为：

（1）经济上的强烈反差使社会主义国家面临严峻挑战。社会主义革命没有像马克思、恩格斯所设想的那样，在发达的资本主义国家首先发生，而是在少数经济文化比较落后的国家首先取得胜利。这些国家基础差、起点低，要在经济上赶上资本主义发达国家，提高社会生产力水平，建设和完善社会主义政治、经济、文化等各项制度，显示出社会主义的优越性，需要付出更大、更艰苦和更长期的努力，将是一个漫长的历史过程。正如列宁所说，在经济文化比较落后的国家搞社会主义，“开始容易，继续比较困难”。

（2）西方敌对势力的颠覆、破坏与和平演变活动，加重了社会主义建设的曲折性、复杂性和长期性。社会主义是在同资本主义并存和斗争中发展的。为了遏制社会主义的发展、消灭社会主义制度，十月革命后，帝国主义就采取军事的、政治的、经济的和文化的等各种手段，对新生的苏维埃政权发起进攻。特别是 20 世纪 70 年代以来，帝国主义国家在军事干预、政治孤立、经济封锁都不能奏效的情况下，逐步转向实行以“和平演变”为主的战略，企图通过思想、政治、文化等多方面的渗透，达到对社会主义国家“西化”“分化”的目的，这必然会阻碍社会主义制度的巩固和发展。

（3）对社会主义建设规律的探索需要经历一个长期曲折的过程。建设社会主义是前无古人的崭新事业，没有现成固定的模式可循，需要各个社会主义国家在实践中把马克思主义的基本原理与本国的具体实践相结合，探索适合本国国情的社会主义建设道路和模式。而探索的过程不会是一帆风顺的，难免会出现不同程度的失误，甚至发生曲折和暂时倒退的现象。这种探索过程的曲折性，无疑会增加这些国家建设、巩固和发展社会主义的长期性。

第二，社会主义在世界范围代替资本主义是一个长期的历史过程。共产主义在全世界范围内的实现，不仅依赖于社会主义国家的巩固和发展，同时也依赖于现存资本主义国家向社会主义的转变。而这一转变将是一个漫长的历史过程。

（1）社会主义的本质决定了它在全世界取代资本主义的长期性、曲折性与艰巨性。人类社会历史的发展变化表明，历史上任何一次社会形态的更替，都要经历漫长的过程。以往封建社会代替奴隶社会、资本主义社会代替封建社会，只是以一种剥削制度代替另一种剥削制度，以一种私有制代替另一种私有制，而且剥削阶级又掌握着生产资料，其生产关系有着长期的发展和积累，却也经历了比较长的历史时期，经过了血与火的反复较量才得以实现。而社会主义代替资本主义是要用公有制代替私有制，是要在全世界消灭剥削，消除两极分化，实现共同富裕，为全人类创造一个与资本主义根本对立的，自由、平等、和谐、幸福的崭新世界。这一伟大革命的激烈程度、广泛程度和深刻程度，是以往历史上所有的革命都无法比拟的，因此，必然要经历一个更加长期、更加曲折、更加艰巨的历史过程。

（2）资本主义的暂时强大决定了它在全世界被社会主义所代替的长期性、曲折性与艰巨性。人类社会的发展过程归根结底是生产力与生产关系矛盾运动的结果，无论哪一种社会形态，在它所能容纳的全部生产力发挥出来以前，是决不会灭亡的。当代资本主义还有着较强的自我调节能力，其生产关系随着生产社会化程度的提高不断得到调整，从而为社会生产力在较长时期内的进一步发展拓展了空间。这就使得资本主义在表现出腐朽没落反动本性一面的同时，又表现出具有一定发展性的一面。而且，资本主义在全世界的发展已有几百年的历史，已积累了雄厚的物质技术基础和丰富的统治经验，已从生产关系、阶级基础和上层建筑方面构建了坚硬的社会外壳，形成了十分强大的经济、政治、科技和军事力量，并且它的综合力量还在进一步发展。而社会主义则在相当长的时期都处于比较弱小的地位。社会主义代替资本主义，是弱小的新生事物与强大的腐朽事物之间的较量，这必将是一个漫长、曲折、艰巨的历史过程。

（3）20 世纪末，世界社会主义运动遭受了重大挫折，导致社会主义顺利发展、再造辉煌需要较长的时间。社会主义运动从兴起到现在，一直是高潮与低谷相伴、顺利与曲折相随。巴黎公社的失败、第一国际的解散、第二国际的破产、社会主义阵营破裂等，都曾使社会主义发展陷入低潮。尤其是20世纪末的苏联解体、东欧剧变，对社会主义运动的打击最大、造成的挫折最深、对人们心理的影响最重，使社会主义的发展道路更加艰难与曲折，从而使社会主义运动的复兴和新的高潮再现需要花费更长的时间。这说明，社会主义在全世界代替资本主义将是一个波浪式推进、起伏反复交替的漫长历史过程。

第三，为实现共产主义创造条件是一个长期的历史过程。社会主义社会是共产主义社会的必要准备，共产主义社会是社会主义社会发展的必然趋势，二者是成熟程度不同的两个历史阶段。共产主义社会只有在社会主义社会充分发展和高度发达的基础上才能实现，也就是说，社会主义社会过渡到共产主义社会，需要具备一定的条件：(1) 大力发展社会生产力，实现社会产品的极大丰富。这是实现向共产主义社会过渡的物质基础和经济前提。(2) 极大地提高全体人民的共产主义思想觉悟和道德品质以及科学文化水平，造就全面发展的共产主义新人。这是实现向共产主义社会过渡的精神条件。(3) 消灭工农之间、城乡之间、脑力劳动和体力劳动之间的差别，并使反映这些差别的资产阶级权利全部趋于消失。这是实现向共产主义社会过渡的社会条件。(4) 在全世界消灭一切剥削制度，促进国家的消亡。这是实现向共产主义社会过渡的国际条件。以上条件互相联系、互相影响、互相制约，绝不可能用其中的某个条件来取代其他条件。而这些条件的全面实现，社会主义社会的充分发展和高度发达，需要付出艰巨的努力，经历漫长的历史过程。

必须认识到，我们现在的努力以及将来多少代人的持续努力，都是朝着最终实现共产主义这个大目标前进的。同时，必须认识到，实现共产主义是一个非常漫长的历史过程，我们必须立足党在现阶段的奋斗目标，脚踏实地推进我们的事业。

（中共中央文献研究室：《十八大以来重要文献选编》(上)，115～116页）

3. 正确理解“两个必然”和“两个决不会”的关系

“两个必然”是指资本主义必然灭亡和社会主义必然胜利，即马克思、恩格斯在《共产党宣言》中所说的，“资产阶级的灭亡和无产阶级的胜利是同样不可避免的”①。“两个决不会”是指马克思在《〈政治经济学批判〉序言》中所提出的：“无论哪一个社会形态，在它所能容纳的全部生产力发挥出来以前，是决不会灭亡的；而新的更高的生产关系，在它的物质存在条件在旧社会的胎胞里成熟以前，是决不会出现的。”②

“两个必然”和“两个决不会”不是相互对立和否定的关系，而是相互补充的关系，它们从不同角度和侧面揭示了人类社会的发展规律。前者揭示的是一个历史结论，即社会主义代替资本主义的必然趋势；后者是对这一历史结论的进一步补充，阐释了实现这一历史结论的条件和前提，强调的是社会主义代替资本主义的长期性、艰巨性和复杂性。“两个必然”和“两个决不会”统一于对社会基本矛盾运动规律的把握，建立在唯物史观的理论基础之上，都是分析生产力和生产关系矛盾运动得出的必然结论。

---

① 《马克思恩格斯选集》，3版，第1卷，413页。
② 《马克思恩格斯选集》，3版，第2卷，3页。

当今世界，资本主义制度所固有的矛盾依然存在，并没有因为发达资本主义国家经济、科技的发展而产生本质上的改变。20 世纪 50 年代以来，发达资本主义国家在新科技革命的推动下，经济、政治、文化等方面都发生了一些新的变化：社会生产力有了长足发展；生产关系的自我调节能力不断增强，各种社会矛盾趋于缓和；上层建筑的相应调整使国家权力的配置和行使进一步制度化、法律化，资产阶级的政治统治形式更加完善；教育、科学、文化日新月异，公民素质和文明程度不断提高。这些新变化表明，资本主义还具有容纳生产力不断发展的空间和能力。但是，这些变化的发生，是资本主义生产方式为适应生产力发展要求，在资本主义制度基本框架内做出自我调节的结果，并没有改变资本主义制度的本质，更没有克服资本主义的基本矛盾。发达资本主义国家加速推进经济全球化，使社会财富快速增加的同时，也导致财富越来越集中在少数人手里，这也不可避免地会加剧资本主义基本矛盾，最终导致资本主义的灭亡。全面、准确地把握“两个必然”和“两个决不会”的关系，既有助于我们坚定资本主义必然灭亡、共产主义必然胜利的信念，又有助于我们清醒地认识社会主义代替资本主义的长期性、艰巨性和复杂性，防止和克服盲目乐观和悲观失望两种错误倾向。

三、 中国特色社会主义与共产主义理想

社会主义是实现共产主义的必经阶段。中国特色社会主义是共产主义运动在中国的伟大实践，坚持和发展中国特色社会主义是中华民族走向共产主义的必由之路。实现共产主义是我们党的最高纲领，坚定中国特色社会主义共同理想，推进中国特色社会主义事业是我们党的最低纲领在当前的要求。当代大学生要正确认识和把握党的最高纲领和最低纲领的辩证统一关系，自觉做共产主义远大理想和中国特色社会主义共同理想的坚定信仰者、忠实实践者，为实现共产主义而矢志奋斗。

深刻认识共产主义远大理想和中国特色社会主义共同理想的辩证关系，既不能离开发展中国特色社会主义事业、实现民族复兴的现实工作而空谈远大理想，也不能因为实现共产主义是一个漫长的历史过程就讳言甚至丢掉远大理想。

（《习近平谈治国理政》，第 3 卷，505～506 页）

1. 社会主义是实现共产主义的必经阶段

共产主义社会的发展分为两个阶段，即“共产主义社会第一阶段”和“共产主义社会高级阶段”。这两个阶段又可称为社会主义社会和共产主义社会。社会主义社会和共产主义社会是同一社会形态的成熟程度不同的两个发展阶段，二者之间既存在一定区别，又具有密切联系。

社会主义社会和共产主义社会之间的区别主要表现在：（1）由于社会生产力发展水平的不同，社会主义社会实行公有制为主体的多种所有制形式，而共产主义社会实行单一的全民所有制或社会所有制形式，这种公有制比社会主义社会的公有制要完善和成熟

得多，它在全社会范围内实现了生产者与生产资料的直接结合。（2）在消费品分配方面，社会主义社会实行“各尽所能，按劳分配”的原则，还存在着事实上的不平等，即存在与劳动差别相联系的收入上的差别和富裕程度的不同。而共产主义社会则消灭了事实上的不平等，实行“各尽所能，按需分配”的分配原则。（3）社会主义社会还带有旧社会遗留下来的痕迹：人们还不能摆脱旧的分工的束缚，存在着工农之间、城乡之间、脑力劳动和体力劳动之间的差别，存在着旧思想、旧习惯的影响，存在着一定范围内的阶级和阶级斗争，存在着国家，等等。共产主义社会则是完全消除了旧社会痕迹的人类新社会。

> 社会主义和共产主义之间的科学区别，只在于第一个词是指从资本主义生长起来的新社会的第一阶段，第二个词是指它的下一个阶段，更高的阶段。
>
> （《列宁选集》，3版修订版，第4卷，10页）

社会主义社会和共产主义社会又有着许多共同点，具有密切的联系。（1）二者都实行生产资料公有制。虽然在社会主义社会还存在着非公有制经济，但公有制经济始终是社会主义社会的主要经济形式，是起决定作用的。（2）二者的社会经济生活基本原则相同：实现了生产资料公有制，消灭了剥削制度；劳动者成为社会的主人，他们之间建立了互助合作关系；生产的目的是最大限度地满足整个社会和全体人民不断增长的物质和文化生活的需要；生产都是有计划、按比例和高速度地发展的；消费品的分配消灭了不劳而获的现象。（3）二者在意识形态上都以马克思主义为指导思想。用马克思主义指导人们的社会实践，用共产主义思想体系教育全体社会成员，清除旧思想和旧习惯势力对人们的影响，逐步造就具有共产主义世界观和道德品质的一代新人。

作为同一社会形态发展进程中的两个阶段，社会主义社会是共产主义社会的必要准备，共产主义社会是社会主义社会发展的必然趋势。随着社会主义生产力和其他因素的不断发展，属于社会主义的一些因素将逐步消失，而共产主义的所有因素将逐步增长。社会主义社会不断发展和完善的过程，就是共产主义因素不断扩大的过程。一旦条件完全成熟，社会主义社会就会自然过渡到共产主义社会。

2. 中国特色社会主义是中华民族走向共产主义的必由之路

由于历史传统和现实国情不同，如何建设社会主义，最终走向共产主义，要靠各国共产党人依据自己民族的特色、历史传统以及国际环境来选择、设计与探索。

对中华民族来说，只有中国特色社会主义道路才是唯一符合自身发展特点的康庄大道。中国特色社会主义道路，就是在中国共产党领导下，立足基本国情，以经济建设为中心，坚持四项基本原则，坚持改革开放，解放和发展社会生产力，巩固和完善社会主义制度，建设社会主义市场经济、社会主义民主政治、社会主义先进文化、社会主义和谐社会、社会主义生态文明，建成富强民主文明和谐美丽的社会主义现代化强国。中国特色社会主义道路之所以正确，关键在于它既坚持了科学社会主义的基本原则，又根据我国实际和时代特征赋予其鲜明的中国特色。走中国特色社会主义道路，是中国社会主义革命和建设事业的经验总结，是实现中华民族伟大复兴的正确抉择，也将是中华民族最终走向共产主义的必由之路。

中国特色社会主义事业发展的实践已经证明并将继续证明：在中国这样经济文化比较落后的国家，中国特色社会主义道路是一条推动社会主义社会不断发展和完善的科学之路。改革开放以来我们取得的一切成绩和进步的根本原因，归结起来就是：开辟了中国特色社会主义道路，形成了中国特色社会主义理论体系和习近平新时代中国特色社会主义思想，确立了中国特色社会主义制度，发展了中国特色社会主义文化。必须高举中国特色社会主义伟大旗帜，牢固树立中国特色社会主义道路自信、理论自信、制度自信、文化自信。目前，我国还处于社会主义初级阶段，要有步骤地向前推进中国特色社会主义事业，不能急于求成。积极发展中国特色社会主义事业，就是为向共产主义高级阶段过渡准备条件。只要我们沿着这条道路坚定地走下去，社会主义在中国就会日益走向辉煌，最终实现向共产主义的过渡。

> 中国特色社会主义，是科学社会主义理论逻辑和中国社会发展历史逻辑的辩证统一，是根植于中国大地、反映中国人民意愿、适应中国和时代发展进步要求的科学社会主义，是全面建成小康社会、加快推进社会主义现代化、实现中华民族伟大复兴的必由之路。
>
> （《习近平谈治国理政》，21页）

3. 树立共产主义远大理想，积极投身中国特色社会主义事业

共产主义远大理想是建立在科学基础上的社会理想。这一远大理想在当代中国的具体体现就是中国特色社会主义共同理想。当代大学生在建设中国特色社会主义的实践中，应当坚定共同理想，并进一步树立共产主义远大理想，为实现共产主义而奋斗。

第一，树立共产主义远大理想，坚定共产主义必胜信念。坚定的共产主义理想，是中国革命和建设夺取胜利的强大精神动力。无数革命先烈在战争年代之所以不惜抛头颅、洒热血，之所以能够擦干身上的血迹、掩埋好同伴的尸体继续战斗，最终迎来革命的胜利，靠的就是对共产主义的向往和忠诚。新中国成立以后，我国各族人民在党的领导下，也正是凭着共产主义理想和信念，凭着由此焕发的巨大的精神力量和建设热情，大规模开展社会主义改造和社会主义建设，医治了战争创伤，恢复了社会秩序，建立起了人民当家作主的社会主义政治制度，建立起了独立的工业体系和相对完整的国民经济体系，取得了社会主义建设的巨大成就。

> 为什么我们过去能在非常困难的情况下奋斗出来，战胜千难万险使革命胜利呢？就是因为我们有理想，有马克思主义信念，有共产主义信念。我们干的是社会主义事业，最终目的是实现共产主义。
>
> （《邓小平文选》，第3卷，110页）

在改革开放和社会主义现代化建设的新时期，特别是在社会主义市场经济条件下，共产主义理想信念并没有过时，相反，树立这一理想信念具有更为重要的意义。共产主义理想信念既是中国特色社会主义事业在国际风云变幻中沿着正确方向前进的根本保证，又是中国特色社会主义事业在世界社会主义低潮中顺利进行的精神支柱，同时也是凝聚全国各族人民建设中国特色社会主义的精神动力。只有在全党同志和全国各族人民中牢固树立共产主义的崇高理想，中国特色社会主义事业才能不断取得成功，以中国式现代化全面推进中华民族伟大复兴才能实现。

树立共产主义远大理想，必须科学把握最高理想和共同理想的关系。实现共产主义是共产党人的最高理想，建设中国特色社会主义、实现中华民族伟大复兴，是现阶段我国各族人民的共同理想。最高理想和共同理想紧密联系、相互统一。一方面，共同理想是最高理想的前提和基础，实现共同理想是实现最高理想的必经阶段。为实现共同理想而奋斗，同时也就是在为实现最高理想而奋斗。另一方面，最高理想是共同理想实现和发展的最终归宿，它代表和规定着共同理想的发展方向。在为实现共同理想而奋斗的时候，不能忘记我们最终的理想是实现共产主义，否则就会在前进的道路上迷失方向。

> 广大青年要坚定理想信念，志存高远，脚踏实地，勇做时代的弄潮儿，在实现中国梦的生动实践中放飞青春梦想，在为人民利益的不懈奋斗中书写人生华章！
>
> （习近平：《决胜全面建成小康社会 夺取新时代中国特色社会主义伟大胜利——在中国共产党第十九次全国代表大会上的报告》，70页）

树立共产主义远大理想，还必须反对“共产主义渺茫”论。由于共产主义理想的实现是一个漫长的历史过程，需要一代又一代人接力奋斗，又由于我们今天不能对共产主义何时实现这一问题提供现成答案，所以，不少人产生了“共产主义渺茫”论的思想，认为共产主义是“水中月”“镜中花”，看得见、摸不着，共产主义没有经过实践检验，“是可望而不可即的良好愿望”。“共产主义渺茫”论的实质不在于认为共产主义远大理想的实现非常遥远，而在于对共产主义远大理想能否最终实现失去信心，从而模糊、淡化甚至放弃共产主义远大理想指出的方向。共产主义必胜的信念，不是基于良好的主观愿望的空想，而是建立在对社会发展规律的正确认识和对历史与现实的科学分析基础上的必然逻辑。共产主义的理想信念不会在人的头脑中自发产生，它必须通过理论的学习才能形成。当代大学生应当认真学习马克思主义理论，用党的创新理论武装头脑，正确认识和掌握社会主义代替资本主义的历史必然性，从而有效地抵制和克服各种错误思潮的影响，立足当前、把握未来，在推进中国特色社会主义事业、实现中华民族伟大复兴中国梦的实践中，进一步树立和坚定共产主义远大理想。

第二，在建设中国特色社会主义的伟大事业中实现人生价值。实现中国特色社会主义共同理想，是实现共产主义远大理想的必要准备和必经阶段。当前，为实现共产主义远大理想而奋斗，集中体现为为建设中国特色社会主义而奋斗。当代大学生要把实现共产主义的远大目标与投身中国特色社会主义事业结合起来，将人生目标同国家和民族的前途命运联系在一起，增长才干、增强本领，努力提高自身素质，坚定不移听党话、跟党走，怀抱梦想又脚踏实地，敢想敢为又善作善成，让青春在全面建设社会主义现代化国家的火热实践中绽放绚丽之花，为推进中国特色社会主义向共产主义过渡贡献力量。

当代大学生是祖国的未来、民族的希望，肩负着推进中国特色社会主义建设事业、实现中华民族伟大复兴中国梦的历史重任。当代大学生要热爱祖国、热爱人民，志存高远、胸怀宽广，从我做起、从现在做起，自觉把个人的理想追求融入国家和民族的伟大事业中，为实现中国梦注入青春能量。

本章小结

科学方法的运用是正确探讨未来社会的基本前提。马克思主义经典作家对未来社会进行预测的科学方法主要有：立足历史发展规律揭示未来社会的发展方向、在批判旧世界中预测新世界、对未来社会进行粗线条描绘、在实践中不断探索未来社会的基本特征。共产主义社会的基本特征主要是：社会生产力高度发展，社会产品极大丰富；社会占有生产资料并有计划地组织生产，劳动不再是谋生的手段；个人消费品分配实行“各尽所能，按需分配”的原则；全体社会成员都具有高度的思想觉悟和道德品质；阶级彻底消灭，国家完全消亡；每个人自由而全面地发展。

共产主义的实现是人类社会历史发展的必然趋势。社会主义自身的巩固、发展和完善，社会主义在世界范围代替资本主义，以及为实现共产主义创造条件，都是一个长期的历史过程，这就决定了共产主义的实现是一个长期的实践过程。“两个必然”和“两个决不会”相互补充，从不同角度和侧面揭示了人类社会的发展规律。

共产主义的实现是一个长期的循序渐进的过程，要经过若干发展阶段。中国特色社会主义是中华民族走向共产主义的必由之路。当代大学生要正确认识最高纲领和最低纲领的辩证统一关系，把实现共产主义的远大目标与投身中国特色社会主义事业结合起来，坚定不移听党话、跟党走，怀抱梦想又脚踏实地，敢想敢为又善作善成，为实现共产主义而努力奋斗。

阅读书目

1. 马克思，恩格斯．共产党宣言．见：马克思恩格斯选集．3 版．第 1 卷．北京：人民出版社，2012

2. 马克思．哥达纲领批判．见：马克思恩格斯选集．3 版．第 3 卷．北京：人民出版社，2012

3. 恩格斯．社会主义从空想到科学的发展．见：马克思恩格斯选集．3 版．第 3 卷．北京：人民出版社，2012

4. 列宁．国家与革命（第五章）．见：列宁选集．3 版修订版．第 3 卷．北京：人民出版社，2012

5. 邓小平．一靠理想二靠纪律才能团结起来．见：邓小平文选．第 3 卷．北京：人民出版社，1993

6. 江泽民．在庆祝中国共产党成立八十周年大会上的讲话．北京：中央文献出版社，2001

7. 胡锦涛．坚定不移沿着中国特色社会主义道路前进，为全面建成小康社会而奋斗．见：十八大以来重要文献选编（上）．北京：中央文献出版社，2014

8. 中共中央宣传部．习近平总书记系列重要讲话读本（2016 年版）．北京：人民出版社，2016

9. 习近平．决胜全面建成小康社会 夺取新时代中国特色社会主义伟大胜利——在中国共产党第十九次全国代表大会上的报告．北京：人民出版社，2017

10. 习近平．在纪念马克思诞辰200周年大会上的讲话．北京：人民出版社，2018

11. 习近平．在庆祝中国共产党成立100周年大会上的讲话．北京：人民出版社，2021

12. 习近平．高举中国特色社会主义伟大旗帜 为全面建设社会主义现代化国家而团结奋斗——在中国共产党第二十次全国代表大会上的报告．北京：人民出版社，2022

思考题

1. 马克思主义经典作家探索未来社会的科学方法有哪些？这些方法对我们探讨现实的社会主义理论和实践以及社会主义发展前景有什么启示？

2. 共产主义社会的基本特征主要有哪些？

3. 有人认为，“共产主义是‘乌托邦’，只具有信仰的意义和功能，是不可能实现的，共产主义是‘空想’的代名词”。对于这一观点，你是怎么看的？

4. 有人认为，“苏联解体、东欧剧变以后，资本主义的‘幽灵’在世界‘游荡’，共产主义成为遥不可及的未来‘泡影’，实在是太渺茫了”。如何评析这一观点？

5. 有观点认为：“既然实现共产主义是人类社会发展的必然趋势，那么只管慢慢地等待共产主义终点站的到来即可，没必要去追求。”请对这一观点做出分析。

6. 有人提出：“社会主义本身是共产主义的初级阶段，而我们中国又处在社会主义初级阶段，就是不发达的阶段。所以，现在提树立共产主义远大理想为时过早，不切实际。”请对这一观点做出评析，并谈谈在中国特色社会主义发展过程中树立共产主义远大理想的重要性。

7. 党的二十大报告强调“青年强，则国家强”，向广大青年提出了“立志做有理想、敢担当、能吃苦、肯奋斗的新时代好青年”的重要号召。请你谈谈对这一号召的理解。

一版后记

“马克思主义基本原理”课程是思想政治教育专业本科生的学科基础课，因而这是一本专门为思想政治教育专业的本科生编写的教材。本教材的体系按照马克思主义基本原理整体性的思路、原则和方法进行了构建，依循物质世界的发展、人的发展为马克思主义基本原理第一层次的思路，在此基础上进入马克思主义基本原理的第二层次即人类社会发展的分析，然后，以前两个层次为基础进一步分析了第三层次的内容，即马克思主义基本原理与不同社会形态的实际相结合而形成的一系列基本原理。这三个层次不仅体现在教材的逻辑框架中，更重要的是反映在基本原理-基本原理的应用-新的基本原理的展现之中，它是通过物质世界的发展、人的发展、人类社会的发展等内容之间的逻辑联系表现出来的。我们深知这是一种尝试，在这一尝试过程中有着许多不尽如人意的地方，我们期待读者给予批评指正。

本教材的写作分工情况如下：

导论和第六、七章：中国人民大学马克思主义学院张雷声教授；

第一章：武汉大学政治与公共管理学院袁银传教授、中国人民解放军外国语学院政治理论教研室乔翔副教授；

第二章：中国人民解放军外国语学院政治理论教研室乔翔副教授；

第三章：武汉大学政治与公共管理学院袁银传教授；

第四、五章：中国人民大学马克思主义学院张晓华博士；

第八、十一章：北京城市学院韩建新教授；

第九章：首都师范大学管理学院董正平教授；

第十、十二章：北京交通大学马克思主义学院郝潞霞教授。

全书由张雷声教授统稿定稿。

本教材的编写、出版得到了中国人民大学出版社政治与公共管理出版分社社长郭晓明的大力支持和帮助，在此表示感谢！

张雷声

2010 年 5 月 24 日

二版后记

2010 年 8 月出版的《马克思主义基本原理概论》教材，作为思想政治教育专业系列教材中的一本，得到了较为广泛的应用，也受到了好评，到 2017 年已连续印刷了 8 次。

《马克思主义基本原理概论（第二版）》对正文和辅文的内容都进行了修订。修订中既贯彻了党的十九大的精神，融入了中国共产党关于马克思主义基本原理研究的最新成果，同时也吸收了理论界关于马克思主义基本原理的最新研究成果。

本教材的修订工作由原各章作者共同完成，最后由张雷声教授统稿定稿。

感谢中国人民大学出版社编辑牛晋芳和李俊峰老师对该教材再版的大力支持和帮助。

张雷声

2017 年 10 月

三版后记

《马克思主义基本原理概论（第三版）》对正文和辅文的内容均进行了修订。修订中贯彻了党的二十大以来重要文献的精神，贯彻了习近平新时代中国特色社会主义思想，融入了学术界的最新研究成果。

《马克思主义基本原理概论（第三版）》的修订工作由张雷声教授主持。导论，第一、二、三、六、七、九章的修订任务由张雷声教授完成；第四、五章的修订任务由张晓华老师完成；第八、十、十一、十二章修订的内容篇幅比较大，由韩建新和郝潞霞两位教授共同完成。

感谢中国人民大学出版社牛晋芳编审对该教材再版的大力支持和帮助。

张雷声

2023 年 9 月 17 日

图书在版编目（CIP）数据

马克思主义基本原理概论/张雷声主编．--3版．--北京：中国人民大学出版社，2024.1
新编21世纪思想政治教育专业系列教材/张耀灿总主编
ISBN 978-7-300-32303-9

Ⅰ.①马… Ⅱ.①张… Ⅲ.①马克思主义理论-高等学校-教材 Ⅳ.①A81

中国国家版本馆CIP数据核字（2023）第211369号

新编21世纪思想政治教育专业系列教材
总主编　张耀灿
马克思主义基本原理概论（第三版）
主　编　张雷声
Makesi Zhuyi Jiben Yuanli Gailun

出版发行	中国人民大学出版社		
社　址	北京中关村大街31号	**邮政编码**	100080
电　话	010－62511242（总编室）		010－62511770（质管部）
	010－82501766（邮购部）		010－62514148（门市部）
	010－62515195（发行公司）		010－62515275（盗版举报）
网　址	http://www.crup.com.cn		
经　销	新华书店		
印　刷	北京宏伟双华印刷有限公司	**版　次**	2010年8月第1版
开　本	787 mm×1092 mm　1/16		2024年1月第3版
印　张	15.25 插页1	**印　次**	2024年11月第3次印刷
字　数	345 000	**定　价**	45.00元